Hachette-BnF s'enrichit d'une nouvelle gamme d'ouvrages en couleurs, fac-similés d'éditions originales publiées jusqu'au début du xxᵉ siècle, sélectionnées parmi des pièces remarquables et rares conservées à la Bibliothèque nationale de France.

Imprimés à la demande, ces ouvrages sont ainsi des reproductions fidèles d'éditions d'œuvres richement illustrées de gravures, peintures ou dessins réalisés par de grands artistes. Les œuvres de cette collection ont été numérisées par la BnF et sont consultables en version numérique sur Gallica.

Pour découvrir tous les titres du catalogue, rendez-vous sur www.hachettebnf.fr

HISTOIRE

DES

OISEAUX.

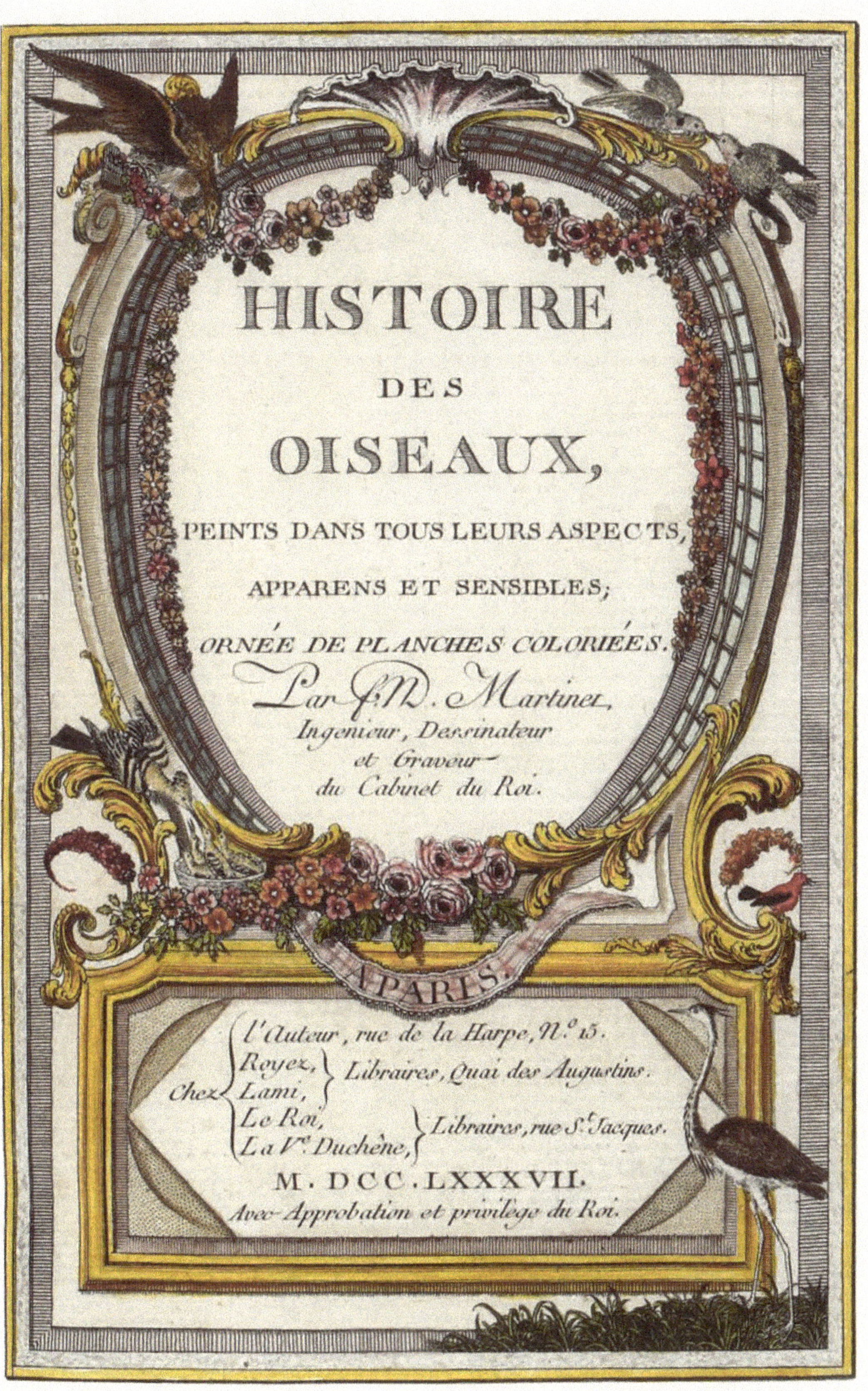

HISTOIRE

DES

OISEAUX,

PEINTS DANS TOUS LEURS ASPECTS,

APPARENS ET SENSIBLES;

ORNÉE DE PLANCHES COLORIÉES.

Par F. M. Martinet,
Ingénieur, Dessinateur
et Graveur
du Cabinet du Roi.

A PARIS,

Chez
l'Auteur, rue de la Harpe, N.º 13.
Royez, Libraires, Quai des Augustins.
Lami,
Le Roi, Libraires, rue St. Jacques.
La V.e Duchêne,

M. DCC. LXXXVII.

Avec Approbation et privilège du Roi.

HISTOIRE

DES

OISEAUX,

PEINTS DANS TOUS LEURS ASPECTS,

APPARENS ET SENSIBLES;

ORNÉE DE PLANCHES COLORIÉES.

PRIX, trois livres chaque Cahier, orné de six Planches ou environ, suivant l'exigence de la matiere.

PAR M. MARTINET, Ingénieur, Dessinateur et Graveur du Cabinet du Roi.

TOME PREMIER.

A PARIS,

Chez l'Auteur, rue de la Harpe, même maison que le Notaire, près de la rue de la Parcheminerie, & chez les principaux Libraires de la Capitale & des Provinces.

M. DCC. XC.

Avec Approbation et Privilége du Roi.

AVIS AU RELIEUR

Pour placer les Nᵒˢ. du premier Volume.

Les faux titres, l'avis qui a paru important aux amateurs des merveilles de la nature & le discours préliminaire avec les tables, ont 24 pages.

L'avant-propos & le plan de l'ouvrage, ont 16 pag.

Nᵒ. XXXVI. Les Oiseaux Mouches, ont 4 pag.

Nᵒ. XL. Les Colibris, les Grimpreaux étrangers, le Grimpreau des bois & celui de muraille, ont 12 p.

Nᵒ. XXXIX. La Huppe & le Promerops, ont 8 p.

Nᵒ. XLII. Les Todiers & le Guèpier, ont 8 pag.

Nᵒ. XLIII. Le Torcol, a 4 pag.

Nᵒ. 50 bis, les Grimpreaux Pics, ont 4 pag.

Nᵒ. L. Les Pics. LI. Le Coucou, les Couroucous & le Touraco, Nᵒ. LII. ont 34 pag.

Nᵒ. LIII. Les Anis. LIV. les Barbus. LV. les Jacamars. LVI. l'Alcion. LVII. le Momot & LVIII. les Calaos, ont 30 pag.

Nᵒ. XLIV. Les Toucans. XLV. & le Barbican, ont 12 pag.

Nᵒ. XXIX Les Perroquets, comprenant les Kakatoës, les Loris, les Perruches & les Aras, ont 60 pag.

Fin de la Table de l'historique.

AVIS AU RELIEUR.

Pour placer les Figures du premier Volume.

1. Le titre gravé sera entre les deux faux titres.

2. Le Berceau des Nations, à la tête du discours préliminaire.

3. Les Oiseaux Mouches, le Bijou, le Huppé & le Coquet, page 1.

4. Le Rubis émeraude & le Rubis huppé sous le N°. XXXVI, page 4.

5. Le Colibris, le Quodatus-Topaze, page 4.

6. Le violet & le rouge collier de Surinam, p. 4.

7. Le Colibris long bec sous le N°. XL, p. 6.

8. Le Soui-manga de Buffon ou Grimpreau à poitrine rouge & sa femelle, page 7.

9. Le Grimpreau des Philippines & celui du Cap-de-Bonne-Espérance, en regard avec le Soui-manga, p. 7.

10. Le Grimpreau du Cap-de-Bonne-Espérance, p. 7.

11. La Cœse noire & la Tribleu, page 8.

12. Le Grimpreau de France, page 9.

13. Le Grimpreau de muraille mâle & femelle toujours sous le N°. XL, page 12.

14. La Huppe, N°. XXXIX, page 4.

15. La Huppe du Cap-de-Bonne-Espérance, en regard, page 4.

16. Le Promerops du Cap-de-Bonne-Espérance & le Fournier, page 8.

17. Le Brun à ventre rayé & le Superbe de la nouvelle Guinée, en regard, page 8.

18. Le Todier de Saint-Domingue & sa femelle, p. 4.

Fin de la Table des Figures.

AVANT-PROPOS.

L'ARTISTE en général enfante mille idées, et les transmet sans ordre au papier avec la même rapidité qu'elles se succèdent dans son cerveau; l'ingénieur, plus réfléchi, écrit d'après ses spéculations algébriques; le peintre écrit peu, mais son pinceau exprime ce qu'il sent, et n'exprime bien ou mal que d'après sa manière de voir ou de sentir; l'art du graveur est enchaîné à celui du peintre; l'un et l'autre ne peuvent exceller sans une portion suffisante de ce feu qui décèle le véritable génie, et c'est dans l'esquisse même de l'objet qu'il veut rendre que doit briller ce feu; si les étincelles n'y pétillent pas, c'est une chose décidée, l'objet est manqué; dès-lors, il n'y a plus d'artiste, plus de créateur.

A

La science du naturaliste ne tient
point à l'art de créer, mais à l'art de
bien rendre tout ce qui meut, fer-
mente et pullule dans la nature entière, et ce même art consiste à savoir fixer sa raison, ses lumières,
et toute la pénétration de son génie
dans l'intérieur comme sur l'extérieur, depuis le plus petit insecte, le
plus petit reptile rampant, jusqu'au
plus fier des animaux ; depuis la
plante la moins intéressante par
l'aspect, jusques à l'arbre le plus
élevé et le plus recherché par sa tige,
par la qualité de son bois, par sa
fleur et par son fruit : le naturaliste
n'aspire point à la célébrité des lit-
térateurs profonds et éloquens, il
ne doit même pas y aspirer ; il vise
à s'exprimer intelligiblement ; il né-
glige les fleurs de l'éloquence pour
s'attacher avec simplicité à des tableaux & à des comparaisons phi-

losophiques qui ne sont jamais étran-
gères au sujet qu'il traite ; l'ordre
et la précision sont la base constante
de la marche sur laquelle il étaie
son entreprise ; par-tout il doit toujours être le même , c'est-à-dire ,
l'homme de la nature. Il ne veut
point que l'adresse ni la dextérité
liment et polissent son ouvrage pour
le rendre ou plus agréable ou plus
frappant , parce qu'il est convaincu
que si son tableau se perfectionnoit
par la touche éblouissante de la su-
percherie , il perdroit nécessairement
du côté le plus précieux et le plus
intéressant pour l'homme , plus jaloux et plus curieux de s'entretenir avec la mère de toutes choses
qu'avec les images brillantes de la
fausse illusion ; et si le feu et l'esprit de la première composition viennent à s'éclipser , si l'art trompeur
déroute , s'il domine sur le fini , si

on ne lit pas sur le vaste théatre, ce
que le naturaliste prétend représen-
ter , si son poinçon et son burin
démentent la description instruc-
tive , il ne restera pour tout relief
sur son tableau , qu'un vernis de
glace , qu'une idée mensongère issue
de l'imposture même. L'auteur de
l'Histoire des Oiseaux , ingénieur ,
peintre et graveur par état , s'étant
familiarisé , dès sa plus tendre jeunesse , avec des observations et des
réflexions suivies sur tous les êtres
agissans , ayant confronté ensuite,
dans un âge plus mûr , la chose
même avec les analyses écloses dans
la première chaleur de l'imagination
exaltée , a cru pouvoir confier son
travail au systême du célèbre Mon-
taigne , dont le vœu étoit : que les
écrivains et artistes fissent part de
toutes leurs connoissances , et qu'ils
dissent tout ce qu'ils savoient.

HISTOIRE

DES

OISEAUX,

PEINTS DANS TOUS LEURS ASPECTS

APPARENS ET SENSIBLES.

PLAN DE L'OUVRAGE.

LA nature est une source inépuisable de tableaux et de descriptions en tous genres. Les beautés simples et majestueuses qu'elle nous offre , bien supérieures aux vains étalages de l'art , sont le sceau de leur excellence et de leur perfection , et font naître , dans les observateurs une admiration qui ne s'épuise jamais.

La partie des Oiseaux , qui n'est qu'un foible rameau de cet arbre immense de la nature , si j'ose parler ainsi , présente des

merveilles sans nombre, toujours plus
admirables, plus elles sont approfondies.
Cette partie donne des familles, dont
l'impossibilité de trouver la chaîne qui les
lie, rebuteroit l'homme qui voudroit lever
le voile qui la couvre.

L'observateur, connoissant la foiblesse
de ses lumières, ne cherche point à pénétrer dans les replis tortueux de ce prodi-
gieux labyrinthe : il se détermine à former une suite des individus qui lui
paroissent avoir le plus d'analogie entr'eux. Il commence sa chaîne par les Oiseaux terrestres que la nature a mis au
premier degré de l'échelle de grandeur,
depuis les *Oiseaux-Mouches*, les *Colibris*, &c., jusqu'au dernier degré de l'é-
chelle, qui est l'*Autruche*.

L'auteur reprend cette chaîne aux Oiseaux de marais, aux *Pluviers*, aux *Van-
neaux*, &c., et la continue jusqu'au *Pé-
lican*, qui la termine. Par ce moyen, il
prépare une nourriture abondante aux

Oiseaux de proie *. C'est ainsi qu'un général assure les vivres nécessaires à son armée avant d'entrer en campagne. L'observateur classe les différentes espèces d'Oiseaux par les caractères qu'il a jugé les plus apparens. Les traits caractéristiques dont il a fait choix, sont la conformité des becs ou des pattes, jointe à ce qu'ils ont de semblable quant à la grandeur de la taille et aux mœurs.

Le premier volume parlera des genres d'Oiseaux à longs et gros becs, forts ou foibles, et à petits becs, ainsi que des individus qui auront de l'analogie entr'eux par les doigts réunis, comme ceux des Martins - pêcheurs, ou féparés, deux en avant et deux en arrière, de même que ceux des Perroquets. Ce livre renfermera encore tous les genres de gallinacés, tels que les Gelinotes, les Perdrix, &c.

---

* La nature créa les herbes avant les chevaux, les brebis, &c. ; les foibles oiseaux avant ceux qu'elle a armés de becs crochus et d'ongles meurtriers, et généralement tout avant l'homme.

Le second volume traitera des insecti-vores, des insectivores granivores, et de ceux qui ne sont que granivores ; tels sont les Hirondelles, les Pinçons, les Li-nottes, &c. De ces espèces sortiront les Oiseaux de proie de nuit et de jour, et ils seront insérés sous la même enveloppe.

Le troisième volume passera en revue tous les êtres ailés habitans des marais, des rivières et des mers.

Ces trois volumes contiendront l'histoire de tous les Oiseaux connus jusqu'à ce jour : sans doute ils laisseront beaucoup à desi-rer ; mais nous espérons que le temps nous donnera les détails qui nous manquent : alors l'ouvrage se perfectionnant de jour en jour, par de petites additions, formera un recueil très-curieux de cette branche d'histoire naturelle. On a d'autant plus lieu d'espérer cette perfection, que l'au-teur a déja deux fils qui suivent la même carrière, avec le même goût, la même activité & les mêmes dispositions.

Nous avons cherché à rassembler tous

les rameaux de cette partie ; nous en avons formé des familles, afin d'en faciliter la reconnoissance et de ne point surcharger la mémoire, sans cependant prétendre être parvenu au degré de parenté qui leur convient.

Les Oiseaux sont en général très-chauds et très-prolifiques ; ils s'unissent fréquemment ; et lorsqu'ils manquent de femelles de leur espèce, ils se mêlent volontiers avec des voisins, dont il provient des métis féconds. La preuve se manifeste chaque année sous nos yeux dans nos volières. On voit le Serin s'unir avec la Linotte, le Tarin, le Chardonneret, &c. et produire des individus qui portent une teinture de l'union illégitime. Ces espèces intermédiaires forment une nouvelle espèce légitime, qui participe du père et de la mère qui leur ont donné le jour. Tout ce que nous faisons par l'art, la nature le peut faire : or, de l'union des mâles avec le premier Oiseau femelle qu'ils rencontrent, résultent ces mélanges volontaires, et formés par l'ardeur de l'amour.

Le besoin de s'unir est si pressant en eux, qu'ils en sont malades, et meurent lorsqu'ils ne peuvent le satisfaire.

Qui pourroit dire le nombre des jouissances illégitimes dont les plaines, les montagnes et les bois sont témoins discrets ? Qui pourroit distinguer les branches bâtardes des tiges légitimes, et assigner leur origine ? De ces mélanges, de ces mariages clandestins sont provenus cette multitude d'espèces que nous offrent les quatre parties du globe : et des alliances disproportionnées viennent les individus extraordinaires qui semblent isolés. Il faut remarquer que les produits naturels sont plus robustes que les légitimes : ce que l'on voit par les individus qu'ont donné le Chardonneret et la Serine : ces bâtards sont plus forts que leurs père et mère, et ils ont l'organe de la voix plus étendu. Le mulet, proprement dit, est beaucoup plus fort, plus robuste que l'âne et la jument dont il provient. Les amours illégitimes, les diverses nourritures, et l'influence des climats, ont formé plus de dix-huit cents familles d'Oiseaux, dont les mères-souches ne montent pas à plus de soixante. Ces souches ont encore entr'elles, pour la plupart, une analogie intime, soit par les facultés, l'instinct, les mœurs, la forme générale, ou par les parties de détail.

En formant nos classes, nous avons cherché à lever les difficultés qui se rencontrent par les contrariétés de caractère, et ce sont les formes les plus saillantes que nous avons choisies pour base à l'ordre que nous avons établi entre les volatiles aquatiques, terrestres, et célestes.

L'homme, déployant les ressources de l'art, asservit tout aux loix de son génie; il rapproche les êtres divers, et un coup-d'œil suffit pour voir une filiation, à-peu-près probable , de leurs mélanges. Le moyen classique lui fait connoître les habitans de son domaine sans fatiguer sa mémoire.

La nature , comme une bonne mère, a prévenu les besoins de l'homme ; mais elle a exigé son industrie , s'il veut qu'elle étale ses largesses avec profusion. Alors les champs , les vergers , les coteaux, ont , comme à l'envi , surpassé son attente. Par l'aiguillon du talent , l'homme plie tout à son usage ; il fait rouler par tronçons sur des essieux , ces arbres dont le superbe feuillage se perd dans les nues, pour porter le fardeau * de nos riches demeures, ou pour construire nos maisons ** flottantes. Les entrailles de la terre, comme sa surface , offrent à son industrie des trésors sans nombre ; elles étalent avec pompe , dans ses sombres

* Nos maisons.
** Nos vaisseaux.

cavernes , de quoi satisfaire le luxe ; le lapis , l'onyx , l'opale , le saphir , le topaze , l'émeraude , le rubis , &c. ; mais toutes ces pierres précieuses le cèdent à l'incomparable diamant, qui semble être fait pour orner le front de nos Rois, entrer dans leurs trésors et accroître leur majesté. Le sein de la terre offre encore à l'homme des pierres et des métaux de toutes qualités, il y trouve le plomb, l'étain, le cuivre, l'argent, l'or, &c. , et le fer qui est le plus utile ; mais la cruelle ambition , si je puis m'exprimer ainsi , a plié le fer sous des formes diversement homicides , pour moissonner par les mains du crime, des champs de soldats dont l'écho et l'humanité gémissent.

O raison ! dessille les yeux des hommes, commande en reine , et que tes sages conseils jettant d'utiles clartés , servent à leur bonheur ainsi qu'a leur gloire. Offre pour exemple à l'univers entier , le Monarque

François, qui, toujours sur ses gardes, guidé par ta sagesse, ne connoît les armes que pour faire repentir ceux qui osent l'attaquer.

Mais que dis-je ? ce n'est pas l'heureux moment de satisfaire au doux plaisir que j'aurois en célébrant les qualités du plus digne des Rois, ni d'admirer le merveilleux contraste des tableaux que m'offre la nature. Il faut que je suive l'innombrable essaim des citoyens ailés ; que je découvre, s'il est possible, par quel instinct ils désertent de leur demeure à telle saison fixe ; quelle trompette sonne pour leur annoncer le moment de partir, la route qu'ils doivent prendre, & quelle boussole ils ont pour traverser les mers.

Ces êtres prévoyans, instruits par la nature, se rassemblent la plupart pour se transporter dans des climats propices ; dans le nord, les pays tempérés, et dans les terres où dardent les brûlans rayons du jour.

Je me propose de développer comment les Oiseaux distinguent l'utile, évitent le danger, s'attachent à leur espèce, &c. Le méchanismè de l'œil et du vol de l'Aigle, y sera de même développé. On y verra pourquoi ce fier Oiseau soutient le vif éclat de l'astre radieux, et pourquoi il peut s'élever au-dessus de l'orage et braver la foudre ; on y verra aussi d'où proviennent les beautés variantes des couleurs du Paon, des Oiseaux-Mouches, des Colibris, &c., qui l'emportent sur celles de l'arc qui brille dans les nuages. Enfin, nous n'oublierons pas les principes de l'étendue de la voix, &c.

Ces discussions diverses se trouveront dans le dernier volume, que nous espérons rendre aussi agréable qu'utile.

Les personnes qui ne s'intéressent simplement qu'aux facultés et aux mœurs apparentes des Oiseaux , pourront se dispenser de se procurer ce dernier ouvrage ; leur histoire n'en sera pas moins complette.

Les numéros que nous avons mis indifféremment à chacun de nos articles , serviront (par le moyen d'une table que nous donnerons) à indiquer les diverses espèces pour les classer.

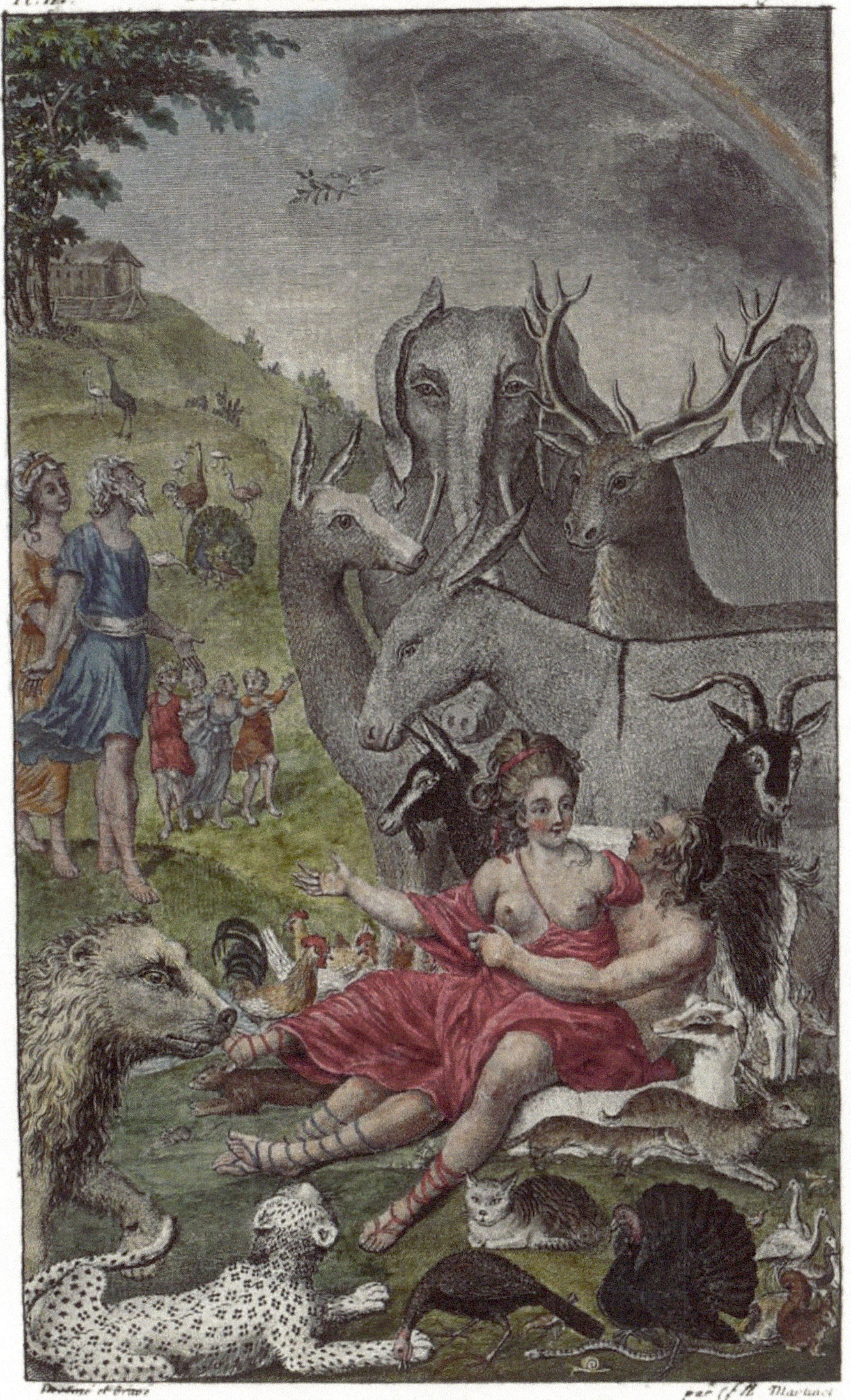

Berceau des Nations.

DISCOURS PRÉLIMINAIRE

DU PREMIER VOLUME.

J'AI rassemblé dans ce volume tous les oiseaux à longs becs, à doigts partagés, deux en avant & deux en arrière, même ceux dont les doigts sont réunis. Cependant il faut excepter de ces derniers, les *Manakins* & le *Coq de Roche* ; les Manakins, parce qu'ils n'avoient que la correspondance de leurs doigts avec les Martins-Pêcheurs, les Calaos, &c.; le *Coq de Roche*, à cause que sa grosseur, sa forme, son port, son bec, & ses allures, m'ont paru le lier plus intimement avec les Gelinottes, les Perdrix, les Poules, &c. que l'imperceptible correspondance qu'il a avec les petits Manakins, & les Calaos à bec énorme.

La difficulté, l'impossibilité même de bien classer les oiseaux, de leur établir des filiations naturelles, par des espèces d'arbres généalogiques, m'a fait connoître qu'il s'étoit perdu parmi ces êtres aériens, beaucoup d'individus intermédiaires provenus de deux familles. Tels on voit le Mulet mâle & le Mulet femelle, provenus du Chardonneret & de la Serine, ne point avoir de petits ensemble, mais en avoir tous deux, l'un

b

avec le Tarin & l'autre avec la Linotte, & mourir fans autre poftérité. Quel feroit le Naturalifte
qui affigneroit juftement la place à ces nouveaux
oifeaux, à ces feconds Mulets, engendrés de la
Linotte & du Mulet mâle, ou du Tarin & du
Mulet femelle ? Quel feroit, dis-je, l'homme qui
reconnoîtroit, dans ces feconds Mulets, l'empreinte du Chardonneret & de la Serine, leurs
ayeux, fi l'oifeau, à qui, de concert, ils ont
donné le jour, n'exiftoit plus ? Ces individus intermédiaires, qui lioient le Chardonneret au Serin,
& ces deux-ci au Tarin & à la Linotte, étant ve-
nus à manquer fans s'être perpétués enfemble,
les troncs ont été féparés de leurs branches ; par
conféquent les nuances qui lioient les deux familles font effacées. Mais ces filiations font affez
connues par les mariages que nous faifons chaque
année dans nos volières, pour nous donner une
jufte idée de celles qui fe font dans les plaines,
les montagnes & les bois.

AVIS

COMME chaque homme a sa manière de voir &
de sentir, je ne propose un arrangement de numéros, un ordre classique, que pour les personnes qui adopteront ma manière de suivre la marche de la Nature.

On doit observer que si j'ai fait imprimer par
feuilles & par cartons isolés, l'histoire de chaque
oiseau, que c'est pour donner aux Naturalistes,
les moyens de suivre la méthode qu'ils jugeront
la plus convenable, & pour leur faciliter les
moyens de classer, de dresser les généalogies les
plus vraisemblables aux êtres aîlés.

D'ailleurs j'espère que ce moyen neuf de changer à volonté les feuilles de chaque volume, met-
tra certains hommes favoris de la nature, à portée de nous éclairer, en nous faisant part de leurs
observations.

L'étude apprend à l'homme que le nombre des
choses qu'il ignore est bien plus considérable que
celui des choses qu'il sait. J'ose même ajouter
que, dans le nombre des choses qu'on ignore,
une partie est très-difficile à savoir, & l'autre absolument impossible; mais celles-ci sont de peu

de conféquence, on peut les dédaigner, & chercher à s'occuper d'objets plus effentiels.

Ces confidérations, & particulièrement le défir
de ne point furcharger la mémoire de l'homme,
m'ont déterminé à abréger, à réduire à une affez
petite fphère, l'hiftoire des oifeaux, qu'on a ren-
due très-volumineufe, par des defcriptions, des
difcuffions & des nomenclatures, dont le feul
mérite eft d'éloigner le lecteur du fujet, & de
l'ennuyer.

1º J'ai fupprimé, par le moyen des couleurs,
un long difcours, indifpenfable pour chaque def-
cription.

2º Je n'ai point fait mention des noms qu'on
dit avoir été donnés aux oifeaux dans les climats
divers de l'Europe; je me fuis apperçu qu'ils ne
pouvoient qu'induire en erreur, parce que chaque province a pour ainsi dire un nom à elle,
propre pour chaque oifeau. Il ne fuffit pas de
dire tel oifeau fe nomme Canard en France; il faut
dire en quel lieu de la France, puifqu'en différens
endroits il eft connu fous une autre dénomination.

Il m'a paru beaucoup plus fûr & plus naturel
de donner les portraits des oifeaux, peints exactement, qu'une nomenclature hafardée, & dans
tous les cas inutile. L'Anglois, le Ruffe, l'Ita-

lien , &c. &c. , diſtinguant l'effigie de la Caille ,
de la Perdrix, du Coq, &c. &c. les déſigneront
par les noms que chacune de ces eſpèces ont dans
leur pays.

3° Enfin j'ai laiſſé de côté les interprétations,
les analyſes , les critiques que les auteurs moder-
dernes ont faites ſur les ouvrages des anciens , de
crainte d'y échouer comme eux. Je ne me ſuis pas
même ſenti aſſez de courage pour oſer prétendre
au titre faſtidieux de ſavantas; les moyens m'en ont
paru effrayans. Quoi ! pour parvenir à ce titre il
faut lire des centaines de volumes, la plupart écrits
par l'intérêt ou le beſoin ; il faut analyſer , diſcu-
ter toutes les façons de voir & de ſentir des Or-
nitologiſtes ; les citer ſur les mêmes objets & les
mêmes faits , quoiqu'ils ſoient tous plagiaires les
uns des autres , & en contrariété entr'eux ! Il faut
charitablement relever les erreurs de ceux qui ont
ſuivi cette carrière , comme ont fait tous les Naturaliſtes juſqu'à préſent , pour donner du luſtre
à leurs œuvres ! Non , je ne puis me réſoudre à
ſuivre cette méthode , plus propre à augmenter
les ténèbres de cette carrière qu'à l'éclairer.

Hé ! qu'importe à l'auteur ſi Geſner, Aldro-
vande, Klein, Linnæus, &c. &c., ont eu la ſot-
tiſe d'ajouter foi à Alberd-le-Grand, qui a écrit ,
contre toute vraiſemblance , que l'Orfraye ou

Grand Aigle de mer , avoit l'un de ſes pieds pareil à celui d'un Epervier , & l'autre ſemblable à celui d'une Oye ; que cet oiſeau nage avec un pied , tandis qu'il pêche du poiſſon avec l'autre ? Qu'importe , dis-je , ſi Briſſon , Willulby , &c. ont bien reconnu les oiſeaux , qu'Ariſtote , Pline , &c. ont décrits ?

D'ailleurs , tout bien conſidéré , il n'y a que ces anciens auteurs qui ſeroient en état de calmer les eſprits , en diſant qui a raiſon.

Enfin tous les auteurs juſqu'à ce jour , ont abuſé de la confiance que le public leur a témoigné pour leurs œuvres ; ils ont cherché à multiplier les volumes , pour le mettre à contribution au lieu de l'inſtruire. Les derniers Ecrivains ont relevé toutes les abſurdités des tems d'ignorance : en voici un échantillon.

Les Cailles , les Perdrix , &c. ſont fécondées par le vent , ou elles s'engendrent des vers provenans des Thons que la mer jette ſur ſes bords ; ces vers ſe métamorphoſent en Mouches , puis en Sauterelles , & ces Sauterelles enfin deviennent des Cailles. Le Coq , le Coucou , &c. &c. , ont des choſes auſſi agréables & auſſi merveilleuſes ſur leur compte.

Des hommes , des auteurs n'auroient-ils pas dû taire des ſottiſes auſſi groſſières ? Quelle opinion

peuvent-ils avoir d'eux-mêmes, en offrant un tableau qui ravale leurs pères au niveau de la brute,
peut-être même au-deſſous d'elle , car l'animal
voit les choſes telles qu'elles ſont ; il porte toujours
des jugemens ſains , & ne les porte que pour ſon
utilité ; & s'il ſe trompe , c'eſt que notre art lui a
déguiſé les objets.

La nature eſt la ſeule bibliothèque à conſulter ;
& ſi l'on a recours à celles des hommes, ce ne doît
être que comme un voyageur a recours à une carte
pour connoître l'étendue du terrain qu'il a à parcourir , & la route qu'il doit ſuivre de préférence.

Les peintures repréſentatives des oiſeaux ſont,
ſans doute , la partie la plus intéreſſante des Orni-
tologies ; elles ſont aux Naturaliſtes ce que ſont les
cartes aux voyageurs. Elles parlent beaucoup mieux
aux yeux que la meilleure deſcription. Maïs il n'eſt
point de roſes ſans épines. Tout bleſſe l'homme ;
il deſire toujours , même l'impoſſible.

Comme on ne peut pas repréſenter les oiſeaux
de grandeur naturelle , & qu'il eſt impraticable de
réduire l'Oiſeau-Mouche en proportion de l Autruche, quatre-vingt-ſeize fois plus grande que lui,
pour la faire tenir dans un cadre de même grandeur que celui de ce très-petit oiſeau , ces peintures ſemblent offrir des contrariétés ſans nombre.

On voit souvent un très-petit individu de grandeur naturelle , & qu'il auroit été ridicule de diminuer de grosseur, être auſſi grand que le Merle , qu'on a été forcé de réduire assez petit pour qu'il ſoit inférieur à la Pie , au Corbeau , &c. On a réduit également la Perdrix, pour que les Faiſans, le Dindon , les Hoccos , &c. lui commandent par gradation.

Enfin tout offre à l'homme des contrariétés ; l'air qu'il reſpire n'a jamais le degré de température qui lui convient ; ſa taille, ſa beauté, ſon embon-point, ſa force , ſa ſanté , ſa fortune lui laisse toujours à deſirer ; & il trouve preſque toujours que ſes ſemblables n'ont jamais pour lui les égards qu'il croit mériter.

Homme, ſi tu veux être heureux, contente-toi des dons de la nature ; sois bon ami , bon père & bon mari ; ne te crois point d'un argile plus pur que tes ſemblables, fuis les excès & l'abſtinence.

Fin du diſcours préliminaire.

PLAN DE L'OUVRAGE

JE n'ai point entrepris de donner dans cet essai, tous les oiseaux que je connois, parce qu'un pareil ouvrage ne pourroit-être acquis que par des hommes très-favorisés de la fortune.

D'ailleurs, comme cette entreprise occuperoit nombre d'années, et que l'homme ne connoît point les limites de ses jours ; j'ai pensé qu'il étoit plus raisonnable de borner mon travail à douze années, que de risquer, en voulant l'étendre davantage, à le laisser imparfait. Par cette résolution, je fais jouir de l'histoire et des portraits des principaux oiseaux de chaque genre connu jusqu'à présent, les personnes qui se les sont procurés à mesure qu'ils ont paru : et je jouis moi-même du plaisir inapréciable d'avoir fait ce que j'ai pu en le faisant, et ce que je devois en le terminant. Une double jouissance est celle de le soigner tant que je vivrai, et de ne pas permettre, comme dans celui que le besoin impérieux m'a commandé de faire pour Buffon, qu'il soit gâté par des barbouilleuses, au point de me plaindre du destin qui m'avoit obligé d'y mettre mon nom. (*) De celui-ci je n'en ferai qu'un nombre d'exemplaires, puis je briserai les planches. Ce qui m'y oblige, c'est que je ne laisse personne après moi qui puisse me remplacer, et qui ait suivi, comme je l'espérois, la même carrière.

Comme je suis seul, que je ne compte que sur moi; je n'entreprendrai point d'ouvrage de longue haleine. L'homme doit envisager le terme de ses œuvres; ne connoissant pas celui de ses jours; ce sentiment d'honneur me fera donner des supplémens, volumes, par volumes, qui seront toujours complets, ou à très-peu-près; quelqu'évènement qui puisse m'arriver, et sur-tout le premier volume qui paroîtra, parce qu'il est déjà fort avancé.

Ce volume contient les oiseaux, dont les becs paroissent longs à proportion du corps; il commence par le plus petit des oiseaux;

(*) Il y a cinq à six années, que j'ai cessé de surveiller cet ouvrage, parce que les planches étoient usées, et que pour les faire resservir, on les a fait retoucher par des apprentifs, de manière que le meilleur pinceau ne peut faire que de mauvaises enluminures, et que pour combler la sotise, on se sert de barbouilleuses. On suit le principe qu'il y a plus à gagner, et qu'il y a plus d'acheteurs que de connoisseurs.

l'oiseau Mouche, *les Colibris*, *et les Grim-preaux*, qui correspondent ensemble par leur taille, leur foiblesse, la longueur de leur becs et la richesse de leur vêtement; suivent les Hupes, les Promerops, les Guepiers, etc., à cause de l'analogie de leur becs et de leur parures.

A la suite on voit en bataillon, suivre les êtres aîlés, dont les doigts sont partagés, deux devant et deux derrière; ce sont les Pics, les Coucous, les Perroquets et les Toucans à bec énorme, ces derniers le disputent par la grandeur et par la grosseur au Calaos, dont les doigts sont réunis étroitement ensemble.

I. Genre. *L'Oiseau Mouche.*

Son caractère est d'avoir quatre doigts dénués de membrane; trois devant, un derrière, tous séparés environ jusqu'à leur origine; les jambes couvertes de plumes jusqu'au talon, le bec effilé, droit, comprimé horisontalement et un peu renflé vers le bout, les pieds courts.

Tous les oiseaux de ce genre ont la langue composée de deux petits canaux, demi-cylindriques, appliqués l'un contre l'autre qui forment une espèce de siphon, qu'ils font sortir en grande partie de leur bec, à la manière des Pics, et par le moyen duquel ils sucent le miel des fleurs.

SECTION I.ere *Le Colibri.*

Cet oiseau ne diffère du précédent, que par le bec effilé, courbé en arc; de la même grosseur dans presque toute sa longueur, et un peu renflé par le bout. Ces deux espèces n'ont que dix plumes à la queue.

SECTION II.eme *Le Grimpreau.*

Le Grimpreau ne diffère du Colibri, que parce que son bec finit par une pointe aigüe, et qu'il a les pieds assez longs et forts.

II.e Genre. *La Hupe.*

Son caractère ne diffère de celui du Grimpreau, que par la grosseur et par une hupe, dont sa tête est agréablement ornée; cette hupe longitudinale est composée d'un double rang de plumes, que l'oiseau relève à volonté.

SECTION I.ere *Le Promerops.*

Cet oiseau ne diffère de celui du Grimpreau et de la Hupe, que par une très-longue queue. Ces trois espèces ont les mêmes caractères à très-peu-près.

Le Todier renvoyé avec les Martins

Pécheurs.

Son caractère est d'avoir quatre doigts dénués de membranes, trois devant, un der-

rière; celui du milieu des trois doigts anté-
rieurs, étroitement uni au doigt extérieur,
jusqu'à la première, comme les Martins Pêcheurs; les jambes couvertes de plumes jusqu'au talon : le bec droit, assez long, ap-
plati horisontalement et obtus.

Le Guepier.

Le caractère de cet oiseau ne diffère de
celui du Todier, que par le bec recourbé en
arc et pointu. Renvoyé avec les Martins Pêcheurs, ainsi que le Todier, à cause de ses
pieds.

IIIe. Genre. *Le Picucule.*

Son caractère est d'avoir trois doigts devant
et un derrière, tous séparés jusqu'à leur
origine; les jambes couvertes de plumes jusqu'au talon, le bec droit et un peu recourbé
vers la pointe, la queue assez longue, dont
chaque plume est terminée par une espèce d'é-
guille.

SECTION I.ere *Le Talapiot.*

Cet oiseau ne diffère du précédent, que
par son bec droit et pointu.

IV.e Genre. *Le Pic*

Son caractère est d'avoir quatre doigts,
deux devant et deux derrière; les jambes
couvertes de plumes, jusqu'aux talons, le
bec droit et en forme de coin, la langue très-
longue, les plumes de la queue roide, et un

peu courbe, la langue dure, osseuse et pointue.

SECTION I.ere *Le Torcol.*

Ce petit oiseau ne diffère du Pic que par le bec pointu, et la flexibilité des plumes de la queue.

V.e Genre. *Le Coucou.*

Son caractère ne diffère du Coucou que par le bec un peu recourbé en en-bas, convexe en dessus et comprimé par les côtés, les narines découvertes ; presque tous ces oiseaux n'ont que dix plumes à la queue.

SECTION I.ere *Le Couroucou.*

Son caractère est comme celui des Coucous, il a comme eux deux doigts en avant et deux en arrière ; mais ils ont le doigt extérieur, soit celui de devant ou celui de derrière, plus court que l'intérieur, et presque tous ont les pieds couverts de plumes, jusqu'à l'origine des doigts.

SECTION II.eme *Le Barbu.*

Le caractère du Barbu est presque le même que celui du précédent, il n'en diffère que parce qu'il est trapu, et qu'il a la base du bec, même le dessous de l'œil, garnis de plumes en formes de poils, tournées en devant ; presque tous n'ont que dix plumes à la queue.

SECTION III.eme *L'Anis ou Bout de Petun.*

Cet oiseau ne diffère des Coucous que par

son bec court, crochu, plus épais que large
et tranchant en dessus; il n'a que dix plumes
à la queue.

VI.ᵉ Genre. *Le Touraco.*

Son caractère ne diffère de celui du Coucou que par son bec plus court et dentelé, que
par une hupe qu'il fait mouvoir à volonté.

VII.ᵉ Genre. *Le Jacamar.*

Son caractère ne s'éloigne de celui du Coucou, que par le bec droit, très-long, qua-
drangulaire et pointu.

VIII.ᵉ Genre. *Le Martin Pêcheur.*

Son caractère est d'avoir comme le Todier
et le Guépier, trois doigts devant, un derrière; celui du milieu des trois doigts anté-
rieurs, étroitement uni au doigt extérieur,
jusqu'à la troisième articulation, et au doigt
intérieur jusqu'à la première; le bec droit,
long et pointu.

IX..ᵉ Genre. *Le Momot.*

Cet oiseau ne diffère du Martin Pêcheur,
que par sa taille élégante, son bec conique, dentelé comme une scie, et le bout des deux
mendibules courbé en en-bas.

X.ᵉ Genre. *Le Calao.*

Son caractère est d'avoir les jambes et les
pieds comme le Martin Pêcheur; mais d'en
différer par un bec énorme, en longueur et
en grosseur; ce bec est en forme de faulx, den-

telé comme une scie, et d'une matière cornée très-dure,

XI.ᵉ Genre. *Le Toucan.*

Son caractère est d'avoir comme le Coucou, quatre doigts ; deux devant, deux derrière ; mais s'il lui ressemble de ce côté, il en diffère beaucoup par la prodigieuse longueur de son bec, aussi long que le corps, de la grosseur de la tête et dentelé comme une scie ; le bout des deux mendibules courbé en en-bas, la langue ressemblante à une plume : cet oiseau n'a que dix plumes à la queue ; ce bec énorme pèse fort peu, il est composé d'une partie celulaire très-légère, renfermée dans une matière cornée, extrêmement mince.

Dans quelques individus les narines sont placées près de l'origine du demi-bec supérieur, hors de la matière cornée, et sont cachées sous les plumes ; dans quelqu'autres, elles sont placées sur la matière cornée même, et sont apparentes.

XII.ₑ Genre. *Le Perroquet.*

Son caractère est d'avoir les jambes et les pieds comme le précédent, mais plus charnus et plus courts. Il en diffère par le bec court, crochu, plus épais que large, la mendibule supérieure, décrivant un demi cercle a-peu-près.

Fin du plan de l'ouvrage du premier volume.

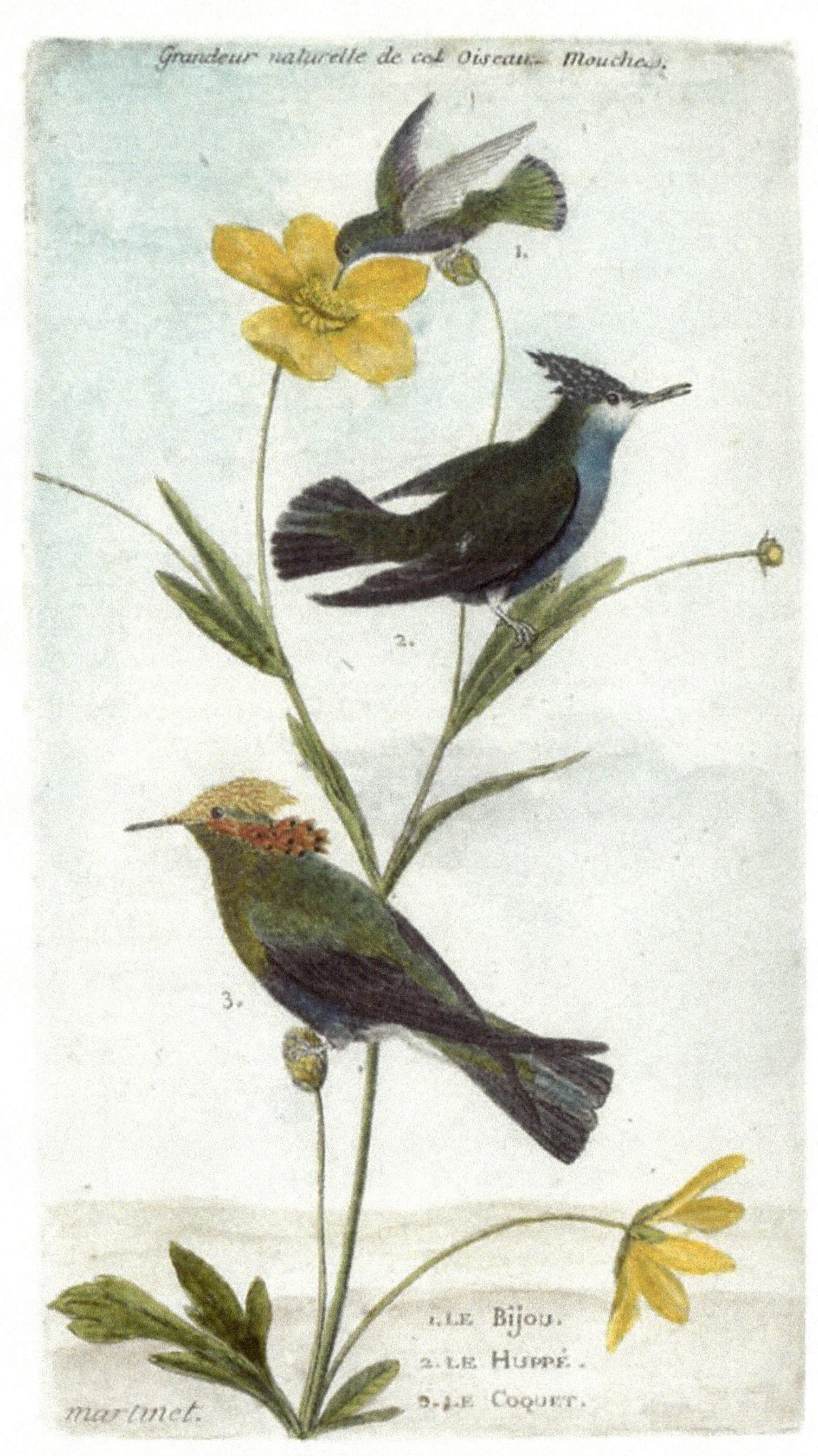

Grandeur naturelle de cet Oiseau-Mouche.
1.
2.
3.
1. LE BIJOU.
2. LE HUPPÉ.
3. LE COQUET.
martinet.

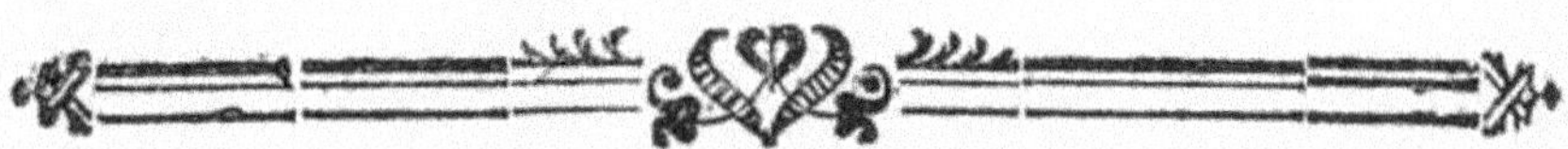

OISEAUX-MOUCHES.

CE sont les plus petits, les plus richement vêtus, et les plus élégans pour la forme. Les couleurs de leur plumage ont la fraîcheur, la vivacité des plus belles fleurs du printemps, le luisant des métaux polis, et l'éclat des pierreries. Il n'est aucun être sur qui la nature ait répandu ses trésors avec plus de profusion. Au moindre mouvement des Oiseaux mouches, leurs couleurs mobiles produisent des effets de lumière si sublimes, que la peinture ne peut les imiter, ni le génie les décrire, que très-imparfaitement. Aussi, ces petits êtres fixent-ils nos regards lorsqu'ils voltigent autour des fleurs, et que le soleil brise ses rayons éblouissans sur leur somptueuse parure.

Mais toutes ces beautés se multiplient, lorsque l'amour leur inspire de nouveaux desirs, et les réunit auprès d'une petite femme. C'est alors que leurs mouvemens sont plus expressifs et plus rapides. Leurs plumes, en s'épanouissant, annoncent leur émotion intérieure, produisent des milliers de nuances et de reflets sans cesse renouvellés par d'autres reflets et par d'autres nuances, enfans de la lumière toujours diverse et toujours admirable. Enfin, ces charmans oiseaux possèdent, au suprême degré, les qualités qui font les délices du beau sexe ; savoir, la légéreté, la prestesse, les graces et la beauté.

La nature les a confinés dans un éternel été entre les deux tropiques. Ceux qui s'en écartent, suivent le soleil et se retirent avec lui, pour vivre du nectar des plantes odorantes dont ces beaux climats abondent en tout tems. Le brillant plumage de ces petits êtres n'est jamais terni par aucun corps étranger.

L'éclat des couleurs de ces admirables oiseaux les a fait nommer par les Indiens, *cheveux* ou *rayons du soleil* ; les Espagnols les ont appellés *tomineos*, parce que la petitesse de ces volatils est relative au *tomine*, poids de douze grains.

Ces oiseaux ont les pattes très-courtes, le bec long et à-peu-près droit ; leur langue se divise en deux filets déliés, deux fibres creuses propres à pomper le miel des fleurs qu'ils dardent dans leurs calices au milieu des pétales et des étamines. S'ils trouvent une fleur fanée, ils lui arrachent les pétales, sans doute pour en avoir les animacules qui s'y trouvent renfermés, en faisant entendre ce petit cri commun à toute l'espèce, *serep*, *serep* ; qu'ils font aussi entendre de l'aurore, à l'arrivée du père du jour, tems où ils se dispersent dans les campagnes.

Comme l'extrême foiblesse est toujours compagne de l'extrême petitesse, le moindre vent emporte les Oiseaux-Mouches de même que les Abeilles, les papillons, et les éloigne des lieux où ils sembloient diriger leur vol.

Ces bijoux de la mère des existences sont toujours seuls, si ce n'est dans le tems de l'amour, qu'ils s'occupent d'intelligence, avec une aimable compagne, à construire un nid. Le mâle va chercher les matériaux nécessaires, et la femelle les emploie avec un art admirable. Ce nid, où ils doivent déposer le fruit de leurs vives caresses, annonce bien la délicatesse de leurs petits corps; il est de la grandeur d'un écu de six livres, et de l'épaisseur d'un écu de trois livres. Il est fortement tissu avec de la bourre soyeuse recueillie sur les fleurs, et du coton le plus fin; il est garni en dehors de pélicules d'écorce de gomier. Ce berceau, où doit naître deux ou trois œufs blancs, à-peu-près gros comme des pois, est attaché à de petites branches d'oranger ou d'autres arbres fleuristes. Au bout de douze jours d'incubation, les œufs ouverts laissent voir des oiseaux dont l'existence étonne, ainsi que les soins paternels. Au bout de vingt jours des plus tendres sollicitudes, ils abandonnent leurs petits et se séparent eux-mêmes jusqu'à-ce que l'amour leur ordonne de se réunir.

Dans les climats où naissent les Oiseaux-Mouches, si on veut en avoir chez soi, il faut enlever les nids lorsque les petits seront éclos; et les père et mère les suivront pour leur donner les secours nécessaires; mais il faut avoir du miel et de l'eau sucrée dans laquelle on aura délayé un peu de farine, si on veut y réussir.

Il faut que leurs nourritures soient bien substancielles pour donner tant d'énergie dans les organes délicats d'un si petit corps, et fournir à la perte des esprits occasionnée par leurs mouvemens perpétuels. On a lieu de croire qu'ils vivent aussi des insectes qui se trouvent dans les fleurs. Voltiger de plaisirs en plaisirs, visiter les fleurs, se nourrir de l'ambrosie qu'elles contiennent, faire l'amour, telle est le cours de leur vie aërienne.

Le plus gros des Oiseaux-Mouches à trois pouces, depuis le bout du bec jusqu'à celui de la queue, et le plus petit n'en a qu'un. Aussi ont-ils pour ennemies, les araignées, comme les mouches dans ces pays-ci.

Fin des Oiseaux-Mouches.

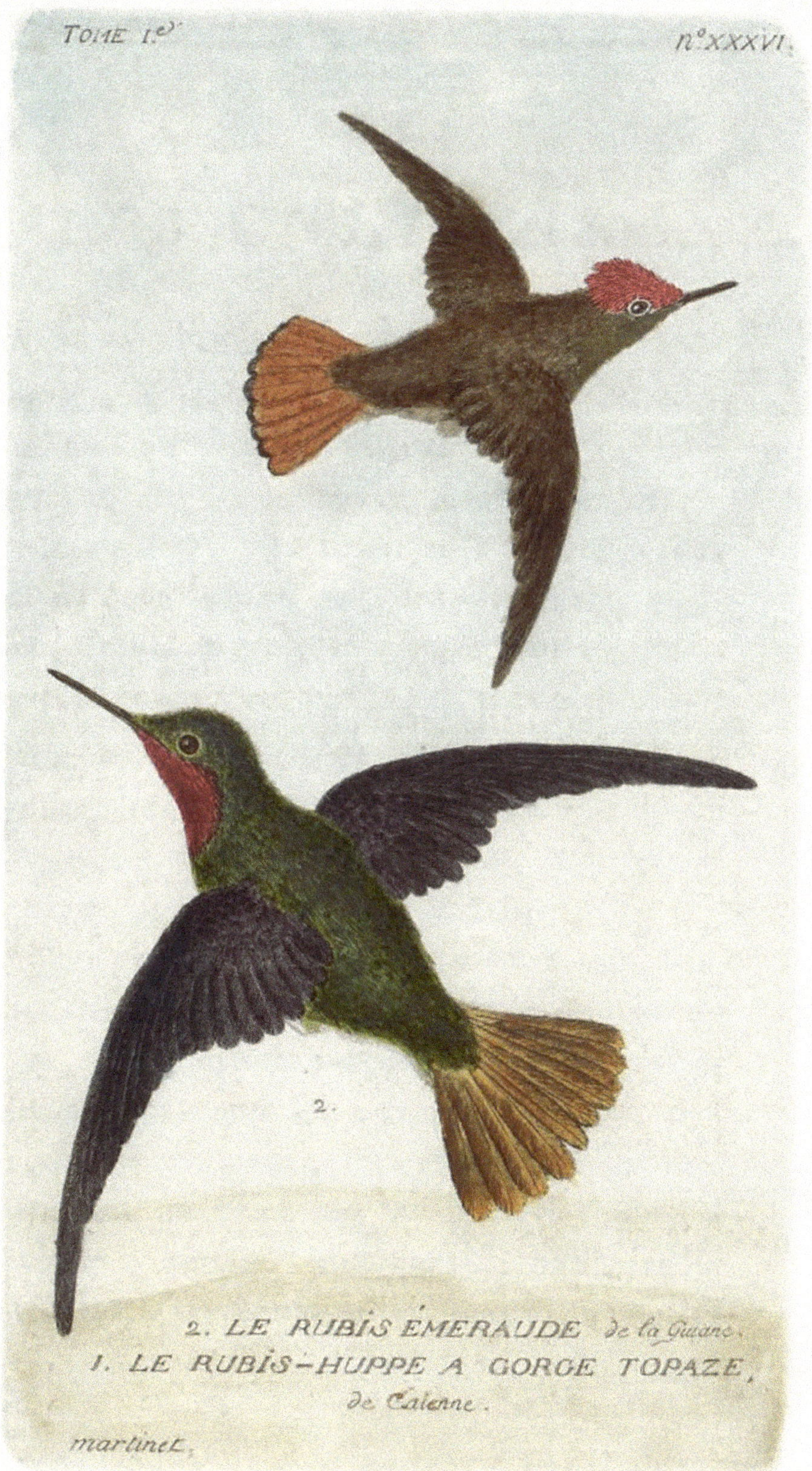

2. LE RUBIS ÉMERAUDE *de la Guiane.*
1. LE RUBIS-HUPPÉ A GORGE TOPAZE,
de Caienne.

martinet.

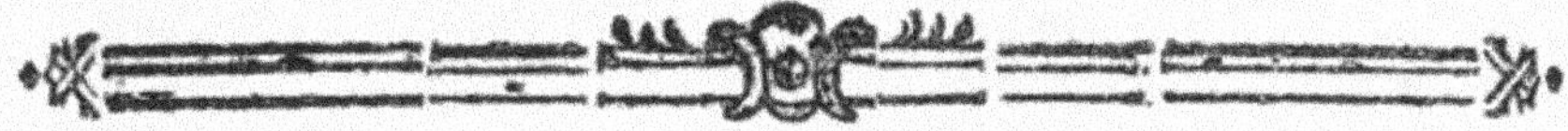

LES COLIBRIS.

LA Nature, dont les ressources sont iné-
puisables, a étendu le feu de la vie sous des
formes sans nombre, en variant le trait primitif
de son dessein, et en le fléchissant sous divers
contours; elle a tracé, d'un genre à l'autre, des
lignes de communication, des fils où tout s'en-
chaîne, depuis ce qui paroît à nos yeux ses chefs-
d'œuvres, jusqu'à ses plus simples essais.

Cette mère universelle ayant fait des êtres
très-disparates entr'eux, n'a point cherché à flatter
nos regards dans ce travail immense, pour éviter
la critique de sa créature par excellence. La nature ignore que nos règles de conventions, pour
former des êtres parfaits, sont une régularité de
formes, un accord de proportions, qui donnant
l'ensemble de toutes les parties, offrent à nos
yeux, dans les animaux, grace et beauté. L'homme
ne trouvant de beau que ce qui est soumis à
ses règles, admire seulement la petite taille
du Colibri, la réunion et l'assortiment des

A

couleurs éclatantes répandues sur son plumage ;
il trouve que cet oiseau a le bec d'une grandeur énorme et les pattes trop petites. Mais cette
mère unique ignore les distinctions ; l'énorme Baleine, le monstrueux Eléphant, l'élégante Ga-
zelle, le superbe Cheval, le terrible Lion, l'Aigle
audacieux, les reptiles et les insectes, jusqu'aux
animalcules, lui sont également chers ; parce
qu'elle leur a donné à chacun l'existence, l'instinct, la beauté de forme, et les qualités pour
vivre et se reproduire : quelle faveur !

Le Colibri ressemble si bien à l'Oiseau-Mouche, que plusieurs auteurs lui ont donné le même
nom. Ces charmans oiseaux ne diffèrent que par
la forme du bec ; le premier l'a courbé comme
une lame de faulx, le second l'a droit et renflé
par le bout. Ces oiseaux ont, au premier aspect,
un air de famille qui porte à les confondre
d'autant plus facilement, qu'ils sont également
confinés dans les contrées les plus chaudes du
nouveau Monde. Ceux que l'on voit dans les
Zônes tempérées, suivent le soleil sur l'aîle du
zéphir, et reviennent avec cet astre éblouissant
à la suite d'un éternel été.

Leur vol est continu, bourdonnant et rapide ;
le battement de leurs aîles est si vif, qu'il ne
peut être comparé qu'à leur courage, à celui

des Oiseaux-Mouches, ou plutôt à leur audace, qui les expose contre d'autres oiseaux beaucoup plus forts qu'eux; souvent les Colibris ne font usage de leurs pieds que pour se poser sur les arbres et les fleurs. Ils plongent leur becs dans les trous des uns, pour en tirer les insectes avec leur langue partagée en deux fibres creuses qui forment un petit canal, et dans le calice des autres, pour en pomper le nectar ou les petits animalcules qui s'y trouvent. Ils flattent les objets divers de leurs aîles badines; mais ils ne s'y arrêtent que quelques instants, et partent comme un trait pour en visiter d'autres.

Comme ces oiseaux sont toute l'année dans un cercle de beaux jours, leur jouissance n'est jamais interrompue. On les voit en tout temps se chercher, et deux à deux construire un nid qui répond à la délicatesse de leurs petits corps. Il le font de coton fin, ou d'une bourre soyeuse revêtue de minces pellicules d'écorce d'arbre. Ce nid est artistement tissu, doux, et de l'épaisseur d'un écu de trois livres, monnoie de France. Les Voyageurs avancent que le mâle et la femelle, empressés à construire un berceau à leur future famille, travaillent de concert; le mâle à chercher et à apporter les matériaux, et la femelle à le construire, à l'attacher à deux feuilles ou à de très-foibles pousses nouvelles d'arbres fruitiers. Ce nid est à-peu-près du diamêtre d'une pêche. La femelle y dépose quatre et même cinq œufs plus ou moins gros , suivant l'espèce ; mais ordinairement comme de gros pois, qui éclosent au bout d'environ douze jours d'incubation.

Comme il est très-difficile , peut-être même impossible d'élever les petits du Colibri , on peut en avoir chez soi dans le pays, en emportant un nid avec les petits , parce que le père et la mère ne connoissent pas plus le danger que les Mouches , qui, comme eux , bourdonnent en volant et pompent le miel des fleurs. Ces charmans oiseaux suivront leur famille chérie pour leur donner à manger , et s'apprivoiseront au point de venir dormir , manger du miel et de la pâtée faite avec du vin d'Espagne , du sucre et un peu de farine. Ils s'apprivoiséront si bien qu'on verra bien-tôt le père , la mère et les enfans se poser sur tout dans les appartemens, et même sur les personnes , et y chanteront comme sur une branche d'arbre.

Rien de plus admirable que ces petits volatiles ; leur foible chant est flatteur , leur mouvement agréable , et leurs couleurs uniques offrent l'éclat et la fraîcheur des plus brillantes fleurs , le lui-

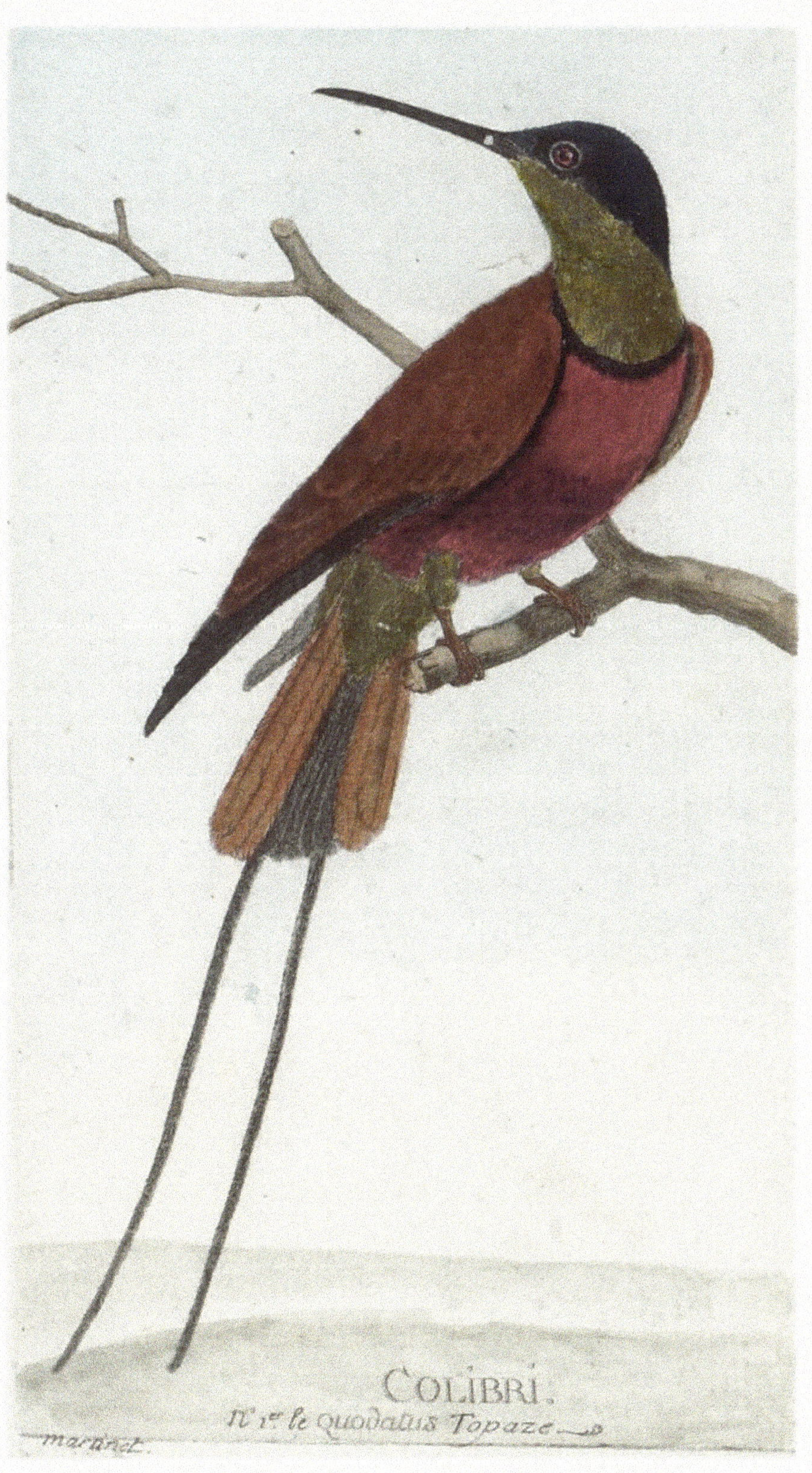

COLIBRI.
N.º 1.ᵉ le quodatus Topaze

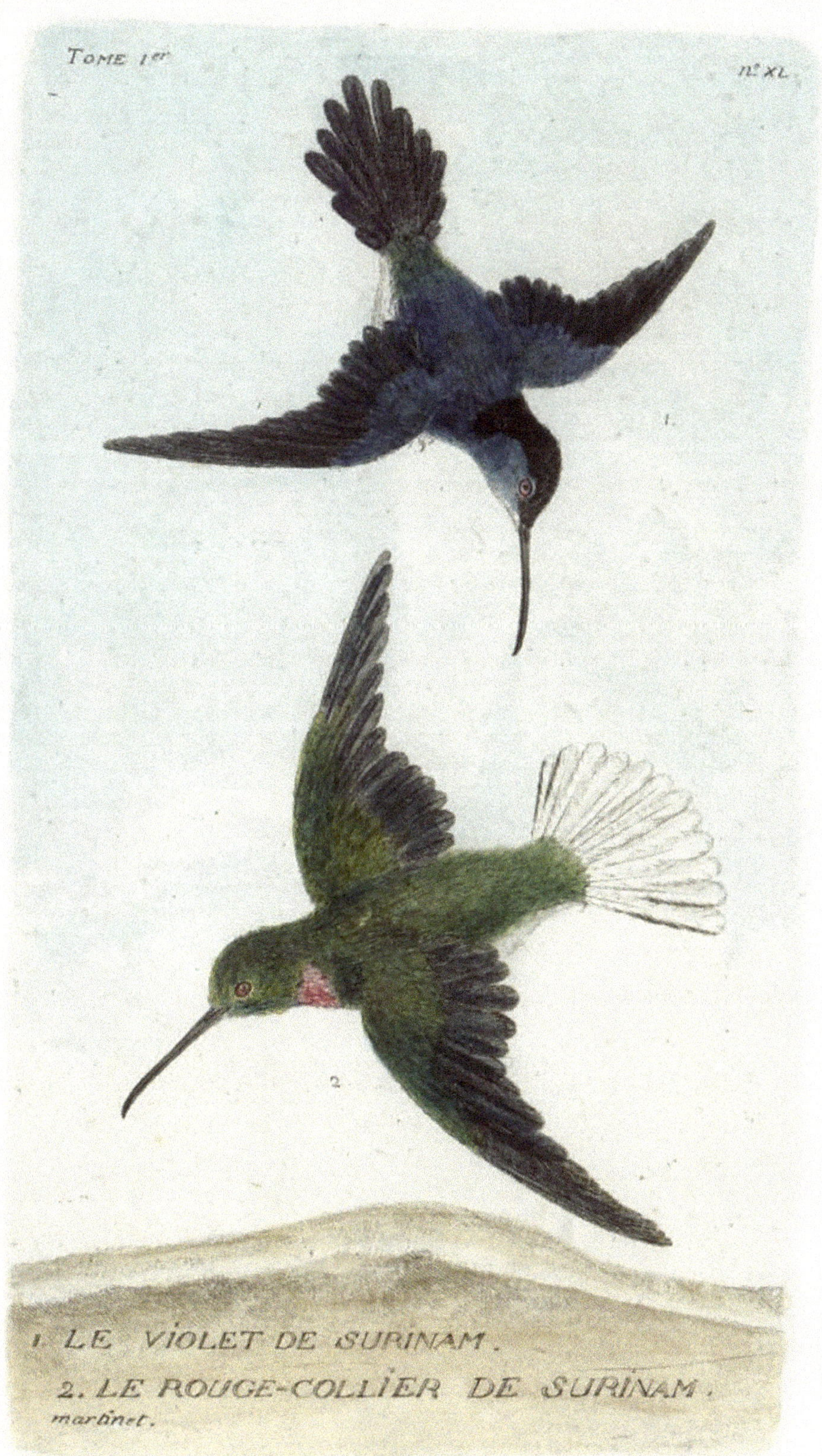

1. LE VIOLET DE SURINAM.
2. LE ROUGE-COLLÏER DE SURINAM.
martinet.

sant des métaux polis , et le feu pétillant des pierreries. Cette jolie famille de Colibris, semble être la plus proche parente des Oiseaux-Mouches, elle est très-étendue et très-variée , mais toutes ses variétés sont aimables.

1e. Le *Quodatus* Topaze de la Jamaïque, a près de six pouces de longueur.

2e. Le *Quodatus* Violiqueue de la Carol ne a , dans sa longueur totale, cinq pouces.

3 . Le *Quodatus* Brin-blanc de Cayenne, a environ cinq pouces.

4e. La Cravatte verte de la Louisianne, a quatre pouces et demi.

5e. La Gorge carminée de la Louisianne, a quatre pouces ou environ.

6e. Le Violet de Cayenne, a cinquante lignes de longueur.

7e. Le Rouge - collier de Surinam , a quatre pouces et demi.

8e. Le Hausse-col vert de Cayenne, a environ quatre pouces.

9e. Le Bleuet de St. Domingue a , depuis le bout du bec jusqu'à celui de la queue , au moins quatre pouces.

10e. Le Plastron noir de la Jamaïque, a près de quatre pouces.

11°. Le Plastron blanc de St. Dominque, a environ quatre pouces de longueur.

12°. Le petit Colibri d'Amérique n'a que trois pouces de longueur.

13°. Le *Quadatus* long-bec, de Cayenne.

Les Colibris semblent être le chaînon qui sépare les Oiseaux-Mouches des Faucheurs.

Nous avons omis la nomenclature des diverses espèces d'Oiseaux-Mouches, à leur article; mais comme nous donnerons, à la fin de cet ouvrage, les planches de ces superbes oiseaux, nous espérons ne rien laisser à desirer.

Fin des Colibris.

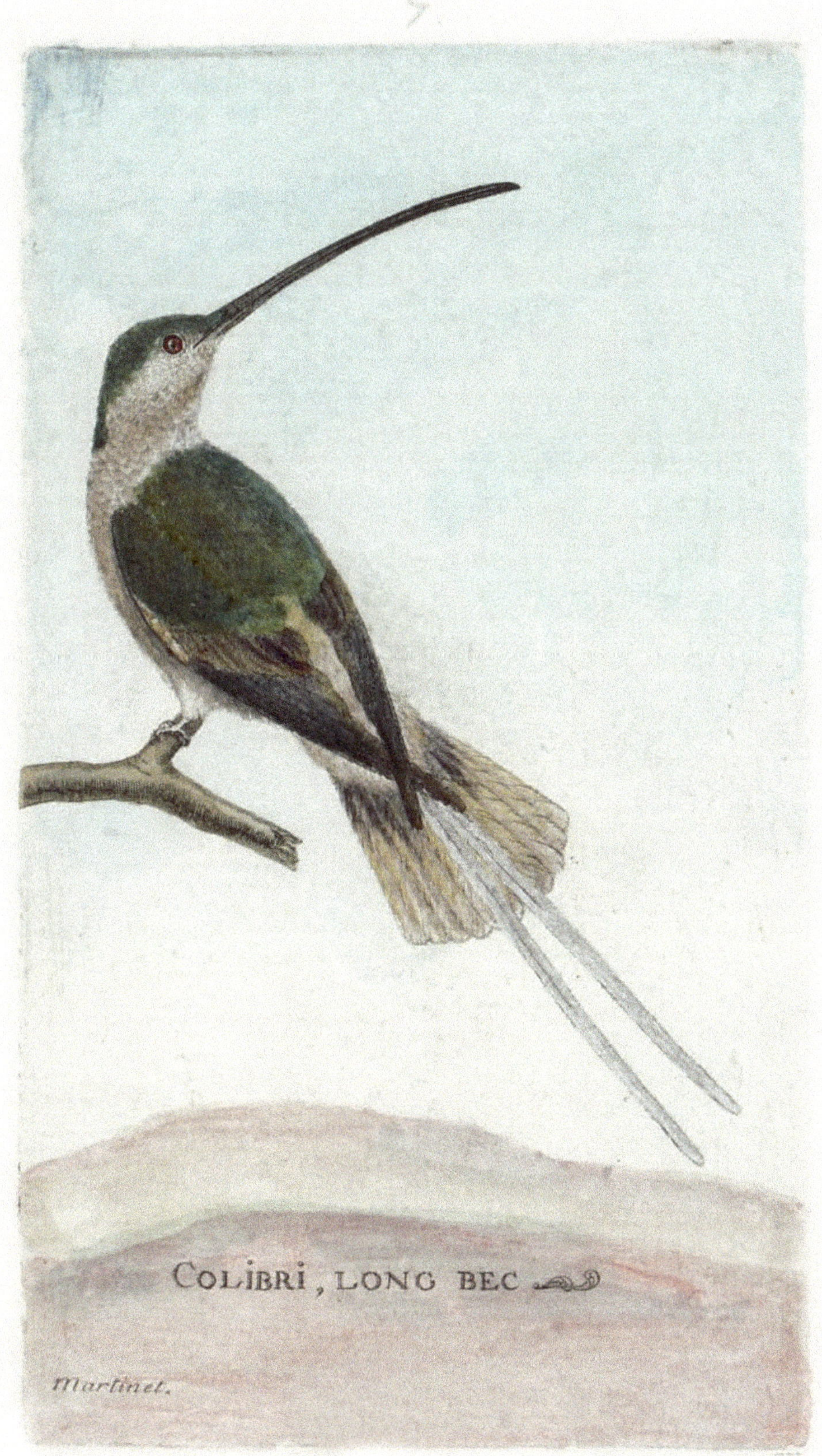

COLIBRI, LONG BEC.
Martinet.

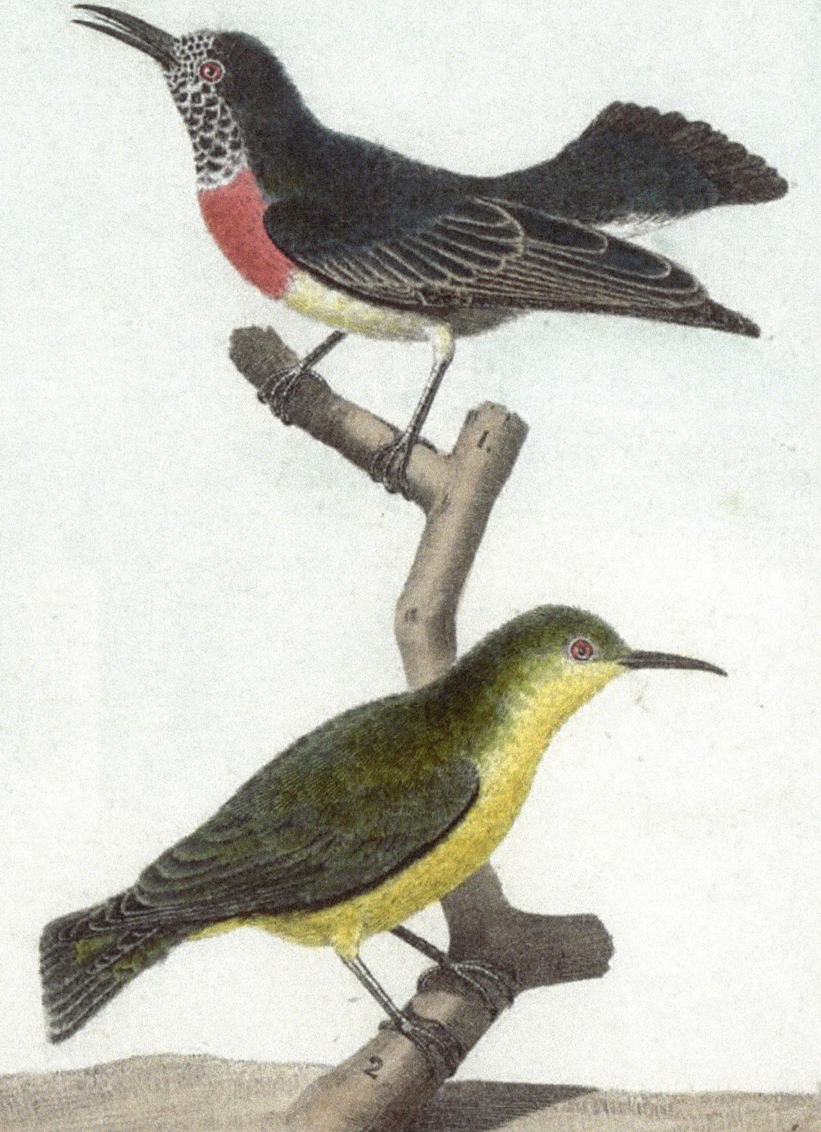

1. LE FAUCHEUR-   MARON POURPRÉ.

DES PHILIPPINES. 2. LA FEMELLE. nomé par Buson-

-Soui-manga à gorge rouge et maron pourpré. Cet oiseau a plusieurs

martinet. variétés d'âge ou despéce comme la pluspart des autres.

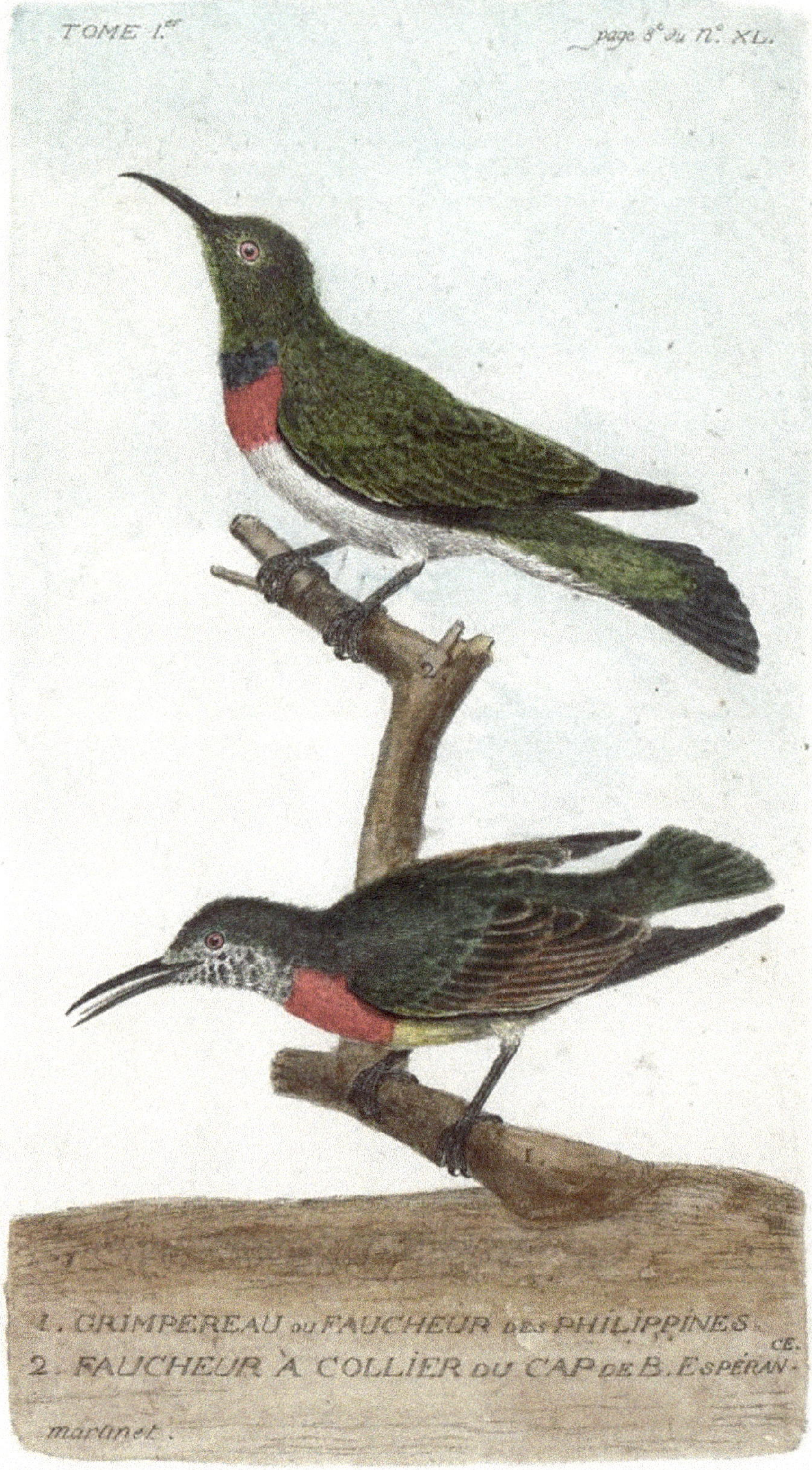

1. GRIMPEREAU ou FAUCHEUR des PHILIPPINES.
2. FAUCHEUR À COLLIER du CAP de B. ESPÉRAN-CE.

martinet.

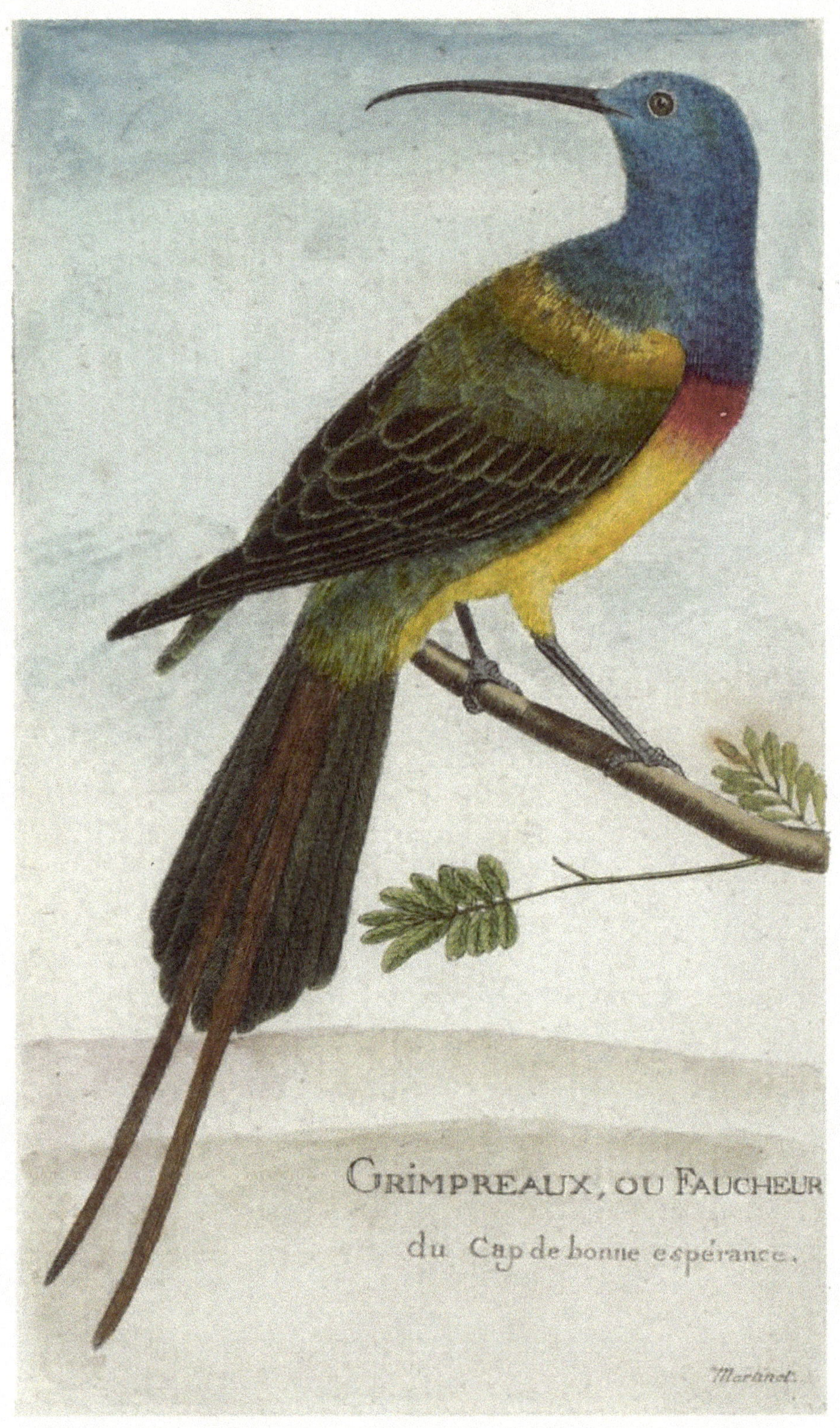

GRIMPREAUX, OU FAUCHEUR
du Cap de bonne espérance.

Martinet.

GRIMPEREAUX ÉTRANGERS
de l'ancien et du nouveau Continent, que nous nommerons Faucheurs.

CES oiseaux ont la même conformation et les mêmes mœurs que nos Faucheurs; ils naissent dans les pays méridionaux, et se répandent dans les campagnes, où on les voit sur les haies et les buissons, briller comme le diamant sur une étoffe de soie. Les petites espèces voltigent autour des fleurs et s'y reposent de même que les Colibris et les Oiseaux-Mouches.

Ces Faucheurs se distinguent facilement de ceux qui naissent sous la Zône tempérée, par leur beauté. Les couleurs de leur plumage ont la fraîcheur et l'éclat des plus belles fleurs; le verd s'y distingue sur-tout en prenant rapidement l'aspect de l'émeraude, et celui du cuivre de rosette et de l'or.

Les femelles de ces oiseaux sont moins belles et plus petites que leurs mâles.

Il y a beaucoup de variété dans cette tribu qui semble être annoncée par celle des Colibris, dont elle ne diffère que par les pattes, qu'elle a beaucoup plus longues.

1°. Le Faucheur maron pourpré à poitrine

rouge des Philippines , dont la longueur totale est de quatre pouces ou environ. On trouve dans cette espèce des variétés d'âges ou de mêlanges.

2°. Le Faucheur à collier du Cap de Bonne-Espérance , a dans sa longueur totale quatre pouces et demi.

3°. Le Faucheur olive à gorge pourprée des Philippines a, depuis le bout du bec jusqu'à celui de la queue, quatre pouces. On connoît deux variétés de cet oiseau.

4°. Le Faucheur à collier , nommé *Angala* , de Madagascar , a de longueur totale environ cinq pouces.

5°. Le Faucheur du Cap de Bonne-Espérance a la voix assez harmonieuse. Il a cinquante-sept lignes de longueur.

6°. Le Faucheur brun , a à-peu-près soixante-trois lignes.

7°. Le Faucheur *Quodatus* à capuchon violet du Cap de Bonne-Espérance a , du bout du bec à celui de la queue, six pouces.

8°. Le *Quodatus* du Sénegal , a le plumage d'un verd doré changeant , et sa longueur totale est de cinq pouces et demi.

9°. Le *Quodatus* du Cap de Bonne-Espérance , a six pouces et demi.

LE

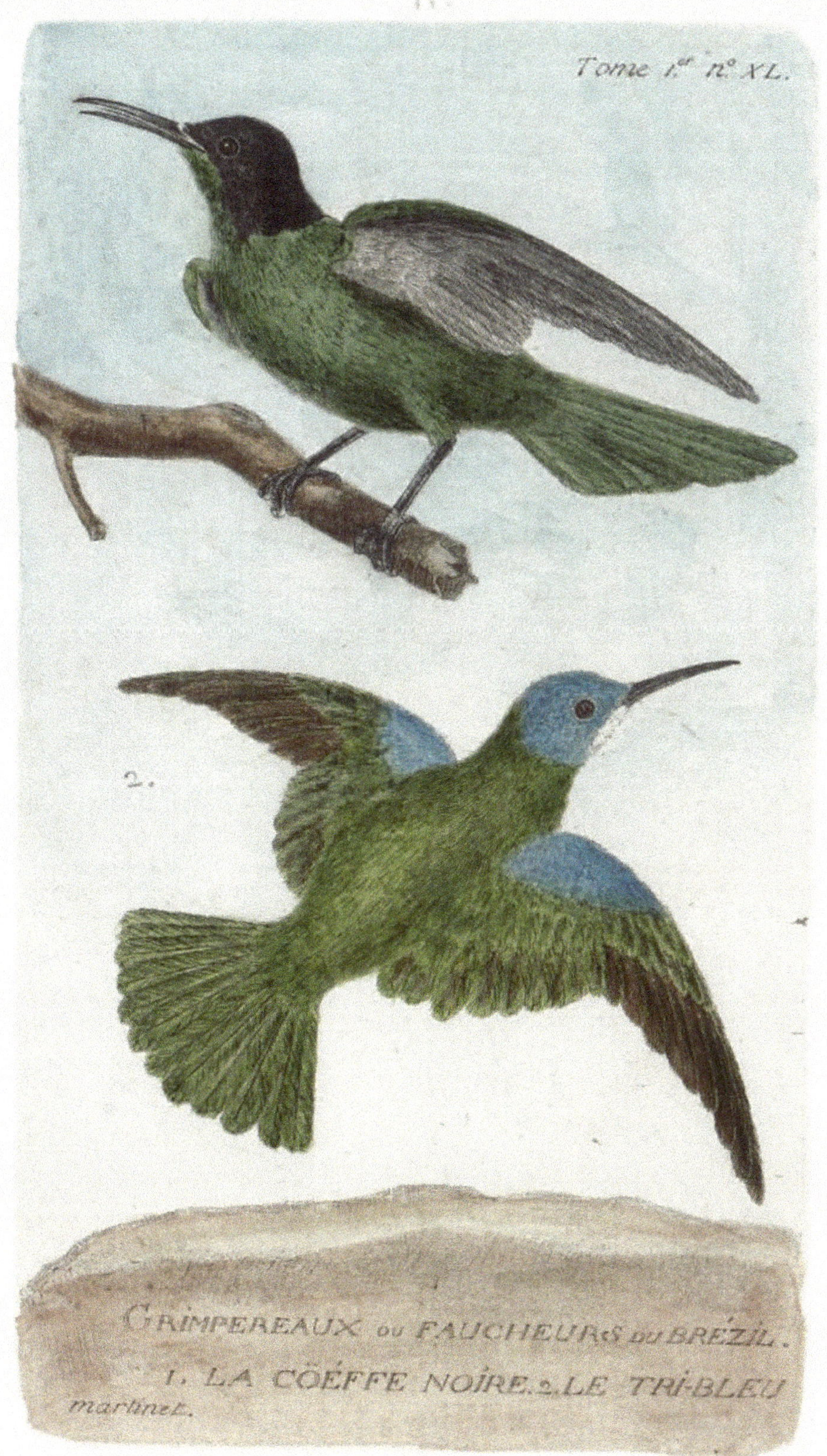

GRIMPEREAUX ou FAUCHEURS du BRÉZIL.
1. LA CÖÉFFE NOÎRE. 2. LE TRI-BLEU
martinet.

page 9.
N.º 40.

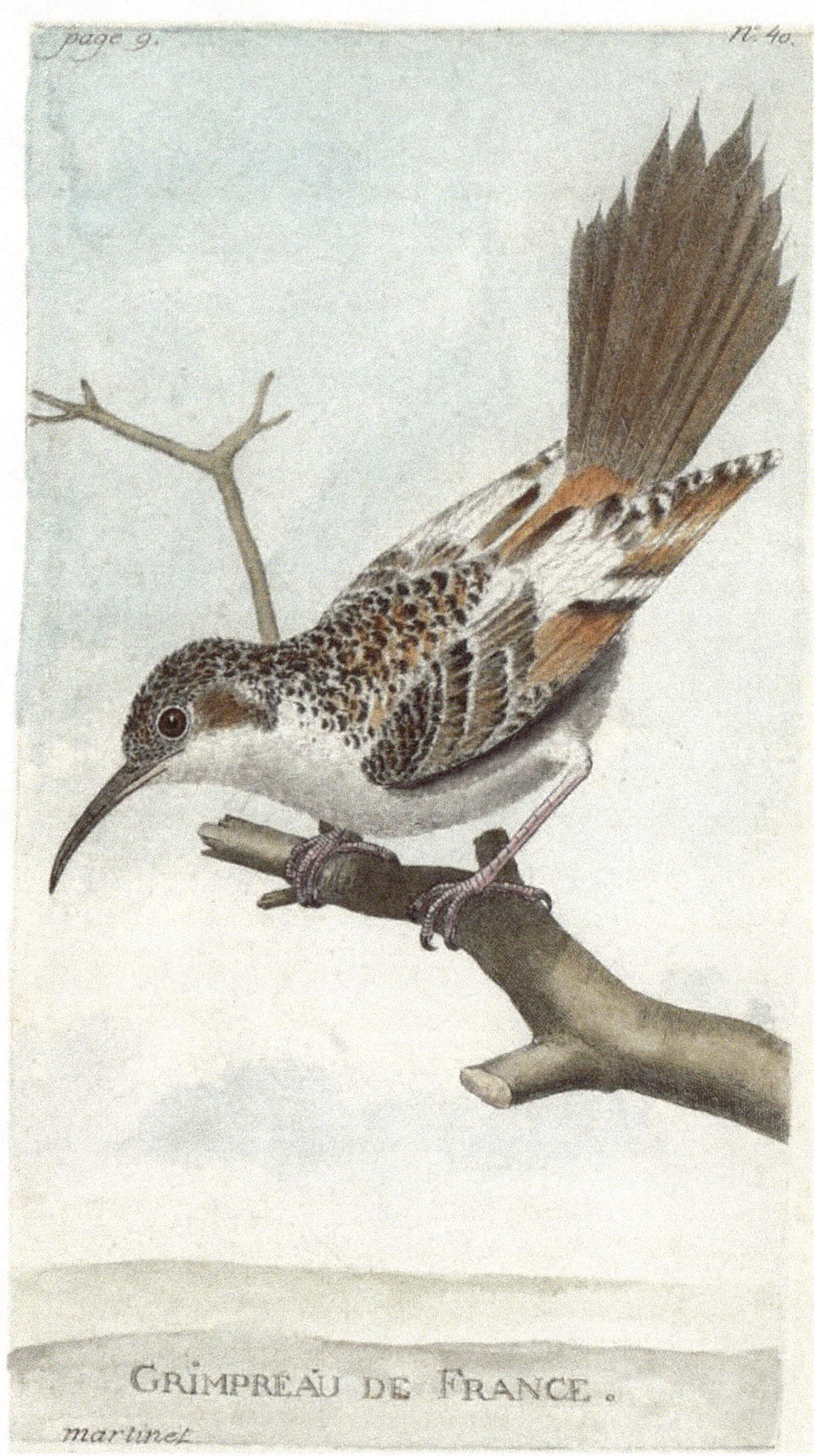

Grimpreau de France.
martinet

LE GRIMPEREAU *de bois vulgairement appellé le Faucheur.*

LE nom de Faucheur que les habitans des chaumières lui ont donné , conviendroit peut-être mieux à cet oiseau que celui de Grimpereau , parce qu'il caractérise la forme de son bec qui ressemble à une faux , et qu'il n'est pas le seul oiseau qui grimpe le long des arbres ; d'ailleurs, le Grimpereau de bois , à qui nous donnerons le nom vulgaire de *Faucheur* , ne grimpe point sur les arbres , ni en montant , ni en descendant , comme les Perroquets ou les Pics ; il ne fait la guerre aux araignées , aux chenilles et aux pucerons , qu'en voltigeant sans cesse de branche en branche , en s'accrochant aux rudes stries de l'écorce des arbres pour y saisir sa proie. Cet oiseau introduit son long bec dans des trous, ou entre l'écorce et le bois , pour chercher et percer les vers. Enfin le Faucheur vit sur les arbres comme le Grimpereau de muraille dans les masures.

Comme l'extrême agilité est l'apanage ordinaire des petits êtres, on voit toujours cet oiseau se transporter sans cesse , par des mouvemens très-vifs, d'un lieu à un autre ; mais toute son

action porte, pour ainsi dire, au même centre:
il ne s'éloigne guères du climat qui lui a donné
le jour. Un trou d'arbre est la demeure du Faucheur; c'est de ce lieu qu'il parcourt les bois
en furetant les arbres et les buissons; et c'est dans
ce même trou que sa femelle chérie pond sept
ou neuf œufs sur de la plume ou de la mousse,
et qu'elle le rend vrai père d'une famille nombreuse. Ces petits œufs, grisâtres et tachetés de
brun, éclosent au bout de douze ou quatorze
jours d'incubation, par la constante chaleur du
père et de la mère; alors ces heureux amans donnent, à l'envi, tout leur temps à ces petits nouveaux nés, et à se dire de jolies choses, jusqu'à
ce qu'ils soient assez vigoureux pour soutenir le
divertissant exercice de la chasse. Ce temps
venu, l'amour ordonne impérieusement à ces
époux de renvoyer leurs enfans pour travailler
à une nouvelle population.

Les petits Faucheurs s'élèvent, en domesticité,
avec de la viande hachée en bouillie, dans du
lait et environ un tiers de graine de pavot. Il
faut que cette bouillie soit très-claire, car ils
vivent plutôt du jus que de la viande.

Cet oiseau est à-peu-près de la grosseur du
Roitelet, et sa longueur totale est de cinq pouces
ou environ.

LE GRIMPEREAU de muraille.

Cet agréable oiseau semble être le fil de rapprochement, de jonction, entre les Guêpiers et les Grimpereaux des buissons et ceux des forêts.

Le Grimpereau de muraille a le bec long et grêle, foible, et à-peu-près arqué comme ceux dont nous venons de parler ; il a, pour ainsi dire, les mêmes mœurs ; mais il en diffère par son plumage, qui est soyeux et terne comme celui de la Huppe. Cet oiseau se tient facilement le long des vieux bâtimens et des rochers à pic. Il fait la chasse aux petits insectes et à ceux qui ne sont point cuirassés. La foiblesse de son bec ne lui permet pas d'être plus entreprenant. Cet oiseau fait son nid dans les trous des rochers ou des vieilles tours : sa femelle y dépose trois œufs, quelquefois cinq, qui éclosent au bout d'environ quatorze jours d'incubation ; ensuite le mâle et la femelle, d'intelligence, donnent les soins paternels à leur famille chérie, mais vingt jours après ils l'exilent à perpétuité.

L'hiver, les Grimpereaux de muraille quittent les rochers pour s'établir proche de nos habitations ; et les cimetières sont les lieux qu'ils cherchent de préférence.

Ces oiseaux, que l'on voit toujours seuls, ou deux au plus, démontrent bien que la gaieté dépend plus de l'organisation intérieure, que des ressources de la société, puisque leur chant, qui n'est qu'une espèce de cri, annonce la joie, ainsi que leurs mouvemens.

Le vol du Grimpereau de muraille est doux et facile, comme celui de la Huppe; mais il ne lui sert pas à voyager. Il reste toute l'année dans le pays qui l'a vu naître; un trou est son abri et son habitation ordinaire. On trouve cet oiseau dans quelques provinces de France, et particuliérement en Auvergne. On le voit aussi en Lorraine, en Suisse, en Piémont, et dans quelques endroits d'Italie et d'Allemagne.

La longueur totale du Grimpereau de muraille est d'environ sept pouces, y compris son bec de seize lignes.

Fin des Grimpereaux.

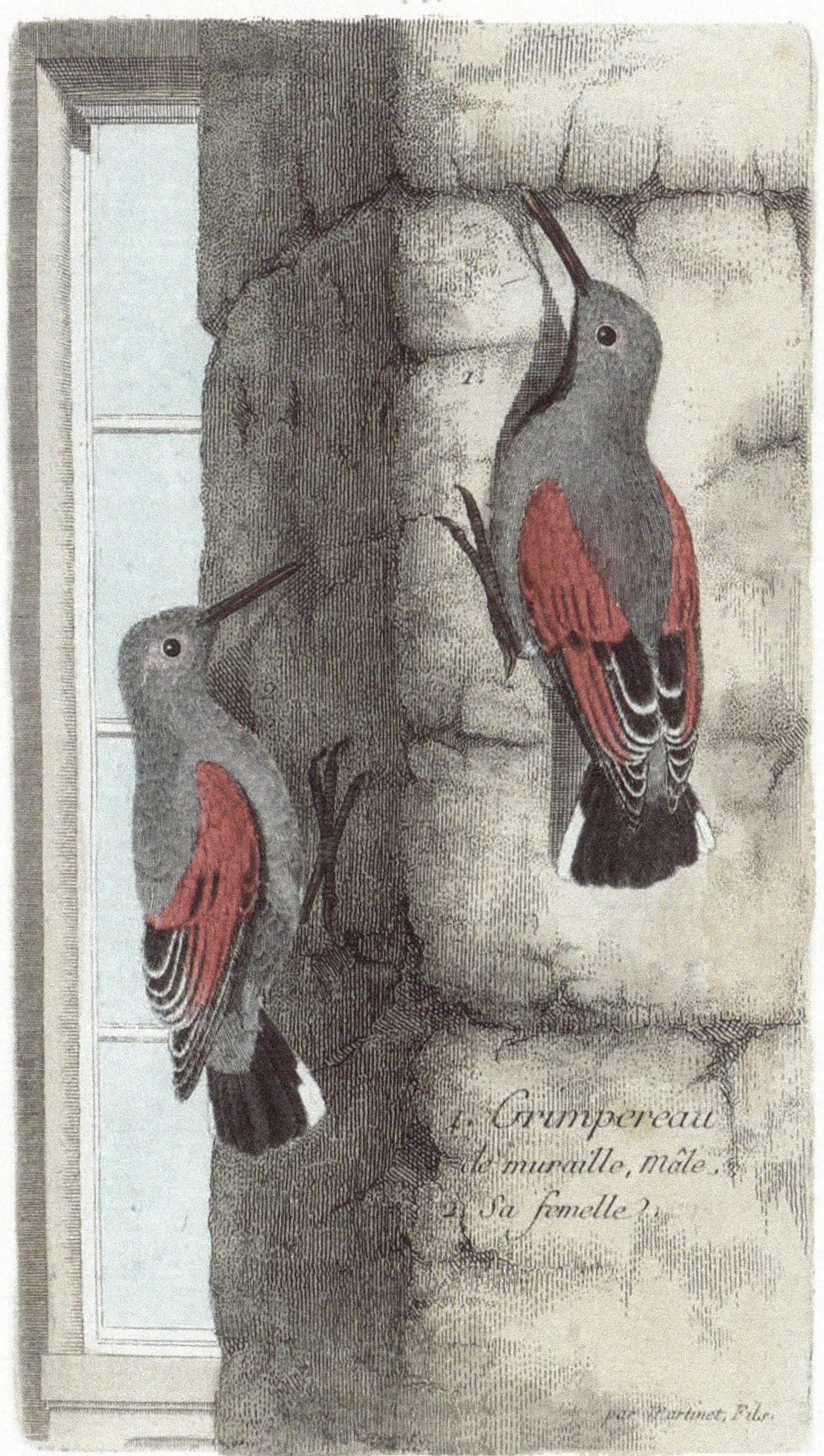

1. Grimpereau
de muraille, mâle.
2. Sa femelle.
par Martinet, Fils.

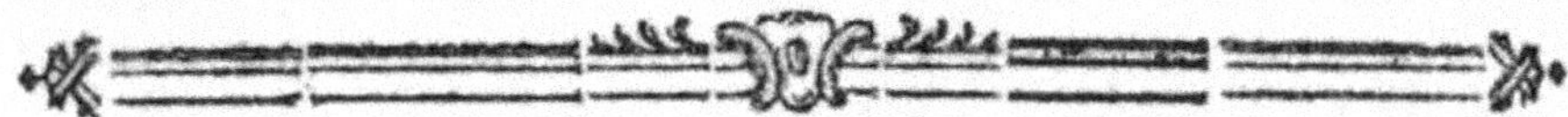

Nᵒ. XXXIX.

LA HUPPE

ou

PUPUT.

DE tous les hôtes des bois, cet oiseau est le plus frappant, et paroît le plus aimable.

Sa taille élégamment découplée, son port noble, et sa démarche libre, soutiennent bien la majesté de sa tête gracieusement couronnée.

Au milieu de ces qualités distinguées, brille avec éclat sa reconnoissance; on le voit par ses caresses, témoigner sa gratitude au maître bienfaisant qui prévient ses besoins, et par-là se l'attacher davantage.

Oh reconnoissance! douce sensibilité, fille du bon cœur, revenez parmi les hommes qui ne vous connoissent presque plus que de nom, et vous y rétablirez ce lien précieux, ce charme de leur vie que leur ennemi le plus cruel a rompu: (*l'égoïsme*).

Ce bel oiseau est familier, gai, vif, agile et léger; tous ses mouvemens peignent la douceur,

A

et ses accens sont l'expression même du sentiment et de la joie.

J'ai eu chez-moi deux Huppes , dont l'air
noble , annonçant en elles une naissance illustre,
m'auroit volontiers persuadé qu'elles tiroient leur
origine des Rois de Thrace , et qu'elles descen-
doient de Thérée , que la riante mythologie a
métamorphosé en Huppe , en même-temps que
la Reine Progné en Hirondelle , et sa sœur Phi-
lomele en Rossignol. Si cette dernière , dans son
changement , fut privée de la parole et de la
beauté , les Dieux l'en dédommagèrent bien
avantageusement , par les charmes de son ramage
unique.

La Touffe de plumes qué la Huppe a sur la
tête , ressemble à un casque , lorsqu'elle est cou-
chée dans sa situation naturelle , et à une couronne , lorsque la surprise et la joie la redresse.
Le bec de cet oiseau a assez la forme d'une ja-
veline. Son nom , qui exprime si bien son attri-
but le plus remarquable , n'empêche point que
le vulgaire ne l'appelle Puput , nomenclature
que les dénicheurs lui ont donnée , parce qu'ef-
fectivement il n'est pas possible de s'emparer
de son nid , sans se salir les mains , et sans être
infecté d'une mauvaise odeur. Cet inconvénient
résulte de la forme du nid qui a dix à douze
pouces de profondeur ; ce qui fait que les pe-

tits venant à éclorre, ne peuvent jetter leur fiente que sur les bords, tant qu'ils sont foibles. C'est vraisemblablement ce qui a donné lieu de dire *sale comme une Huppe :* erreur qui ne provient que de cette seule circonstance, car dans toute autre, cet oiseau n'a, ni le goût, ni l'habitude de la malpropreté. L'attachement que la Huppe a pour sa famille, fait qu'elle ne s'apperçoit point de la mauvaise odeur, tant qu'il s'agit de lui donner ses soins.

J'ai élevé deux Huppes, qui démentoient bien ce vilain nom ; car elles ne faisoient jamais d'ordures sur moi, ni même sur aucuns meubles.

Cet oiseau ne paroît dans nos climats que sur la fin d'Avril, et ne ressent les douces influences de la belle saison, que dans le mois de Mai. C'est alors que les charmantes Huppes cherchent à s'appareiller pour accomplir le vœu de la nature, et qu'elles préludent par des caresses si vives et si gracieuses, qu'aucune description ne peut les rendre qu'imparfaitement.

Elles pondent cinq à sept œufs grisâtres, mais très-variables dans les couleurs qui sont plus ou moins foncées. Ils sont à-peu-près de la grosseur de ceux des Merles, dont l'incubation est de quinze à dix-huit jours. Je n'ai jamais été informé si le père partage les soins du ménage, et si, lorsque les petits sont grands, il donne

des soins à sa famille pendant quelque - temps,
ainsi que les autres oiseaux.

Comme on ne rencontre guère les Huppes
en troupes, il est naturel de penser que la petite famille se disperse, dès qu'elle est en état
de voler; ce qui arrive ordinairement dans le
mois de Juin.

La Huppe fait deux pontes par an, et quitte
nos pays septentrionaux au commencement de
l'automne. Si l'hyver il en reste dans nos climats, ce sont celles qui se sont trouvées bles-
sées au moment du départ, ou qui étoient trop
jeunes pour entreprendre un voyage de long
cours. Ces Huppes restées en arrière, seront re-
venues dans leurs nids, et s'y seront arrangées à
vivre de peu ; là , à demi engourdies, elles auront, comme les prodigues , mangé ce qu'elles
auroient méprisé dans tout autre temps. On
trouve communément au fond de ce nid, jusqu'à deux litrons de débris d'insectes divers,
échappés sans doute du bec des petits ; ce sont
vraisemblablement ces fragmens de hannetons,
de vermisseaux , de mouches, &c. qui les aident
à se soutenir pendant la saison rigoureuse. Ces
alimens les maintiennent seulement , mais ils
sont insuffisans pour fournir les liqueurs propres
à la reproduction des plumes que la mue et
leur situation de couveuse dans le nid où elles

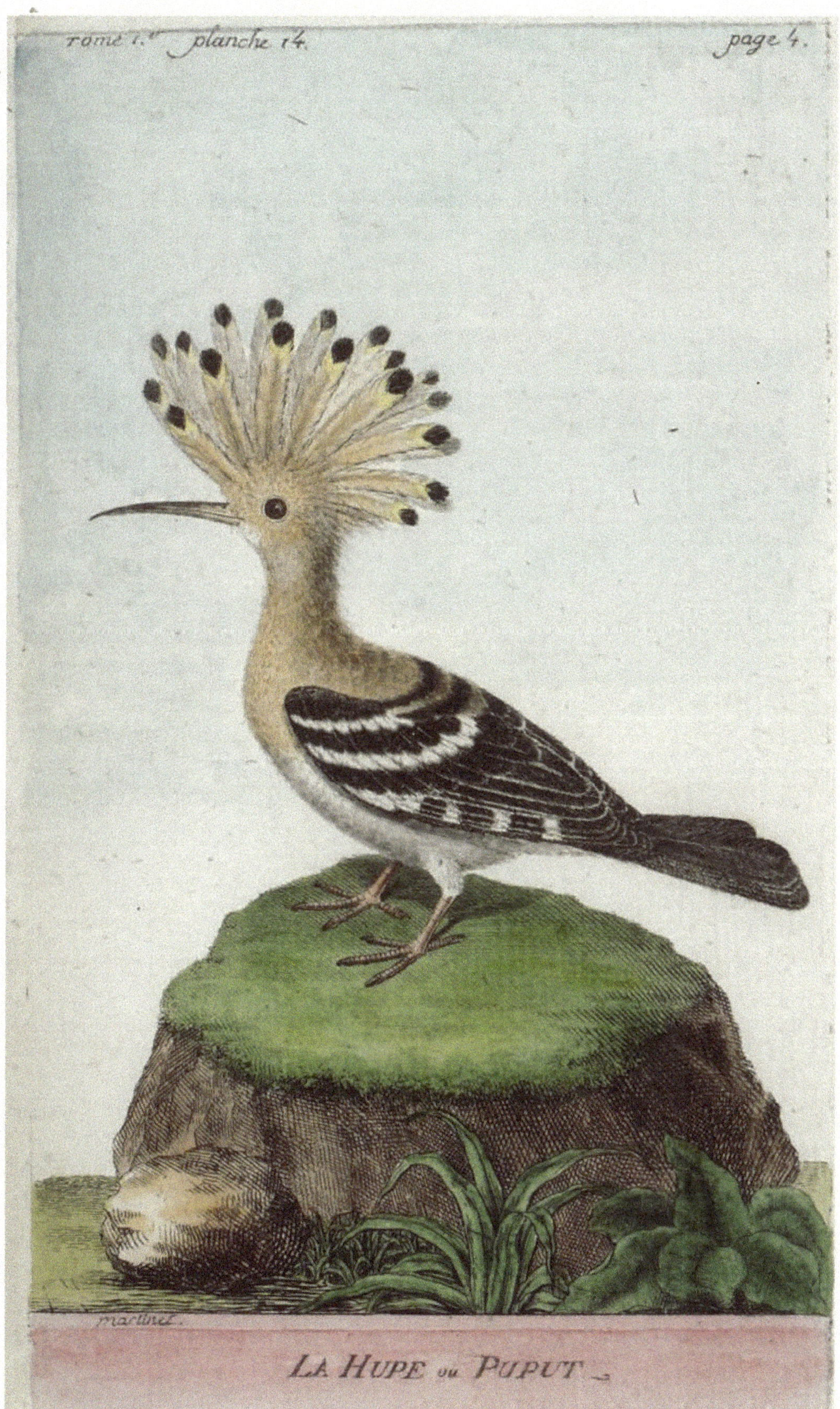

LE HUPE ou PUPUT.

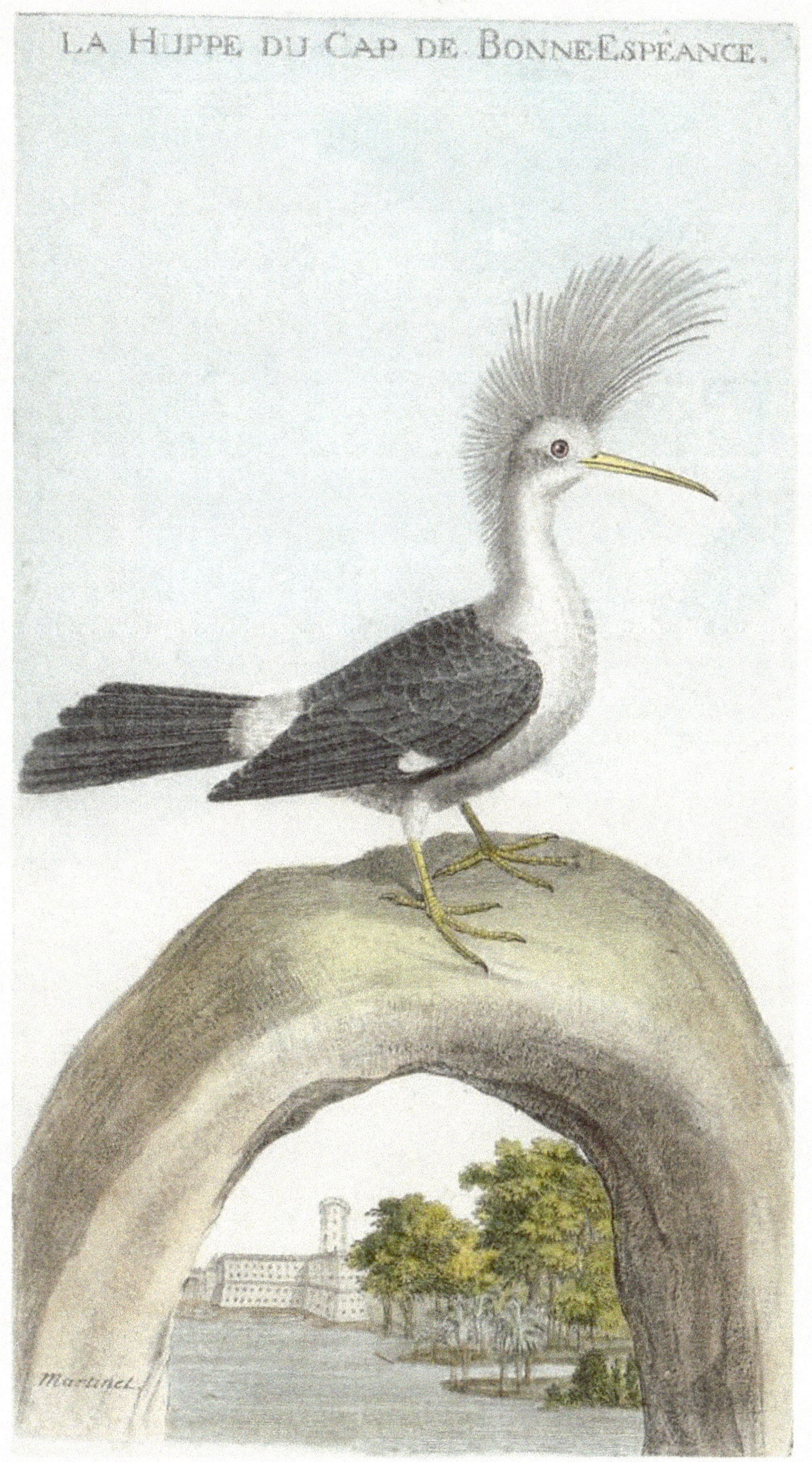

LA HUPPE DU CAP DE BONNE ESPÉANCE.
Martinet

sont contraintes de se tenir, leur ont fait perdre. C'est pourquoi, celles que l'on trouve alors, sont en partie dépouillées de leurs plumes.

Cet oiseau paroît plus gros qu'il ne l'est en effet, parce que ses plumes sont soyeuses, et qu'il en a beaucoup. Sa taille est celle d'un Merle, et son poids est assez ordinairement de trois onces.

Sa huppe est composée de deux rangs de plumes parallèles entr'eux, en sorte qu'étant rélévés, ils forment une huppe arrondie, une couronne mobile et légère. Le plus beau moment de cet oiseau, est un vol doux et facile; il plane, caracolle dans les airs au-dessus de nous. Alors il se couronne et développe dans ses aîles et sa queue de larges bandes, dont la régularité et les couleurs font l'effet le plus agréable.

Sa longueur totale est d'environ onze pouces, depuis le bout du bec jusqu'à celui de la queue.

On le nourrit de viande crue mêlée de temps en temps avec de la graine de pavot; mais il faut avoir soin de la bien hacher, ou de la couper par filamens comme des vers, parce que le bec de cet oiseau est extrêmement foible.

Le bec de la Huppe, qui ressemble à deux brins de baleine, a environ trente lignes de longueur, et est légérement arqué; la pointe du bec supérieur dépasse un peu l'inférieur. Sa langue , qui est très-courte , n'avance de son gosier dans son bec que vis-à-vis ses narines oblongues et peu recouvertes.

Cet oiseau varie peu dans les formes particulières et générales , de même que dans les couleurs ; et les femelles ne diffèrent des mâles que par les teintes noires , qui sont moins foncées. Leur vol est de dix-huit à vingt pouces.

Nous ne connoissons qu'une variété de cet oiseau qui nous a été apportée du Cap-de-Bonne-Espérance , mais il annonce la famille variée des Promerops.

Comme les Huppes ne figurent très-bien que dans l'état de liberté , on les laisse parcourir les appartemens , pour jouir de tous les avantages de leur nature. Alors elles deviennent si familieres , que dans tous les momens de la journée leur vie est en danger ; c'est pourquoi il seroit difficile d'assigner un terme à la durée de leur vie.

Fin de la Huppe.

LES PROMEROPS.

LA famille des Promerops offre des tableaux charmans, par la coupe de leurs plumes, par la variété et la beauté de leurs couleurs ; et semble tenir le milieu entre les Huppes et les Guêpiers, par la forme du bec et des pattes.

Les Promerops vivent d'insectes de même que ces oiseaux ; mais ils les vont chercher dans des trous d'arbres ou dans ceux des rochers, ce qui fait qu'ils se plaisent sur les hautes montagnes. La nature, en leur refusant la couronne dont elle a orné la tête des Huppes, les en a dédommagés par le beau coloris de leur plumage, et par une longue queue qui ajoute beaucoup d'élégance à la noblesse de leur parure.

Il y a même des espèces de Promerops dont le plumage soyeux change de même que celui des gorges de Pigeons ; et d'autres qui donnent le luisant et les reflets des métaux polis.

La mère des existences, en décorant chaque individu, les a doués de l'instinct propre à la forme qu'elle leur a donnée ; c'est pourquoi les Promerops ne font point leurs nids dans des trous comme les Huppes, parce que les longues plumes de leur queue les embarrasseroient ; ils le font communément dans une rachée de bois épineux, entre les rochers où l'oiseau de proie ne peut pénétrer.

Comme nous n'avons pû nous procurer ces oiseaux, et que nous ne parlons que d'après le récit peu détaillé des voyageurs, nous ne dirons rien de leur industrie ni de leurs amours. Mais nous regrettons de n'être pas mieux instruits sur leurs mœurs, ainsi que de ne pas connoître diverses especes de Promerops dont quelques voyageurs ont vanté la beauté. Aussi , nous assurons nos Lecteurs, que nous ferons des efforts pour nous procurer ces oiseaux , et nous aurons le plaisir de leur en donner les portraits fidèles. En attendant ce moment desiré , nous leur donnerons les tableaux de ceux que nous avons vus.

Tels sont les Promerops à aîles bleues du Mexique , qui ont environ vingt pouces.

Le *brun* à ventre rayé du Cap de Bonne-Espérance , dont la longueur est de vingt - quatre pouces.

Le Superbe , de la nouvelle Guinée , qui a environ trois pieds et demi.

Enfin , le Fournier , qui n'est ni Promerops ni Guêpier , semble être la nuance intime entre ces deux espèces.

Fin des Promerops.

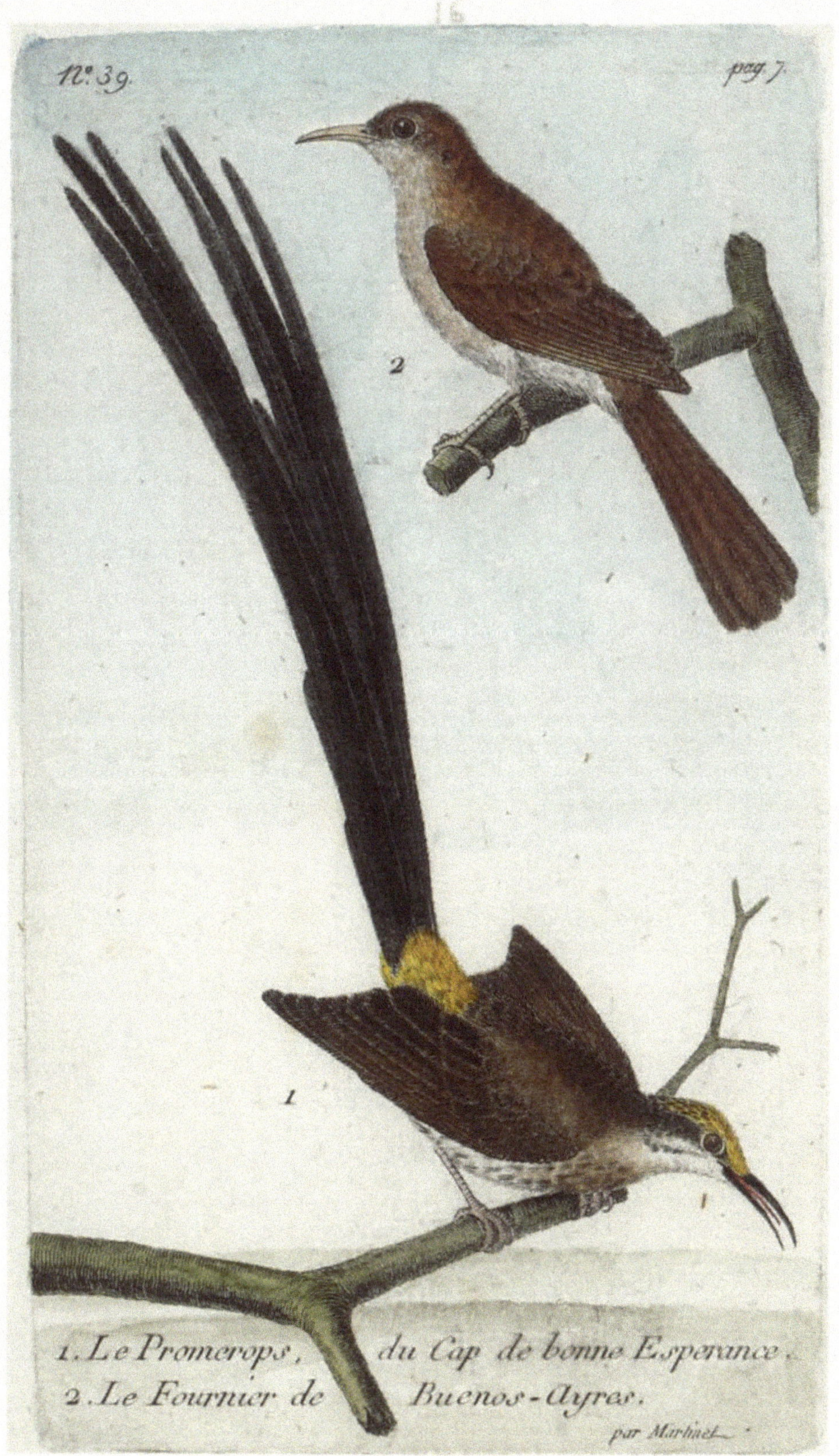

1. Le Promerops,   du Cap de bonne Esperance.
2. Le Fournier de   Buenos-Ayres.

par Martinet.

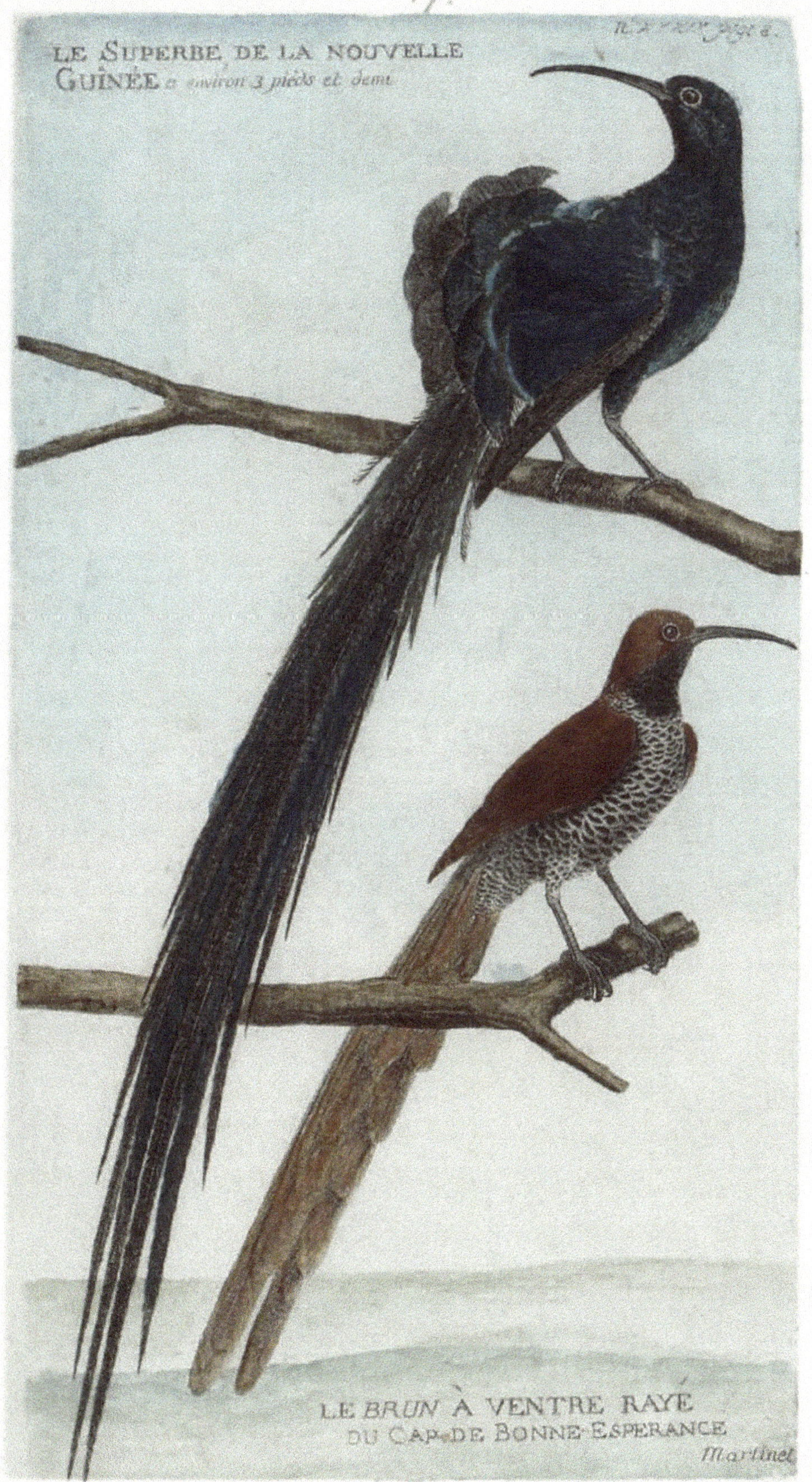

LE SUPERBE DE LA NOUVELLE
GUINÉE à environ 3 pieds et demi

LE BRUN À VENTRE RAYÉ
DU CAP DE BONNE-ESPERANCE
Martinet

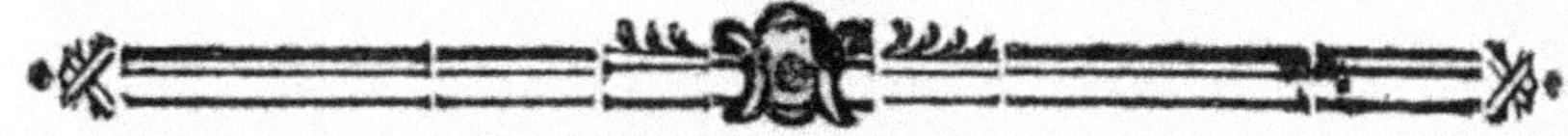

Nº. XLII.

LES TODIERS.

CES oiseaux ont les doigts réunis par de petites membranes comme les Manakins, les Martins-Pêcheurs, les Guêpiers et les Calaos, c'est-à-dire, que le doigt du milieu de leurs pieds est étroitement joint avec leurs doigts extérieurs jusqu'à la troisième articulation ; et leurs doigts intérieurs jusqu'à la première seulement. Autant les Todiers ressemblent à ces oiseaux par la disposition des doigts, autant ils s'en éloignent par toutes les autres parties.

La forme du bec du Todier est longue, droite, obtuse à son extrémité, et applatie en dessus comme en dessous ; ce qui ressemble assez à deux petites palettes posées l'une sur l'autre.

En France, on ne voit les Todiers qu'aux environs du mois de Mai : leur foiblesse leur fait éviter la queue de l'hiver, saison de mort ou du sommeil de la nature. Les insectes sans vie, les reptiles sans mouvement, l'air dépeuplé, les habitans des eaux rélégués dans des prisons de glaces, la plupart des animaux confinés dans des cavernes profondes ou dans des terriers, les vé-

A

gétaux sans verdure ; tout en un mot, inspire la tristesse, et donne l'affreuse idée de la langueur et de la dépopulation.

Les Todiers arrivent sur l'aile du zéphyr dans le temps où la nature est à sa toilette, et se pare de tous ses agrémens, pour offrir à tous les êtres, avec une face riante, l'abondance et les plaisirs. C'est alors qu'on voit ces petits oiseaux se répandre dans les campagnes, dans les bruyères et les bois, qu'ils animent encore par leur tendre gaieté, leurs jeux et leurs aimables badinages.

Les Todiers annoncent leurs amours par des chansons, par un ramage fort agréable et trèsfort à raison de leur petite stature.

L'expression subite de la voix, dans les oiseaux particuliérement, est un indice sûr de leur passion ; et comme l'amour est de toutes les émotions intérieures celle qui remue le plus fortement et le plus souvent, ces petits musiciens font entendre leur ramage, pour ainsi dire, en tout temps. C'est par la voix plus ou moins éclatante, que les oiseaux manifestent leur ardeur *. Cette ardeur n'est pas, à beaucoup près, aussi vive dans les femelles que dans les mâles ; c'est pourquoi elles chantent rarement.

* Avis aux belles.

Les Todiers sont aussi puissans en amour que les Mésanges ; ils se joignent jusqu'à dix ou douze fois de suite, et toujours avec le même empressement, les mêmes trépidations, et les mêmes plaisirs.

Il faut remarquer que pour la conservation des espèces, et leur propagation, la nature a doué les foibles animaux d'une force qu'elle a refusée à ceux qui sont forts et robustes.

Les Todiers nichent ordinairement dans la terre, dans des crevasses, et dans des trous qu'ils trouvent tout faits. Ces nids, qui sont plus ou moins profonds, ne peuvent se découvrir que par un pur hasard, ou lorsqu'on y voit entrer ces oiseaux, parce qu'ils sont sous des herbes ou de la mousse, qui en marquent l'entrée, que les Todiers forcent facilement pour s'y introduire.

On trouve dans ce berceau de leur tendresse, dix ou douze œufs qui ont environs trois lignes de diamètre. Les nids des Todiers sont ronds, composés de fines herbes, de bourre, de crin, et garnis de plumes.

Ces petits oiseaux viennent à bout d'élever cette nombreuse famille, par un zèle et une activité infatigable. Ils nourrissent leurs petits de moucherons, de cousins, de mouches, de punaises de bois, &c.

Le mâle et la femelle semblent ne se point quitter après l'éducation de leur famille : il paroît même que leur nid leur sert de gîte pour passer la nuit et les mettre à l'abri du mauvais temps.

J'ai élevé deux fois, en différens temps, de ces oiseaux; la première fois, je trouvai, en fourrageant dans la mousse, sur le chemin de Nemours à Fontainebleau, une nichée de douze Todiers, dont je n'en pus élever que trois, qui vécurent trente-un mois. La seconde fois, on m'apporta à Paris une nichée où il ne restoit que quatre petits; j'en sauvai un, qui mourut au bout de cinq mois, parce qu'on oublia de lui donner à manger.

Il paroît que ces oiseaux quittent ce climat dans les commencemens de Septembre ; car après ce temps on n'en voit plus: d'ailleurs, ils sont très-rares et très-difficiles à appercevoir.

J'ai été long-temps persuadé qu'il n'y avoit point de Todier en Europe, et que l'Amérique seule nourrissoit ces oiseaux. J'ai su depuis, qu'on en voyoit en Asie ; et à présent, je crois que ces foibles oiseaux sont répandus sur tout le Globe. Suivant les rapports des Voyageurs, les Todiers étrangers ne diffèrent de celui-ci que par les couleurs de leur plumage, et par la longueur du bec, comme on le verra par leur portrait.

Il y a plusieurs espèces dans les Todiers étrangers. 1°. Le Todier orangé de Juida. 2°. Le Todier bleuâtre d'Amérique. 3°. Le Todier *tic-tic* de l'Amérique Méridionale.

Fin des Todiers.

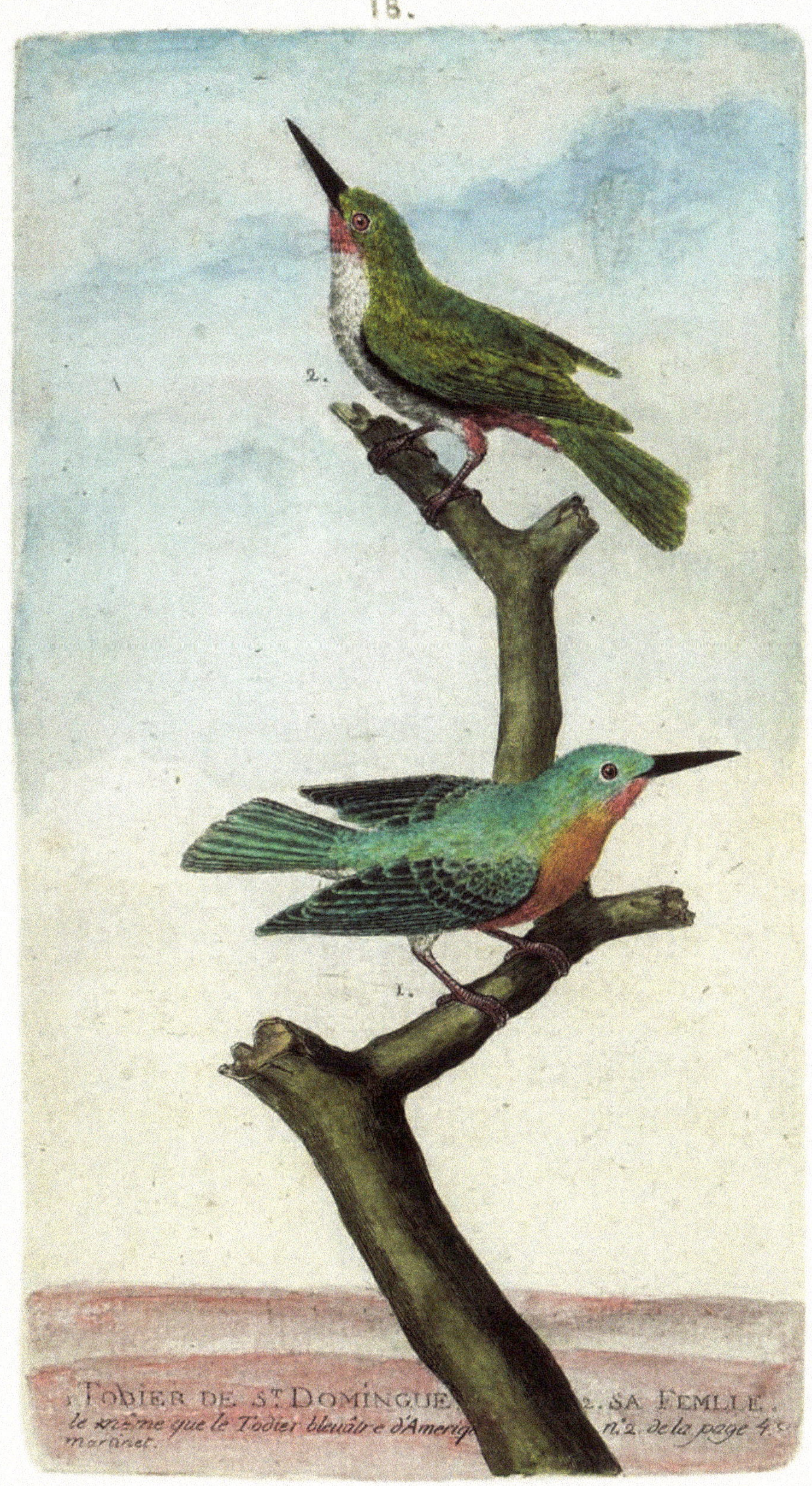

18.
1. TODIER DE St DOMINGUE.   2. SA FEMELLE.
le même que le Todier bleuâtre d'Amerique   n.2. de la page 4.
Martinet.

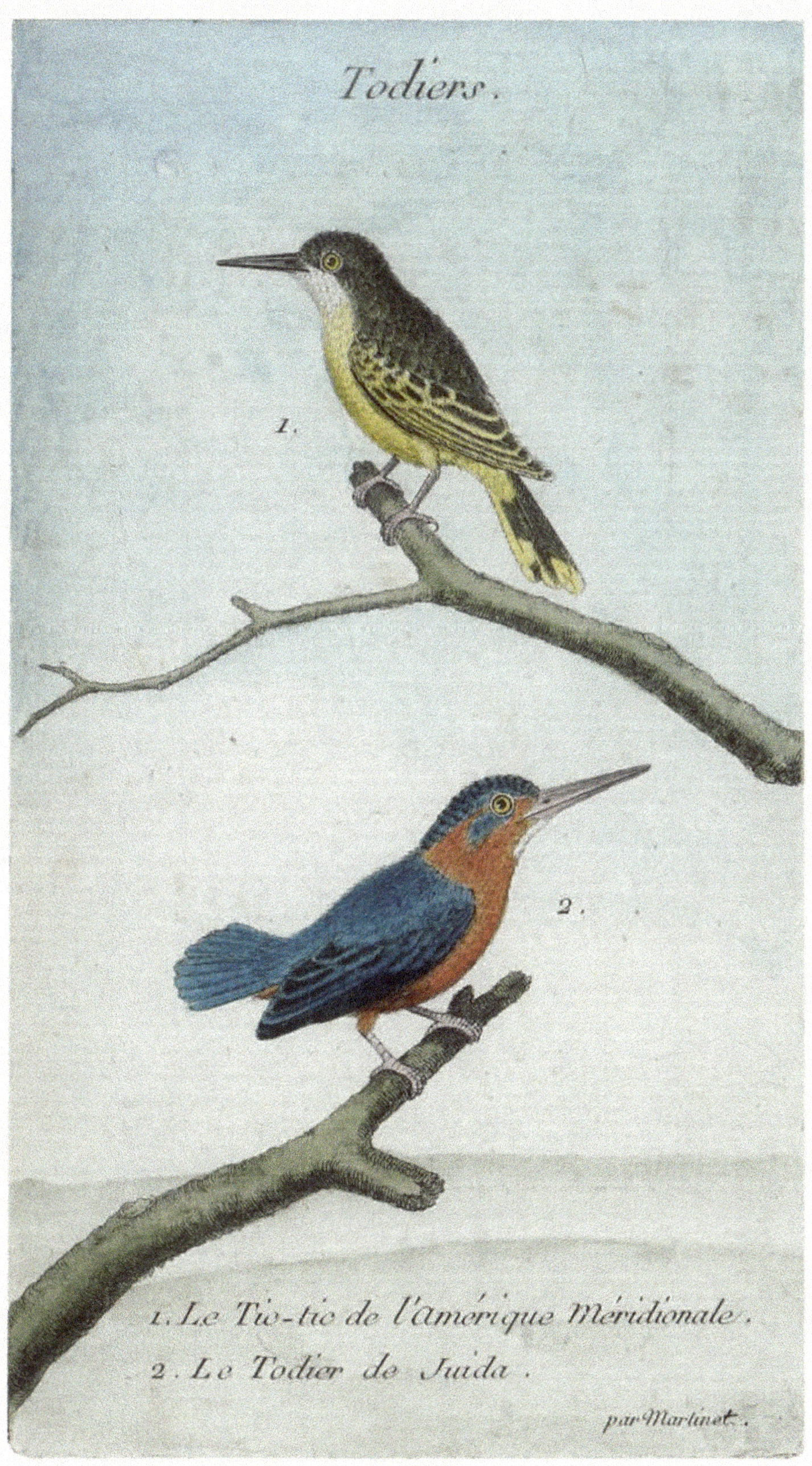

19

1. Le Tio-tio de l'Amérique Méridionale.
2. Le Todier de Juida.

par Martinet.

LE GUÉPIER.

LA nature, en assignant à cet oiseau de vivre de guêpes et de divers insectes aériens, l'a doué d'un vol si rapide qu'il peut être comparé à l'Hirondelle de cheminée. Elle a encore vêtu le Guépier d'un plumage soyeux qui fait briller ses belles couleurs à l'égal du Martin-pêcheur.

Mais cette bonne mère, partageant toujours ses faveurs à ses enfans, lui a refusé un ramage agréable, quoiqu'il n'ait rien de choquant pour l'oreille de l'homme.

Ces oiseaux voltigent autour des vieux arbres pour chercher dans les trous, des guêpes, des abeilles et des moucherons ; lorsqu'ils trouvent le nid de l'un ou de l'autre de ces insectes, ils fouragent dedans avec leur bec en forme de lame de faulx ; et l'on voit bientôt l'essain que renfermoit le bois, sortir et former un nuage autour de l'oiseau qui les poursuit.

Comme ces rencontres heureuses ne se trouvent pas toujours, ils parcourent les prés fleuris en chassant les frélons. Ils vont aussi sur les bords des grands fleuves, mais plus communément sur ceux des petites rivières escarpées ou des ruisseaux peu fréquentés, avec les Hirondelles de rivage et les Martins-pêcheurs. Leur gibier y est plus sûr, même toujours assez abondant, parce que les insectes qu'ils aiment, cherchent l'eau. Ils font assez ordinairement leurs nids sur les rives de ces lieux aquatiques, dans des trous très-profonds que les rats d'eau ont faits. On en trouve dans de vieux saules creux ou dans les rochers. Là, sur de la mousse et de la plume, leurs femelles déposent cinq ou sept œufs blancs, de la grosseur de ceux des merles. Le père et la mère partagent également les soins du ménage, et élèvent, de concert, leur petite famille, qui vit avec eux en société, jusqu'à-ce que l'influence d'un nouveau printemps les force de se mettre par paires.

On voit ces oiseaux sociables se repandre par nombre de bataillons dans les rampes des montagnes exposées au sud, et faire une guerre cruelle aux insectes attirés par les étamines des plantes odorantes qui parfument ces lieux.

On trouve presque dans tous les climats chauds, des Guépiers, ils sont même assez sédentaires dans les pays où ils ont vu le jour, quoiqu'il en passe souvent des pays méridionaux de la France, dans le Lionnois et la Bourgogne. Ils se tiennent sur les arbres lorsqu'ils sont en fleurs; là ils font entendre une espèce de conversation suivie, un cri éclatant et continuel, comme s'ils se répondoient ou s'appelloient. Les abeilles , les guêpes et les hannetons fréquentans ces lieux , on voit ces oiseaux s'élancer des branches où ils sont perchés , sur cette petite proie aîlée.

Les Guépiers sont assez difficiles à tuer avec le fusil , et son bruit leur cause une telle épouvante qu'ils sont long-temps à revenir dans l'endroit où ils ont entendu l'explosion ; mais on les prend plus facilement avec des gluaux.

La chair des Guépiers est à-peu-près comme celle de nos Alouettes ; leur grosseur et leur couleur varient suivant les climats où ils voient le jour. La longueur totale du Guépier de ces climats est, depuis le bout du bec à celui de la queue , de près de douze pouces.

Il y a des espèces diverses de ces oiseaux :

1°. Le Maroni-bleu de l'Ile-de-France.

2°. Le Bleury-maron du Sénegal. La variété qu'on remarque dans ces deux oiseaux paroît ne provenir que de la différence de climat , étant tous deux à-peu-près de la grandeur du précédent.

3°. Le Rouge-vert du Sénégal a , de longueur totale , environ six pouces

4°. Le Patirich de Madagascar a onze pouces de longueur.

5°. Le Vergogi bleu de madagascar a , dans toute sa longueur , neuf pouces.

6°. Le Vertubleu à gorge jaune , de Madagascar.

7°. La Queue d'azur des Philippines. Ce Guépier a, depuis le bout du bec à celui de la queue, environ neuf pouces.

8°. Le Brillant de Nubie a, du bout du bec à celui de la queue , dix pouces.

9°. Le Cardinal Guépier des Indes Orientales , a six pouces ou environ dans toute sa longueur.

10°. L'Aîle et la queue rousse de Cayenne est à-peu-près de la grosseur de notre Guépier.

Fin du Guépier.

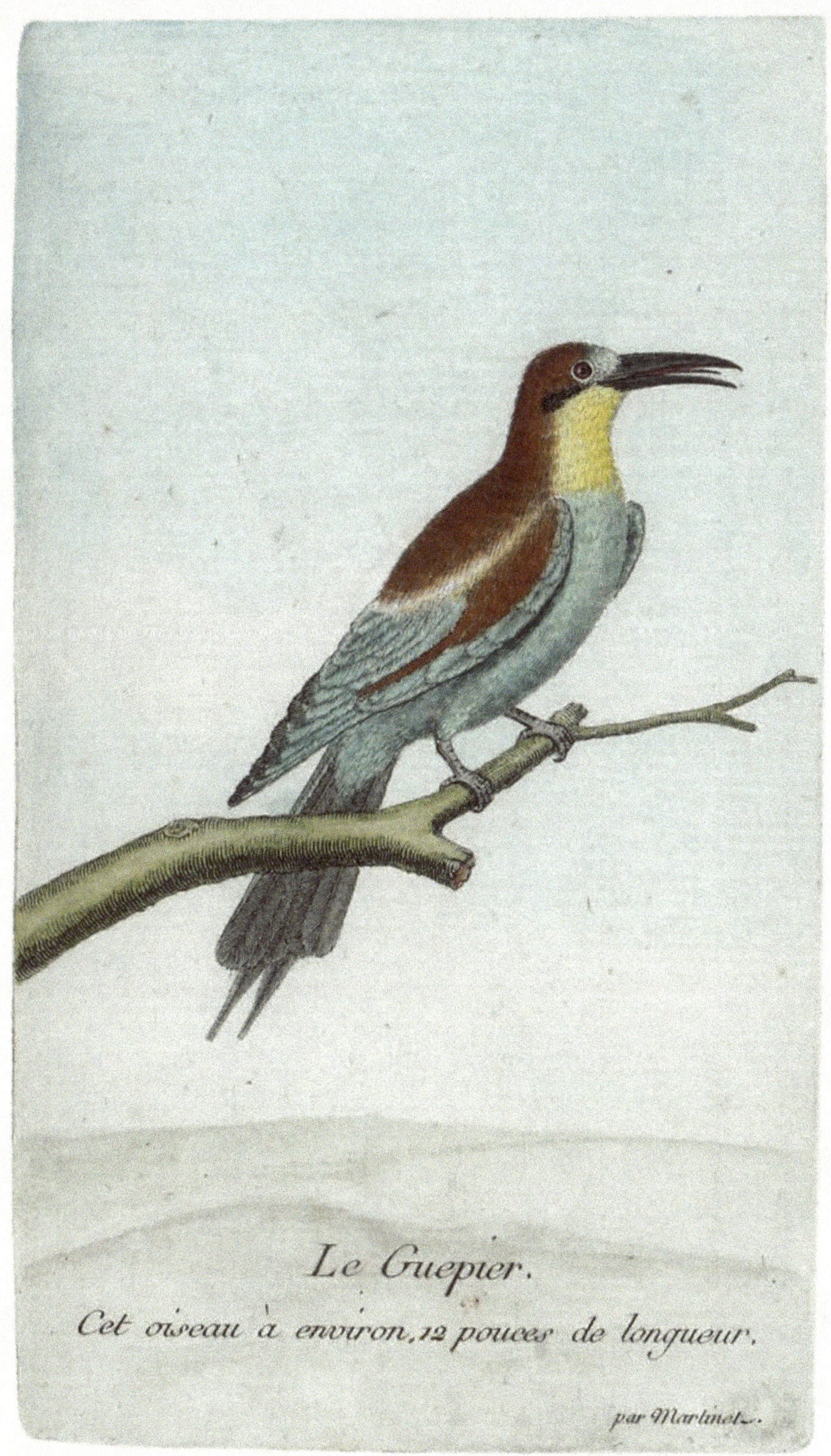

20

Le Guepier.

Cet oiseau à environ, 12 pouces de longueur.

par Martinet.

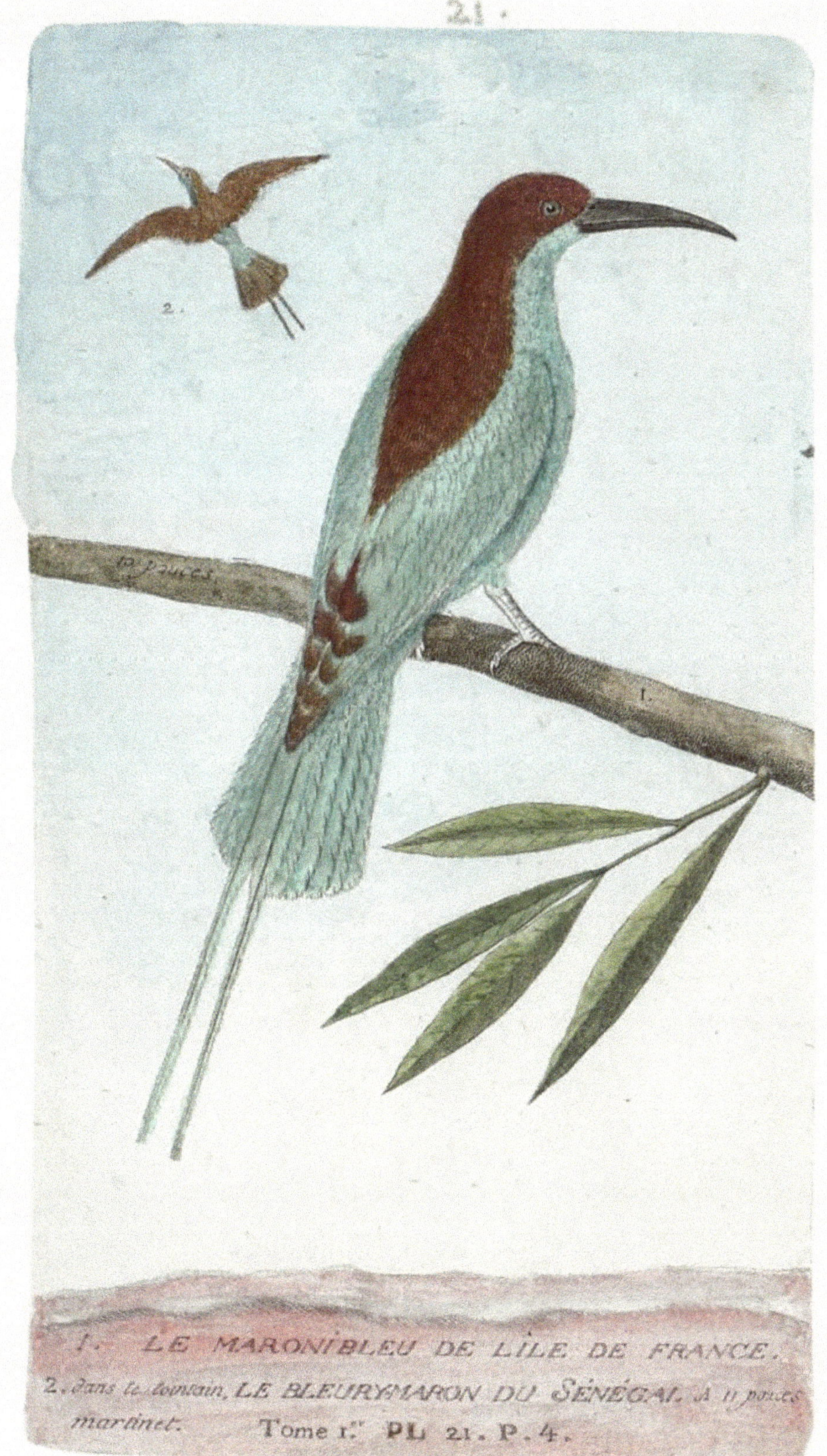

1. LE MARONIBLEU DE L'ILE DE FRANCE.
2. dans le lointain, LE BLEURYMARON DU SÉNÉGAL. à 11 pouces
martinet.   Tome 1.er PL 21. P. 4.

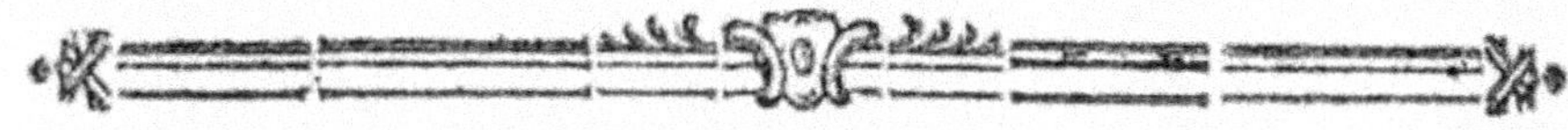

LE TORCOL.

CET oiseau ressemble à l'Epêche par les petits quarrés noirs et blancs des grandes plumes extérieures de ses aîles, qui forment une espèce de damier, et par les doigts de ses pieds également partagés en avant et en arrière : il ressemble aux Pics en général, par sa langue, ses habitudes et ses goûts. Cet oiseau aime de préférence les lieux solitaires. Il vit d'insectes, et fait son nid dans des trous d'arbres, sur la poudre qui en provient, comme font les Pics. Mais, malgré les ressemblances du Torcol et des pics que je viens d'énoncer, il paroît que le Torcol forme une famille à part et isolée par les différences qu'il y a entr'eux.

Le Torcol n'a pas le bout du bec tronqué, ni sa queue roide comme les Pics. Il quitte les bois lorsqu'ils ne lui fournissent pas une nourriture facile et abondante; c'est pourquoi on le voit dans les champs de bled et d'avoine, où il y a des arbres et des haies pour se percher solitairement. Cet oiseau prend communément sa nourriture à terre, sans autre société que celle de sa femelle ; encore cette union est-elle de peu de durée.

Le Torcol s'attache après les arbres comme les Pics , pour avoir les insectes qu'il y apperçoit grimper ; mais il ne peut rester long-temps dans cette attitude, parce que sa queue flexible, ne lui est d'aucune utilité pour monter et descendre comme font les Pics.

Cet oiseau se transporte , par de petits vols, d'un lieu à un autre, pour chercher des trous ; et quand il en a trouvé , il darde dedans sa langue , dont la longueur a près de quatre doigts ; puis il la retire chargée de petits insectes ou de fourmis , retenues par une liqueur visqueuse dont elle est enduite , et les avale.

La langue du Torcol est comme celle des Pics , elle est aiguë et cornée à la pointe ; et pour fournir son alongement , deux grands muscles partent de la racine , embrassent le larynx , et couronnant la tête , vont s'implanter dans le front.

Ces oiseaux arrivent seuls vers la fin d'Avril , temps où la nature est en activité ; ils s'annoncent par un petit cri d'appel, un sifflement aigre et traîné. La femelle, dont le cri est plus doux, se fait rarement entendre.

Le Torcol semble être le précurseur du Coucou ; car bientôt après lui , on entend les bois retentir de ses accens funestes aux époux. La femelle de cet oiseau pond sept ou neuf œufs d'un blanc d'ivoire. Pendant qu'elle couve , le mâle ne s'éloigne du nid que pour chercher sa nourriture et lui indiquer la sienne ; car on la voit quitter ses œufs , suivre son mâle , et s'attacher à un trou de fourmis, pendant que le mâle est à côté d'elle en sentinelle.

Cet oiseau se fait connoître au premier aspect par un mouvement qui n'appartient qu'à lui ; c'est de tourner le cou de côté, de se renverser en arrière la tête vers le dos , et les yeux comme fermés. Pendant que le Torcol est dans cet état , ces mouvemens convulsifs, qui n'ont rien de vif, paroissent être le produit de l'effroi à l'apparition de quelques objets nouveaux. Il paroît que ces sortes de convulsions sont naturelles à ces espèces d'oiseaux, et qu'elles dépendent de leur conformation particulière ; puisque les petits, dedans le nid , se donnent les mêmes tours de cou à la moindre apparition.

Les bizarres attitudes de ces oiseaux ont vraisemblablement donné lieu à la superstition, de se servir d'eux dans les enchantemens comme d'un philtre puissant , propre à faire des choses surnaturelles.

L'espèce de Torcol est peu nombreuse, quoique généralement répandue dans l'Europe. On fait la chasse à cet oiseau , parce que sur la fin

de l'été, il prend beaucoup de graisse, et qu'a-
lors il est estimé à l'égal de l'Ortolan. Le Torcol
quitte nos contrées dans les environs d'octobre:
sa grandeur est à-peu-près celle de l'Alouette.

Il paroît très-difficile d'élever ces oiseaux,
tant parce qu'ils s'affectent des moindres objets
qu'ils apperçoivent, que par la manière qu'ils
ont de prendre leur nourriture.

Nous ne connoissons point d'espèce, ni même
de variété, dans ce genre d'oiseau.

Fin du Torcol.

1.TORCOL MÂLE. 2 SA FEMELLE.

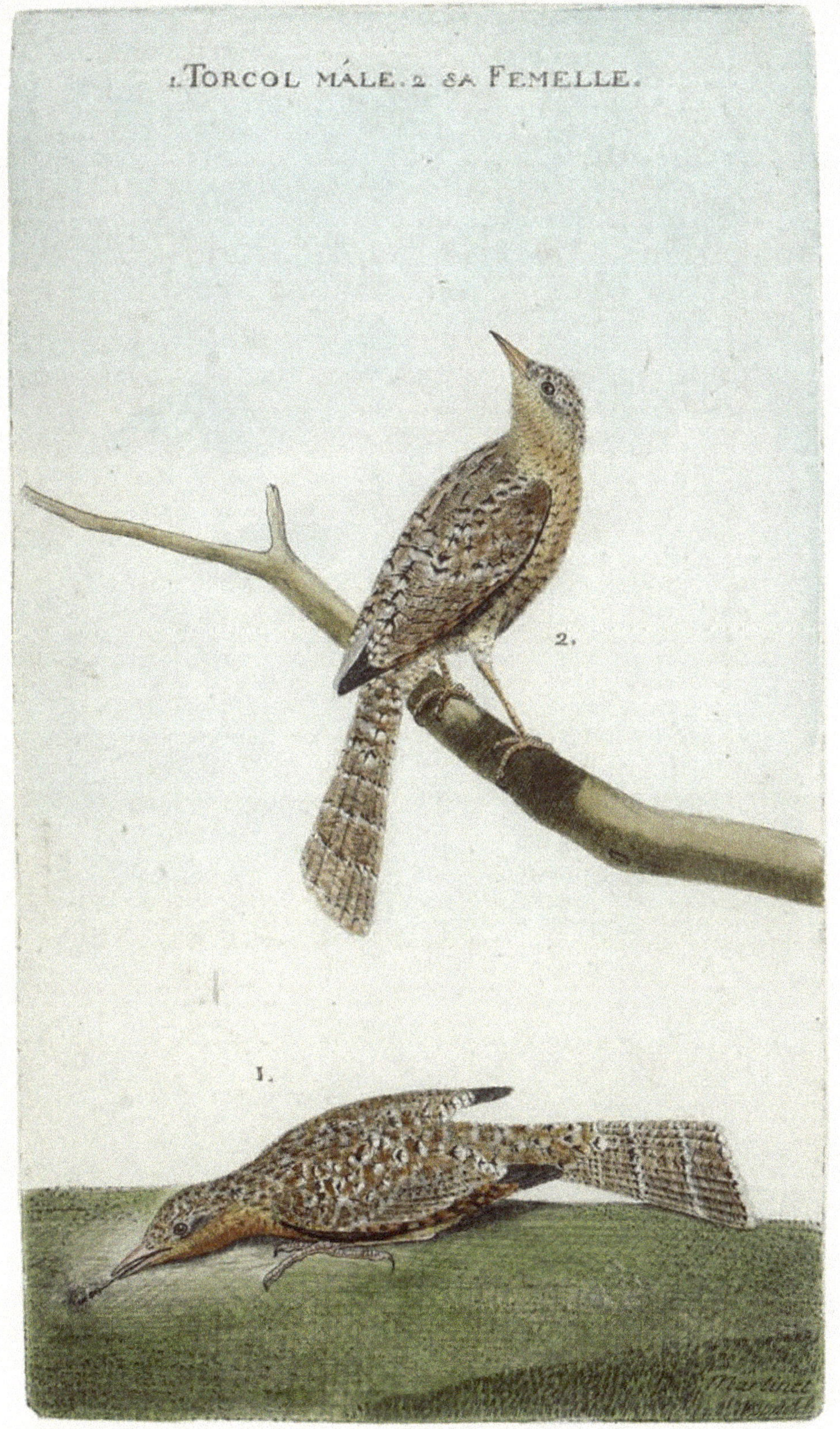

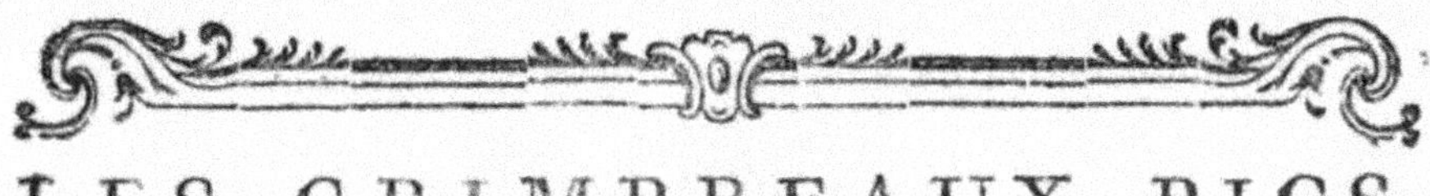

N°. 5o bis.

LE PICUCULE ET LE TALAPIOT.

Fuyez, insectes volans & rampans, vos ennemis sont en campagne ; fuyez, pour éviter d'être déchirés de leur bec meurtrier, ou engloutis tous vivans dans leur estomach.

Le Talapiot vole de branches en branches, tournille autour du tronc des gros arbres & s'applique sur leur rude écorce qu'il frappe de son robuste bec , pour en faire sortir l'animal qu'elle recelle.

Le Picucule s'elève dans les airs & saisit un scarabé qu'il pose sur une branche où il s'abat, frappe à coups redoublés sur sa dure cuirasse, qu'il brise , & après avoir dépécé l'insecte , il en avale les parties sans les dépouiller.

Ces oiseaux semblent faire la nuance enrre les Grimpreaux & les Pics. Le Picucule est plus proche voisin des Grimpreaux par son bec recourbé, que le Talapiot, & celui-ci l'est plus des Pics, à cause de son bec droit comme le leur ; mais tous deux ont trois doigts en avant & un en arrière, ainsi que les Grimpreaux , & tous les deux les plumes roides & pointués comme celles des Pics ; elles sont même terminées par des éguilles que celles des Pics n'ont pas.

Le **Pic**ucule est le plus grand , il a environ dix pouces. Le Talapiot n'en a pas plus de sept ; mais tous deux paroîssent avoir les mêmes habitudes naturelles.

Ces deux espèces vivent ensemble & souvent se trouvent sur le même arbre sans se quereller ; cependant les observateurs prétendent qu'ils ne se mêlent pas. Leur habitude générale paroît être de grimper le long des arbres , à la manière des Pics , en s'aidant de leur queue sur laquelle ils s'appuient; ils percent l'écorce & le bois un peu pourri, pour en tirer les monts & les iusectes divers qu'elle recelle.

Ces oiseaux paroîssent aimer la société , car on a remarqué qu'ils s'attachent de préférence au canton & en particulier aux arbres fréquentés par les petits oiseaux.

Le Picucule & le Talapiot aiment les lieux marécageux ; ils habitent les forêts où serpentent des ruisseaux & où il y a des fontaines.

Ces Grimpreaux Pics sont très-vifs & très-

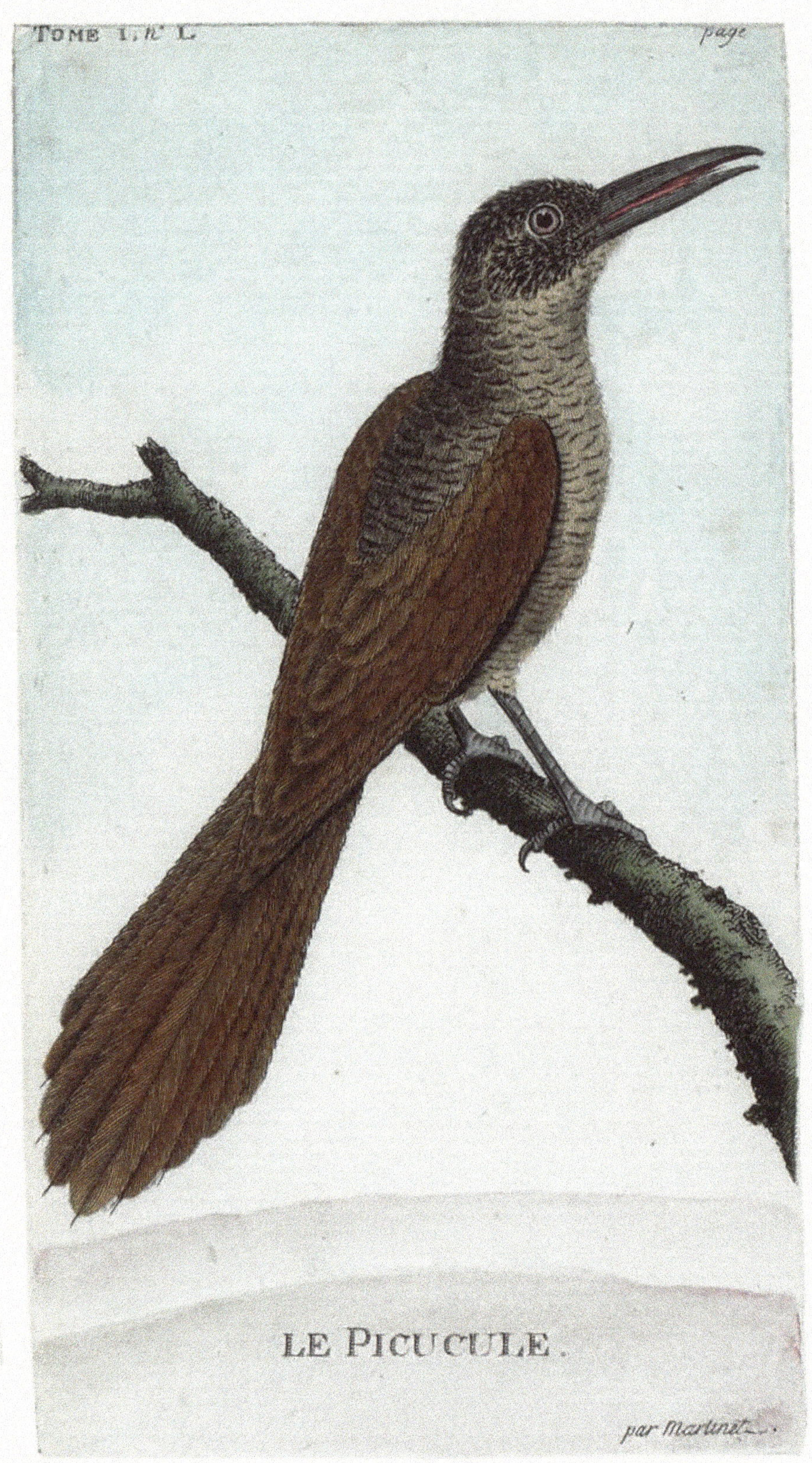

23

LE PICUCULE.

par Martinet.

légers ; on les voit voltiger , se jouer dans
l'air avec agilité & prestesse , puis grimper
le long des arbres avec une promptitude
admirable ; s'y coller, y rester quelque temps
immobiles & frapper le bois avec bruit. On
assure que ces individus ne se perchent pas,
ni qu'ils ne font jamais de longs vols , &
qu'ils ne se trouvent que dans l'intérieur des
terres de la Guyanne , où les naturels du
pays les confondent avec les Pics ; c'est pourquoi ils ne leur ont point donnés de noms
particuliers.

Les noms de Picucule & de Talapiot que
j'ai adopté & écrit au bas des planches de
Buffon , m'ont été donnés par un voyageur
qui , à l'aspect de ces oiseaux , les a nommés
ainsi , sans autre fondement que celui que
leur conformation lui a inspiré.

« Que les hommes sauvages de ces con-
» trées sont heureux, me dit ce voyageur ,
» nommé *le Bossu*, & qu'ils le seroient bien
» davantage , s'ils avoient les connoissances
» nécessaires pour jouir de ce que la terre
» leur offre en productions diverses ! J'au-
» rois desiré , me dit-il , vivre avec ces
» hommes de la nature ; mais j'étois trop
» instruit pour me plaire en leur société ,

» & pas assez pour leur inspirer d'adopter
» une nouvelle façon de vivre, & trop âgé
» pour me plier à leurs habitudes. Ces con-
» sidérations me les ont fait quitter, mais
» avec regret (1).

» La nature, dans ces castes paisibles de
» sauvages, a, pour un cœur sensible, des
» charmes secrets que toute la richesse de
» l'art ne peut égaler. Sous ce beau ciel, j'y
» voyois tous les matins, dans le firmament,
» les astres de la nuit s'éteindre peu-à-peu,
» & le feu du jour étendre ses rayons bien-
» faisans dans l'azure incomparable de l'uni-
» vers ; à son apparition les oiseaux divers
» célébrer sa venue par leurs chants ; enfin,
» toute la nature s'éveiller & reprendre une
» vigueur nouvelle. Ah ! quel enchantement
» j'éprouvois ! & quel homme assez indiffé-
» rent pour n'être pas ému à un spectacle si
» beau, dont à peine deux mois dans l'année
» nous tracent une légère esquisse !

––––––––––

(1) Ces hommes ne connoissent ni les intrigues ni le
mensonge.

Fin du Picucule & du Talapiot.

24.

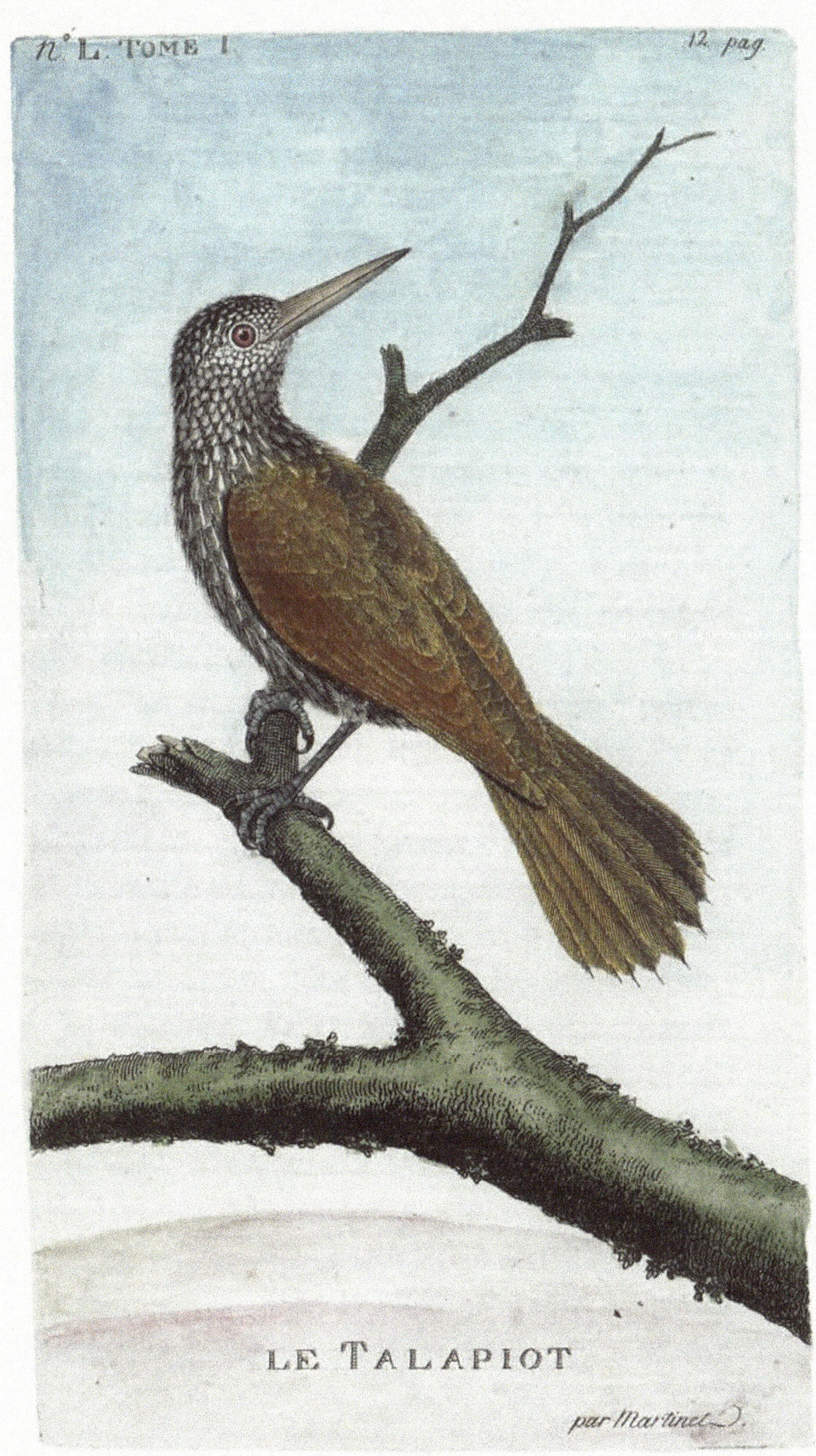

LE TALAPIOT

par Martinet

Nº. L.

LES PICS.

Les Pics offrent aux Naturalistes de nouveaux sujets de réflexion et d'admiration, dans la manière de vivre, aussi chétive que triste et pénible, où la nature a déterminé leur destinée. Ces oiseaux sont, sans doute, les plus malheureux de tous les oiseaux chasseurs qui vivent de proie vivante.

Les Pics sont condamnés à une galère perpétuelle, pour conserver leur existence : ils ne peuvent trouver leur nourriture que par un travail pénible, en perçant la rude écorce des arbres qui la recele : sans cesse occupés à cette tâche, que la nécessité leur impose, ils n'ont ni délassement ni repos. Ces oiseaux ne connoissent, ni les douceurs de la société, ni ces concerts où la joie éclate, ni les doux ébats des habitans des airs. Enfin, ils ne connoissent point, dans les besoins physiques de l'amour, ces tendres préludes, ces délicieuses émotions que ressentent si vivement les cœurs ardens et sensibles.

Les Pics sont dans la classe des oiseaux utiles. Ils sont assez beaux par la variété des couleurs qui décorent leur plumage ; mais leur voix n'est pas agréable , et la coupe de leur taille n'est ni agréable ni gracieuse. Ils ne peuvent même paroître aimables , ni fixer l'attention , que lorsqu'ils sont dans des fonctions intéressantes et déterminées par la nature à l'entretien de leur être. Les heures de leurs repas multipliés , ne sont pas plus fixes que celles des chevaliers d'industrie , qui ne dînent que lorsqu'ils trouvent des dupes.

Les Pics d'Europe tiennent communément de la grandeur de la Pie ou du Merle. Ils ont le bec fort , les pattes grosses et nerveuses, la queue roide et d'une grandeur convenable. C'est avec ces moyens , dont la nature a pourvu les Pics, qu'ils montent et descendent facilement après les arbres , et se tiennent en place tout le temps qui convient , pour attendre le gibier qu'ils guettent. L'instinct de ces oiseaux paroît plein de combinaisons. Lorsqu'ils se doutent qu'il y a des insectes dans les trous qu'ils apperçoivent à un arbre , ils vont par derrière frapper à l'opposé du trou , et ils font avec leurs becs un bruit si éclatant , qu'on croiroit que c'est un bucheron qui fend du bois. Leur bec , en forme de coin , est assez fort pour agrandir le trou et se procurer aisément les insectes qu'il récele. On voit les Pics aller plusieurs fois au trou , et y fourrer

leur tête chaque fois. Ces oiseaux font le même
manège , jusqu'à ce que le mets qu'ils se préparent , soit à la portée de leur langue ; alors il
le tirent à eux , et l'avalent.

Nous venons de démontrer la condition fati-
gante de cet oiseau chasseur , qui souvent même
dort et passe les nuits dans l'attitude de con-
trainte de la besogne du jour. Enfin , les Pics
sont , de tous les oiseaux qui vivent de la petite
chasse , ceux à qui la nature a rendu la vie la
plus laborieuse et la plus dure. Leur accent plaintif semble même être fait pour exprimer les
efforts de leur peine. Il n'y a que les animaux qui
se nourrissent des fruits de la terre , qui vivent
dans l'abondance dont ils sont environnés , et
qui goûtent les douceurs d'une vie paisible ,
parce qu'ils n'ont aucun motif pour se rien dis-
puter.

La figure du Pic , ses traits , son naturel sauvage et farouche , semblent annoncer qu'il doit
vivre dans les forêts , où il se tient toujours.

Le genre du Pic est très-nombreux : leurs espèces varient dans les couleurs , et diffèrent par
les grandeurs. Ces oiseaux sont beaucoup plus
répandus dans les pays chauds , qu'ils ne le sont
en Europe et dans le nord des deux Continens.
L'Asie , l'Afrique et l'Amérique , dans leurs climats méridionaux , nourrissent au moins trente-

six espèces de Pics, et les climats tempérés ou
froids n'en comptent qu'environ une douzaine.
Les Pics communs en Europe sont : le Pic vert,
l'Epèche ou Pic varié, et le Pic noir.

LE PIC VERD.

LE Pic verd arrive au printemps dans nos
forêts : il les fait retentir par des cris très-durs
et très-aigus. Il semble prononcer tiacacacan,
tiacacan, que l'on entend de fort loin, et qu'il
n'articule, pour ainsi dire , qu'en volant par
élans et par bonds ; il serpente dans l'air, ce
qui n'empêche pourtant point qu'il ne se sou-
tienne très-long-temps. Quoique ce Pic ne prenne
pas un essor fort élevé , il franchit néanmoins
d'assez grands intervalles, puisqu'il passe d'une
forêt à une autre , et qu'il est du nombre des
oiseaux voyageurs.

Le Pic entre en amour au printemps ; c'est
alors qu'il fait entendre le cri d'appel qui ressemble assez à un éclat de rire très fort et continu, tiô, tiô, répété un grand nombre de fois
de suite, sans interruption; la femelle qui l'entend lui répond à-peu-près de même , mais d'une
voix plus claire. On ne voit point ces oiseaux
préluder par des caresses ni aucun chant : ils

ne

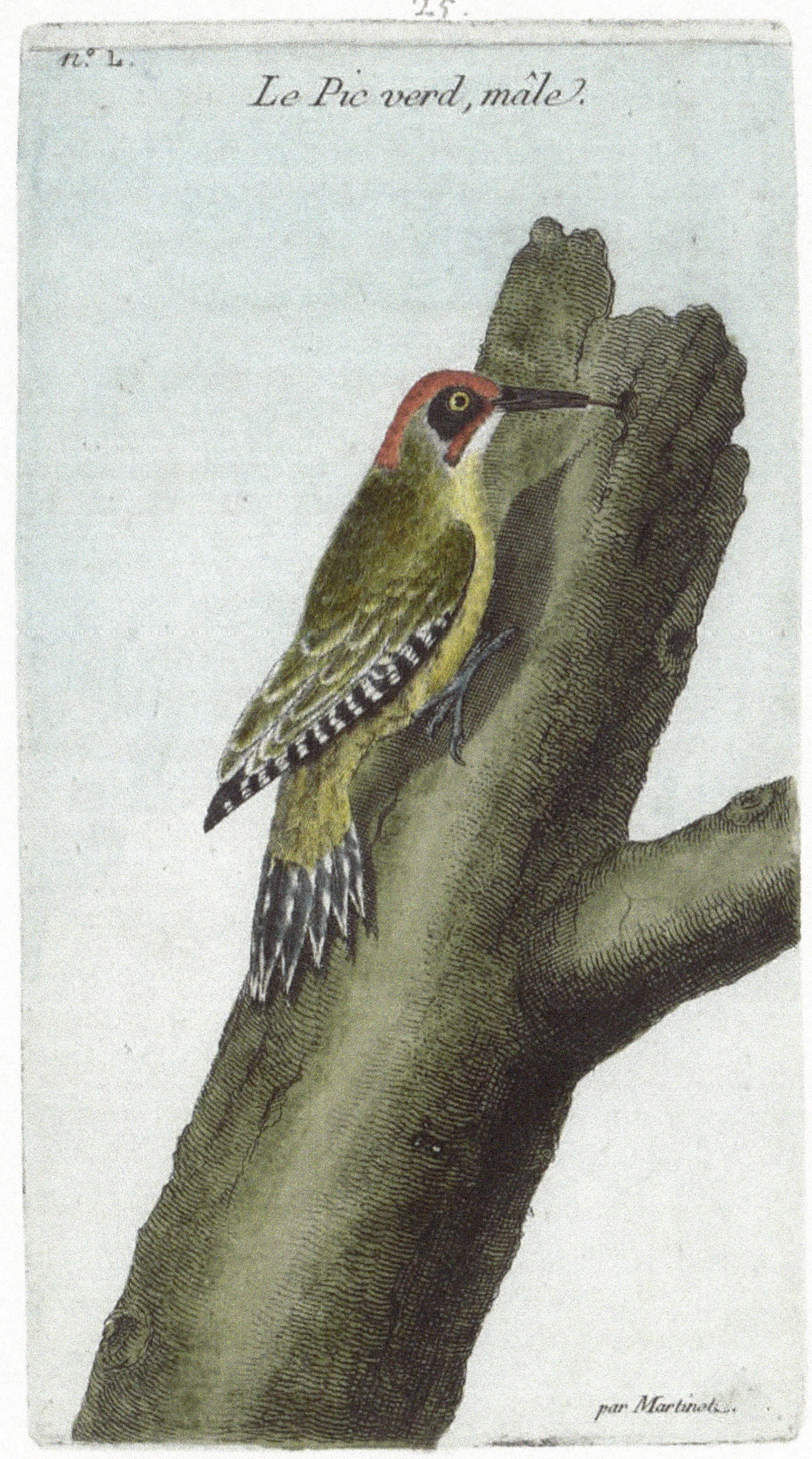

25.
n.º L.
Le Pic verd, mâle.
par Martinet.

ne font entendre que des tons sourds, assez semblables à ceux d'un malade souffrant. Ces oiseaux
travaillent bientôt de concert, et tour-à-tour, à
percer, à agrandir le trou d'un arbre, déja pré-
paré par la vétusté : ils le creusent et le vident
pour préparer un lieu propre à construire un
nid. Les Pics font leurs nids si profondément,
que quelquefois la lumière du jour ne peut y
arriver. Leur ponte est ordinairement de cinq
œufs verdâtres, tachetés de petits points noirs.
Le père et la mère nourrissent à l'aveugle les
petits qui en proviennent. Ces oiseaux, mâles
et femelles, ne se quittent point, se couchent
de bonne heure, et avant les autres oiseaux.
Ils restent dans le nid jusqu'au jour. Les jeunes
Pics commencent à grimper avant de pouvoir
voler.

Les anciens, beaucoup de personnes modernes, et même quelques naturalistes, ont cru que
le Pic verd annonçoit la pluie et la crue des eaux.
Les peuples, chez les Bourguignons, l'appellent
procureur du meûnier, comme annonçant de
même la pluie et la crue des eaux. Chez les Ro-
mains, le Pic tenoit le premier rang dans les
hospices ; la fable, mêlée à la mythologie, le
présente comme un être mystérieux et augural.

Le méchanisme de la langue du Pic ne lui
permet point d'apprendre à parler comme bien

des gens l'ont prétendu ; d'ailleurs il faudroit, pour y parvenir, pouvoir lui donner une nourriture équivalente à la sienne , et c'est ce que je doute qu'on trouve : si on y parvenoit, on ne le conserveroit pas encore long-temps, à moins qu'on ne lui donnât du bois à charpenter, et un lieu commode pour grimper sans cesse : sans ces moyens, il périroit bientôt d'ennui.

J'ai tenté d'élever des Pics, sans pouvoir dire s'ils mouroient de déplaisance ou du défaut de nourriture convenable à leur être ; ce qu'il y avoit de remarquable dans ces oiseaux, c'est le ton plaintif et touchant qu'ils faisoient, pour ainsi dire, toujours entendre ; ce ton étoit celui d'un homme accablé sous le poids du plus noir chagrin.

Cet oiseau ne se prend point à la pipée ; mais il ne sait se dérober au chasseur, qu'en tournant autour de l'arbre , et se tenant à la face opposée à lui.

Le Pic verd reste constamment dans les pays méridionaux de l'Europe , où on le mange, sur - tout l'hiver, temps où il est assez gras pour être mangeable. Ce pic a un pied de longueur , du bout du bec à l'extrémité de la queue.

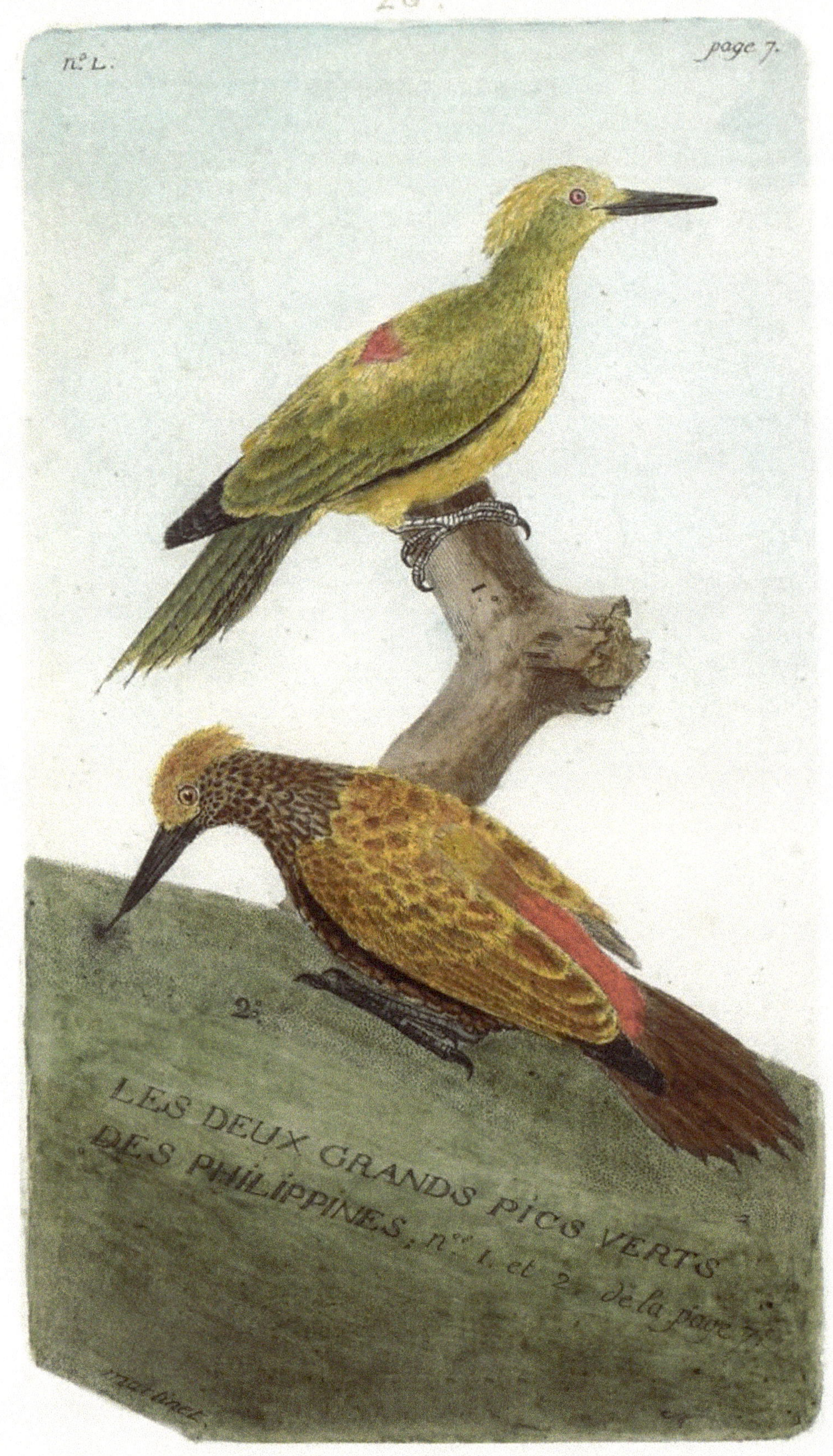

1.
2.
LES DEUX GRANDS PICS VERTS
DES PHILIPPINES, nºˢ 1. et 2. de la page 7.
martinet

26

Les P I C S *verds de l'ancien Continent.*

Comme ces oiseaux ne diffèrent des Pics d'Europe que par les grandeurs et les couleurs, nous ne donnerons que leur portrait, qui sera plus fidèle que la meilleure description.

1°. Le grand Pic verd des Philippines ou le *Palalaca* ; sa longueur totale est de treize pouces.

2°. Autre Pic verd des Philippines ; il a environ dix pouces.

3°. Le Pic verd de Goa ; il a près de onze pouces.

4°. Le Pic verd de Bengale ; il a près d'un pied.

5°. Le Pic verd du Sénégal ou le *Goërtan* ; il a dix pouces et demi.

6°. Le petit Pic rayé du Sénégal ; sa longueur totale est de neuf pouces.

7°. Le Pic à tête grise du Cap de Bonne-Espérance ; il a six pouces.

Les P I C S *variés du nouveau Continent.*

1°. Le Pic rayé de Saint-Domingue ; longueur totale, neuf pouces.

2°. Le Pic olive de Saint-Domingue ; il a près de sept pouces.

3°. Le grand Pic rayé de Cayenne; sa longueur totale est de douze pouces.

4°. Le petit Pic rayé de Cayenne; il a sept pouces.

5°. Le Pic jaune de Cayenne. Les Créoles le nomment le *Charpentier*. Sa longueur est d'environ neuf pouces.

6°. Le Pic mordoré de Cayenne; il a onze pouces de longueur.

7°. Le Pic à cravate noire de Cayenne; il a environ neuf pouces.

8°. Le Pic roux de Cayenne; sa grandeur totale est de sept pouces.

9°. Le Pic à gorge jaune de la Guiane; il a sept pouces.

10°. Le très-petit Pic de Cayenne. Cet oiseau a les ressources qu'ont les êtres foibles : il a plus de vivacité et de légéreté que les autres Pics. On le trouve souvent de compagnie avec les Grimpereaux; il a de longueur totale cinq pouces.

11°. Le Pic aux aîles dorées de Canada; il se trouve en Virginie & à la Caroline.

Le PIC *noir d'Europe.*

Ce Pic se trouve sur les hautes futaies d'Allemagne, en Suisse et dans les Vosges; il n'est pas connu dans beaucoup de nos Provinces de

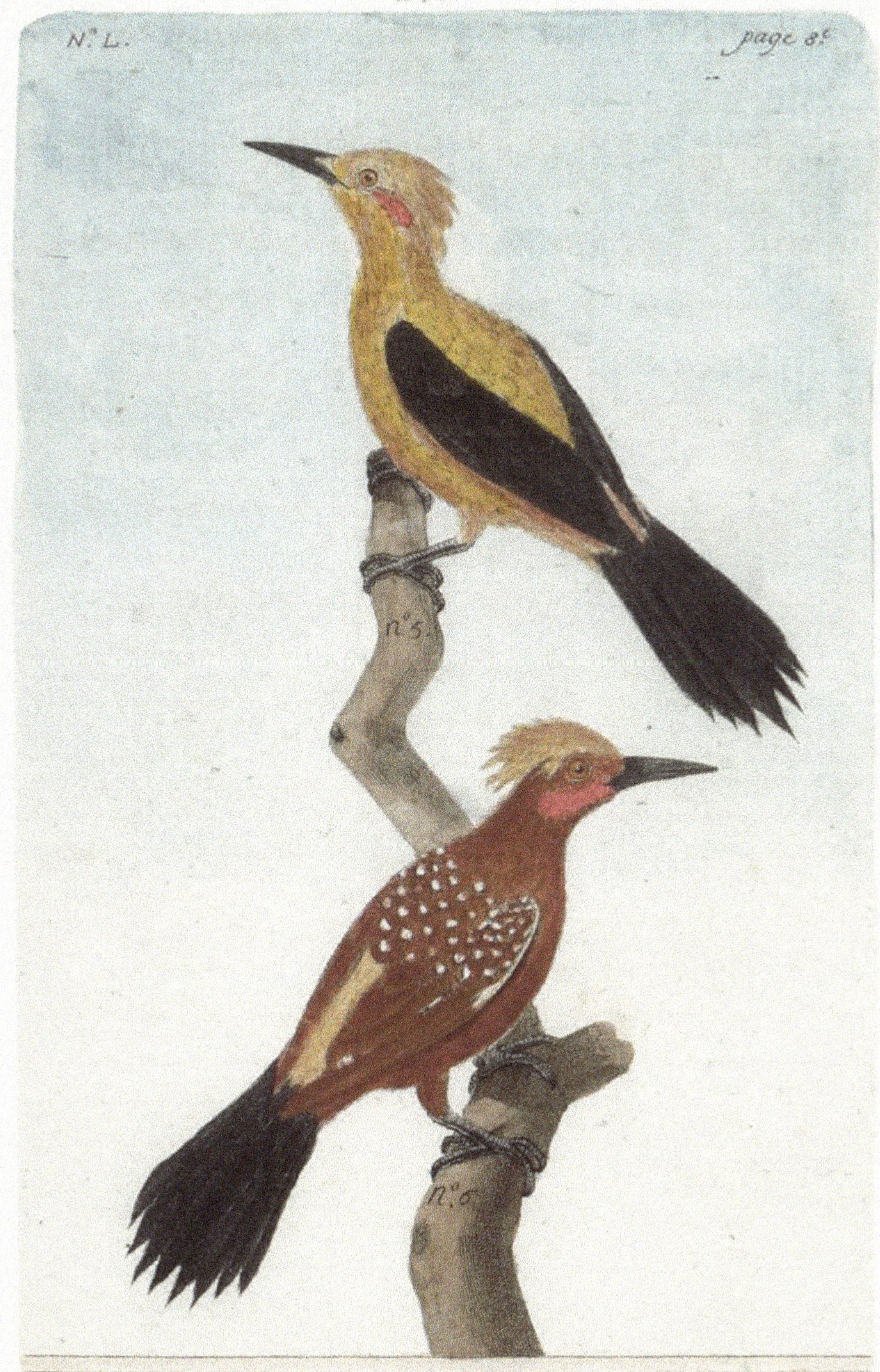

PICS DE CAÏENNE.

1. LE JAUNE 2. LE MORDORÉ, TACHETE

L'auteur, Soupçonne, que ces oiseaux sont mâle et femelle.

martinet.

France. Cet oiseau ne se rencontre, pour ainsi
dire, point dans les forêts en plaine ; et on n'en
voit point en Angleterre, parce qu'elle est trop
découverte de bois : c'est la seule cause, car on
le voit dans les pays septentrionaux jusqu'en
Suède.

Il y a des sols que ces Pics préfèrent, et ce sont
les bois solitaires et sauvages : l'espèce en général de ces oiseaux est peu nombreuse.

Lorsque le Pic noir frappe contre un arbre,
les coups qu'il lui porte sont aussi éclatans que
ceux que nos bûcherons font avec leur hache.

Les gens soigneux de leurs bois font une
cruelle guerre à ces oiseaux * ; ils prétendent
qu'ils font beaucoup de tort aux bois, parce
qu'ils les percent de leurs becs jusqu'au cœur, où
ils croient qu'ils font leurs nids. Certainement
les gens soigneux qui ont donné le ton à ces
dires, n'ont point observé avec assez d'attention
les Pics. Ces oiseaux n'ont point assez de force
dans le bec, pour faire une besogne de cette

---

* Les arbres gros, grands et droits, offrent aux marchands
l'apparence d'une exploitation avantageuse, mais ils se trouvent
souvent creux dans le cœur. Cela provient de ce que les boissiers
étêtent les arbres et coupent les branches hautes, sans s'embar-
rasser de la saison. A l'endroit de la plaie, l'humidité cave
petit à petit, gagne le cœur, et l'arbre se trouve pourri.

sorte, à moins que ce ne soit dans des bois blancs très-tendres.

Les Pics font leurs nids dans les arbres qu'ils connoissent être creux, en frappant dessus, et à l'endroit où il y a une branche cassée, le bois y étant ordinairement pourri, même jusqu'au cœur. Ces oiseaux ne font que vider le trou qui étoit déja commencé à l'endroit de la branche cassée.

Lorsque le Pic noir s'est ouvert l'entrée d'un creux d'arbre, qu'il s'est formé son trou, son contentement se manifeste par un cri fort et perçant, qui retentit au loin ; il fait entendre aussi, par intervalle, un frôlement qu'il fait avec son bec en le frottant rapidement et avec force contre les parois du bois. Bientôt après ces mouvemens joyeux, le mâle et la femelle arrangent leur nid avec le vermoulu de l'arbre et des plumes. C'est sur ce lit douillet que la femelle dépose trois ou quatre œufs qu'elle couve à mesure.

La femelle du Pic noir diffère de son mâle, en ce que le noir de ses plumes est moins foncé, et qu'elle n'a du rouge qu'à l'occiput, et quelquefois point du tout.

Le Pic noir voyage sur la fin de l'automne pour gagner un air favorable à sa subsistance. Cet oiseau n'a de rapport qu'avec ceux du nouveau

Continent. Sa longueur, depuis le bout du bec à celui de la queue, est de seize pouces.

Les PICS *noirs du nouveau Continent.*

1°. Le grand Pic noir à bec blanc de la Caroline. Cet oiseau est fort estimé des Américains septentrionaux, parce qu'ils font des couronnes pour les guerriers avec le bec de ce Pic ; ces peuples donnent en troc aux habitans du Sud, jusqu'à trois peaux de chevreuil pour un bec de ces oiseaux.

Ce Pic noir surpasse tous les oiseaux de ce genre en grosseur et longueur : son bec blanc a trois pouces d'une extrémité à l'autre.

2°. Le Pic noir à huppe rouge, commun dans la Louisiane, a quinze pouces de longueur totale.

3°. Le Pic noir ou l'*Ouantou* huppé de Cayenne, a seize pouces de longueur.

4°. Le Pic à cou rouge huppé de Cayenne a, du bout du bec à celui de la queue, seize pouces ou environ.

5°. Le petit Pic noir de la nouvelle Angleterre a sept pouces de longueur.

6°. Le Pic noir à domino rouge de Virginie, a environ neuf pouces.

L'ÉPÊCHE *ou* PIC *varié d'Europe.*

1°. L'Épêche monte, descend et frappe contre les arbres comme les autres Pics. Dans l'été, dans les temps de sécheresse, on tue souvent des Épêches auprès des mares d'eau qui se trouvent dans les forêts.

Cet oiseau a les mêmes mœurs et les mêmes facultés que le Pic verd; il a environ neuf pouces.

2°. La petite Épêche a environ six pouces de longueur.

Les ÉPÊCHES *de l'ancien Continent.*

1°. L'Épêche de Nubie ondée et tachetée, a environ quatre pouces.

2°. Le grand Pic varié de l'île de Luçon, a seize pouces.

3°. Le petit Épêche brun des Moluques, a environ six pouces.

Les ÉPÊCHES *du nouveau Continent.*

1°. L'Épêche du Canada a neuf pouces de longueur totale.

2°. L'Épêche du Mexique, quatorze pouces de longueur.

3°. L'Épêche ou Pic varié de la Jamaïque, a environ douze pouces.

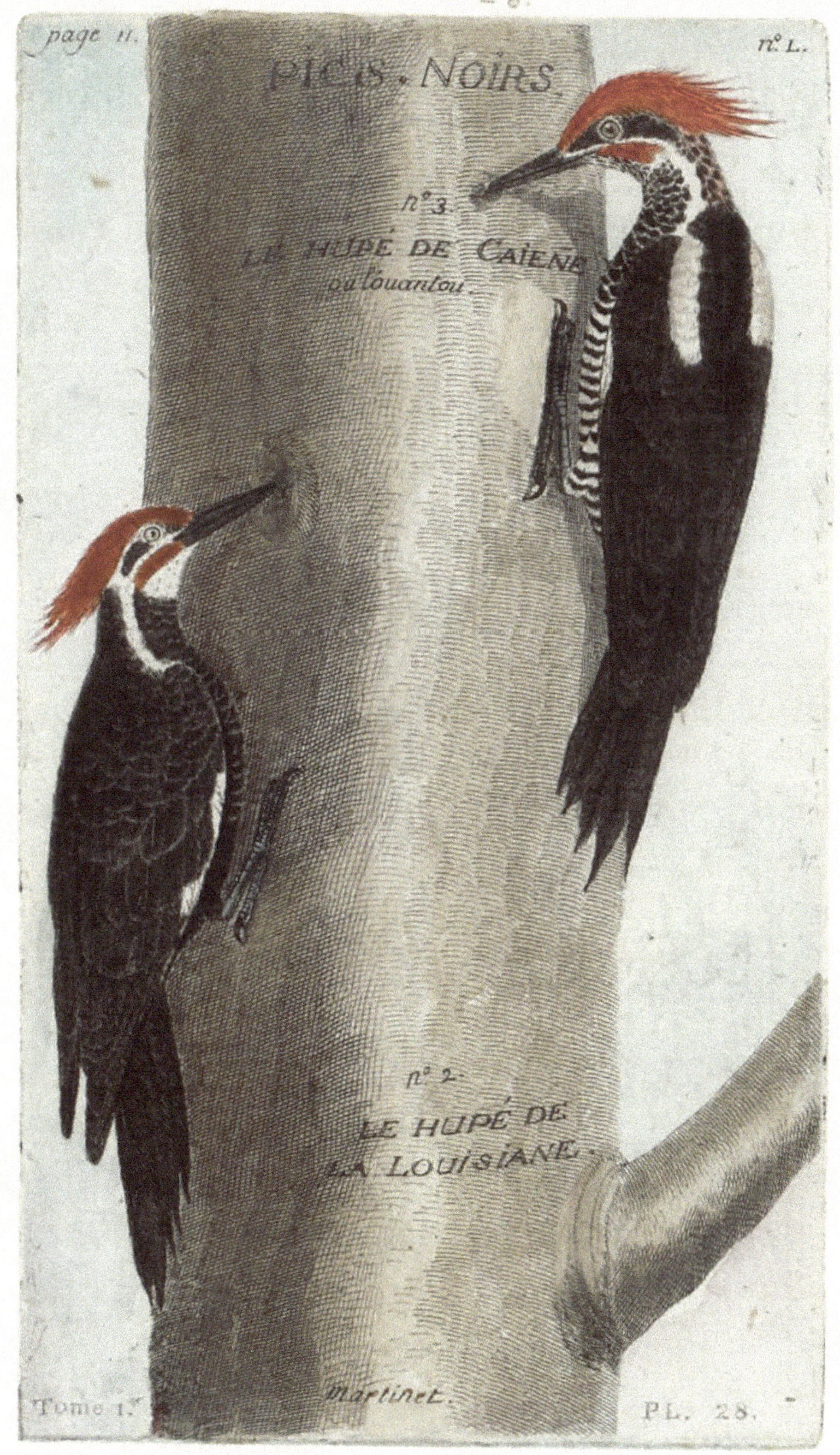

28.
page 11.
n.º L.
PICS NOIRS.
n.º 3.
LE HUPÉ DE CAIENE
ou l'ouantou.
n.º 2.
LE HUPÉ DE
LA LOUISIANE.
Tome I.er
Martinet.
PL. 28.

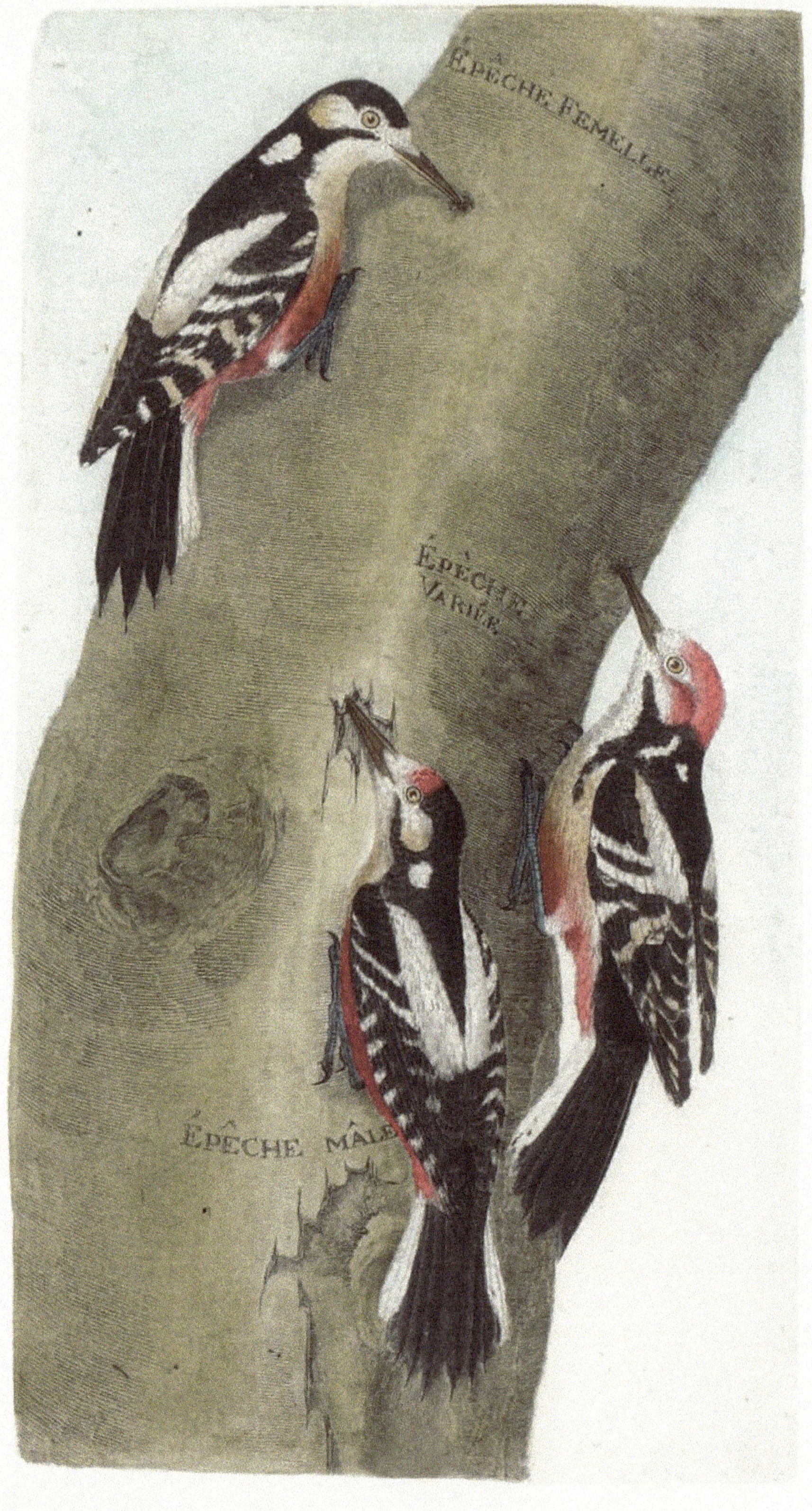
ÉPÈCHE FEMELLE.
ÉPÈCHE VARIÉE.
ÉPÊCHE MÂLE.

4°. Le Pic rayé de la Louisiane a dix pouces.

5°. L'Épêche ou Pic chevelu de Virginie, a huit pouces.

6°. L'Épêche varié de la Enceneda ; sa longueur totale est d'environ neuf pouces.

7°. L'Épêche de la Caroline a environ six pouces.

8°. L'Épêche ou le petit Pic varié de Virginie a cinq pouces.

9°. L'Épêche ou Pic varié ondé , se trouve sous l'Équateur des deux Continens ; il a environ dix pouces et, n'a que trois doigts.

Fin des Pics.

N°. L I.

LE COUCOU.

LA réputation, bonne ou mauvaise , provient souvent de bien peu de chose ; une fausse interprétation, un rien pour ainsi dire , en est le sujet ; une chose mal vue, mal entendue, suffit , et aussi-tôt la Renommée embouche sa trompette retentissante. Telles ont été établies maintes réputations. Telle a été celle du Coucou. Un conte fait à plaisir a donné lieu à une infinité d'autres. Cet oiseau diffère des autres, il est vrai , dans les moyens de se propager : mais seroit-il juste de lui en faire un crime,

de le considérer, ainsi que sa femelle, comme
des êtres dénaturés, parce qu'ils ne satisfont pas
envers leurs petits à cette douce loi de la nature,
qui porte tous les êtres à donner leur soin à leur
progéniture? Cet oiseau remplit le vœu de la nature, selon les facultés et l'instinct qu'il en a reçu.
Cet instinct paroît étrange sans doute, si on ne
considère pas que la mère de tous les êtres a été
aussi avare envers le coucou sur les ressources
de la régénération de son espèce, qu'elle a été
prodigue à l'égard des autres oiseaux.

Cette opposition de la grande prodigalité à la
grande économie dans tous les êtres, donne les
extrêmes.

Les Gallinacés en sont un exemple particulier.
La surabondance de la liqueur séminale dans les
mâles, fait qu'ils cassent les œufs de leurs femelles,
pour se procurer une jouissance durable.

Au contraire, les coucous mâles et femelles,
ne sentant que foiblement les effets de l'amour
par défaut de tempérament, doivent donc avoir
moins d'ardeur pour les actes accessoires.

C'est par cet extrême, ce défaut de chaleur, que
la femelle du coucou ne pond que deux œufs de loin
en loin, et qu'elle les pond dans des nids étrangers*.

---

* On a même trouvé quelquefois deux œufs de Coucou
dans des nids de Grive et de Merle, mais communément dans
ceux de Fauvettes, d'Alouettes, &c.

Elle dépose son premier œuf dans le nid le plus proche de son besoin ; il en est ainsi du second. Cette femelle abandonne sa future famille à une mère étrangère, qui, confondant cet œuf avec les siens, le couve, et en élève le produit avec la tendre sollicitude d'une bonne mère.

On voit, par ce résumé des facultés du Coucou, qu'il est excusable. D'ailleurs, combien ne devroit-on pas blâmer quantité d'individus, qui, sans être de l'espèce du Coucou, s'arrogent le privilège de le devenir, sans même qu'on en glose ?

On sait que la mode prévaut sur tout. La plupart des animaux offrent à l'homme des exemples frappans de l'amour paternel, et singuliérement les oiseaux dans le général. Ces êtres aériens ressentent vivement les puissans effets de l'amour. Les mâles manifestent leurs ardeurs par leurs cris ou leurs chants, et les femelles par des petits tons que semble prononcer leur contentement. De part et d'autre, les oiseaux se prodiguent les plus ardentes caresses, dont les résultats font leurs délices. La tendresse affectueuse de la femelle la porte sur ses œufs ; et souvent elle couve avec tant d'ardeur et de souci, que sa constitution en est altérée. Son attachement est encore fortifié par la vue de ses petits qui lui doivent la naissance, et par un surcroît de nouveaux soins qu'exige leur foiblesse. Cet oiseau, toujours occupé d'eux, ne cherche de nourriture que pour eux.

On voit cette mère, foible et timide, s'oublier pour ses petits. Elle s'élance avec intrépidité contre les serres redoutables d'un oiseau carnassier, et souvent ses cris et ses battemens d'aîles en imposent à l'oiseau de proie. Dans toute autre circonstance, elle eût cherché son salut dans la fuite; mais alors elle devient téméraire.

Enfin, on remarque, dans les femelles en général, toutes les qualités d'un bon cœur.

Ces oiseaux démontrent bien qu'un cœur vraiment maternel ne confieroit point ses enfans à une nourrice étrangère, comme cela se pratique parmi les hommes.

Ces mêmes hommes confient bien à des étrangers ce dépôt précieux de l'amour, sans que leur cœur et leur raison leur en fassent de reproches; mais ils n'oseroient point confier une somme d'argent très-modique à un ami, ni même à un parent. Sans doute ils n'auroient pas tort; car ils pourroient bien courir les risques de l'enfant en nourrice.

Nous avons démontré que les Coucous, ayant moins de ressources pour l'acte principal de la génération, ils devoient avoir moins d'attachement pour tous les actes accessoires tendant à la con-

servation de l'espèce. C'est ce que l'on peut remarquer dans les petits animaux, les serins, les
linottes, &c. L'ardeur et la durée de leur amour,
paroît être la mesure des soins qu'ils prennent
pour la construction de leurs nids, pour couver,
pour nourrir les fruits de leur tendresse ; et enfin,
pour les autres petits besoins encore accessoires à
ceux-ci. Tous ces actes, partant d'un même principe, doivent garder une sorte de proportion.

Les Coucous sont des oiseaux solitaires, foibles, timides, doux et reconnoissans : avec ce
caractère, ils ne peuvent être ni cruels, ni ingrats,
comme vulgairement on l'a supposé. Sans doute
on l'a pris pour un autre, à cause de la ressemblance de son plumage avec quelques petits oiseaux de proie. D'ailleurs, pour s'assurer de ce
que j'avance, il ne s'agit que de voir le bec et
les pattes de cet oiseau, on remarquera qu'il
n'a point la forme de ceux des oiseaux carnassiers.

La Nature n'a donné à ces oiseaux que la force
suffisante pour s'accrocher commodément à la
rude écorce des arbres, et pour y vivre des insectes qui se trouvent dans les bois, où elle leur
a assigné leur demeure.

C'est dans les forêts que se fait entendre la voix
du Coucou, sur-tout au printemps, c'est-à-dire,

au temps de l'amour : cet oiseau articule avec tant de netteté, et répète si souvent *cou*, *cou*, qu'il est ainsi nommé dans presque toutes les langues. Il interrompt quelquefois son chant par un râlement sourd qui semble prononcer *crou*, *crou*, d'une voix enrouée et en grasseyant : outre ces cris, il en fait entendre un autre qui est tremblant, mais sonore.

Le chant ou le cri de la femelle est à peu près semblable à celui du mâle ; c'est une espèce de gloussement qu'elle répète plusieurs fois d'une voix forte et claire ; c'est vraisemblablement son cri d'appel ; car, dès que le mâle l'entend, il vient à tire-d'aîles, en répétant *cou*, *cou*, *cou*. Les petits Coucous ont aussi leur cri d'appel ; ce cri est aigu et clair, il est la prière avec laquelle ils sollicitent leur mère adoptive à pourvoir à leurs besoins toujours renaissans.

Les Coucous femelles sont comme beaucoup de mâles, qui cherchent le plaisir, sans prévoir ce que deviendra le produit de leurs amours fugitifs.

La tendresse mutuelle, & l'union des pères et mères, est le fondement de leur affection pour leur géniture, et le principe du bon ordre : et quoique le Coucou semble s'éloigner de ce principe, il est une nuance de ce bon ordre qui appartient aux résultats du système général, un anneau de cette chaîne immense de la nature, qui est pour nos connoissances une suite de phénomènes.

Ces oiseaux ne fuient pas absolument la vue de l'homme : on les voit et on les entend chanter dans les bois proches de nos habitations. Les Coucous se tiennent communément seuls ; et si on les entend deux qui semblent se répondre en chantant, ils sont à une bonne distance l'un de l'autre. Ces oiseaux paroissent inquiets & changent de place très-souvent, sans cependant faire de longs vols, quoiqu'ils parcourent un terrein considérable. Dans ces momens de gaieté, on les voit battre des aîles, s'étendre, puis prendre leur essor et filer, comme font les Emérillons ou les Eperviers.

Les Coucous arrivent au printemps dans nos contrées, et s'en retournent sur la fin de Septembre. Plusieurs Voyageurs m'ont assuré, que dans le temps de leur émigration, ils en voient en fort grand nombre sur leurs navires. L'automne, ces oiseaux sont aussi gras qu'ils sont maigres au printemps; et c'est ce qui a donné lieu à la juste application proverbiale, maigre comme un Coucou. La graisse de cet oiseau se réunit particuliérement sous le cou, c'est le morceau le plus friand.

Sur l'arrière-saison, les jeunes Coucous sont un assez bon manger, sur-tout lorsqu'ils se sont trouvés à portée des fruits tendres et des lieux abondans en insectes : les vieux, quoique gras sont toujours durs.

Dans bien des pays, on ne mange point la chair du Coucou, par un certain préjugé que c'est un animal immonde, et d'ailleurs parce qu'elle ne vaut rien.

Le Coucou est susceptible d'attachement : s'il est élevé à la brochette, il reconnoîtra son maître, viendra à sa voix, et même le suivra en voltigeant devant lui d'arbre en arbre, ou de buissons en buissons. Cependant, si dans la route il trouve des fruits tendres, ou un lieu abondant en insectes, il s'y arrêtera jusqu'à ce qu'il se soit rassasié pleinement ; mais il reviendra toujours à la maison, s'il perd de vue son maître.

Il paroît que dans les Coucous, le nombre des mâles est beaucoup plus grand que celui des femelles ; car, sur dix de ces oiseaux que l'on tuera, à peine se trouvera-t-il deux femelles.

Si l'on veut élever des Coucous, il faut leur donner de la viande hachée et mêlée d'un tiers de graine de pavot, et de temps en temps des fruits tendres de la saison.

Le bec supérieur du Coucou, est un peu échancré vers sa pointe ; mais dans les jeunes, cette échancrure n'est pas toujours perceptible. La grosseur de cet oiseau est environ de celle de la Grive ;

il

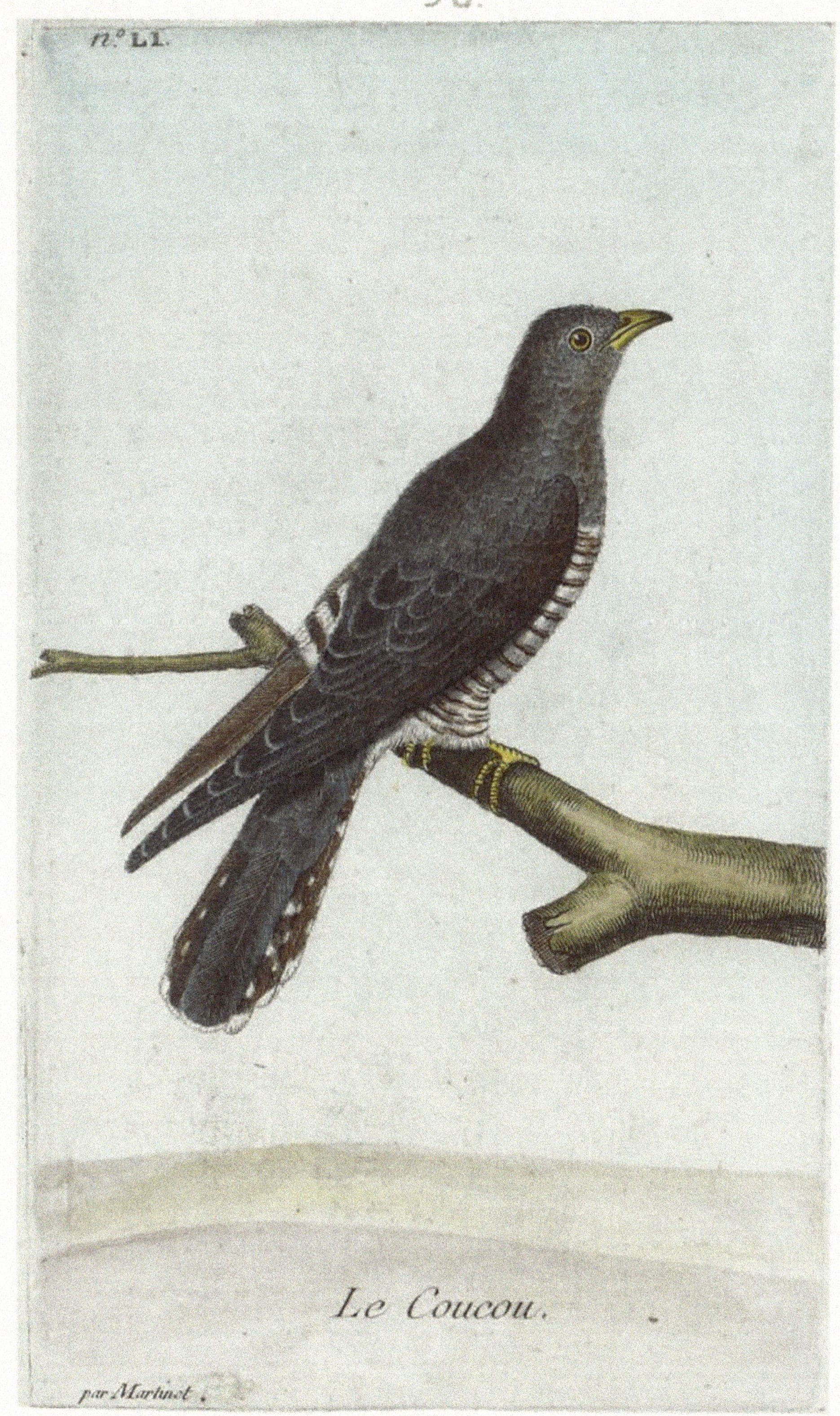

Le Coucou.

par Martinet

il a près de quatorze pouces du bout du bec à celui de la queue, et son vol a deux pieds.

Il y a diverses espèces de Coucous étrangers; mais comme je me propose d'en donner une peinture fidèle, je me crois dispensé de donner la description des couleurs, parce que mon pinceau les rendra mieux que ma plume.

Nota. On a débité, dans tous les temps et dans tous les pays, mille fables sur le compte des Coucous. En Italie, à l'apparition des Coucous, ainsi qu'à leur départ, les vignerons qui n'avoient point taillé et arrangé leurs vignes, étoient la risée de leurs confrères, parce que cet oiseau étoit considéré comme un paresseux. On dit, d'une manière proverbiale, *ingrat comme un Coucou.* On dit de même, *chanter comme un Coucou,* pour exprimer ceux qui répètent toujours la même chose : ce que l'on dit encore des gens qui étant en petit nombre, feroient croire, en parlant tous à la fois, qu'ils forment une assemblée considérable. Enfin nos siècles modernes ont aussi des métamorphoses aussi vraies que celle de Jupiter, lorsqu'il prit la forme d'un coucou pour devenir l'époux de Junon sa sœur. Il y a encore des pays européens où l'on est persuadé que l'ame d'un certain patron de barque est passée dans le corps du Coucou, &c. &c.

Beaucoup de gens disent avoir vu, l'hiver, et sans lunettes, dans des creux d'arbres, des Coucous tout déplumés, et ayant une ample provision de bled.

Fin du Coucou d'Europe.

C

LES COUCOUS *étrangers de l'ancien Continent*.

ON trouvera dans diverses espèces que nous rapportons au genre du Coucou, des attributs propres à ce genre, différemment modifiés ; on en trouvera qui ne les auront pas tous, et d'autres qui auront des attributs des genres voisins. Cependant, si l'on examine de près ces espèces diverses avec l'attention nécessaire, on reconnoîtra qu'elles ont plus de rapport avec le genre du Coucou, qu'avec aucun autre.

Les Coucous étrangers prennent la peine de faire eux-mêmes leurs nids, et de couver leurs œufs. Les différentes branches de la famille du Coucou répandues en Asie, en Afrique et en Amérique, ont reçu l'empreinte du climat qui les a nourries. Ces oiseaux diffèrent du nôtre particulièrement, en ce qu'il n'y a pas une seule espèce dans celles que nous connoissons, qui ponde ses œufs dans des nids étrangers.

Par exemple, on observe que la plupart des animaux Américains, sont plus petits que ceux de l'ancien continent, soit indigènes, soit ceux qu'on y a apportés d'ailleurs.

Nous ne connoissons en Amérique que deux Coucous, dont la taille est à-peu-près celle du

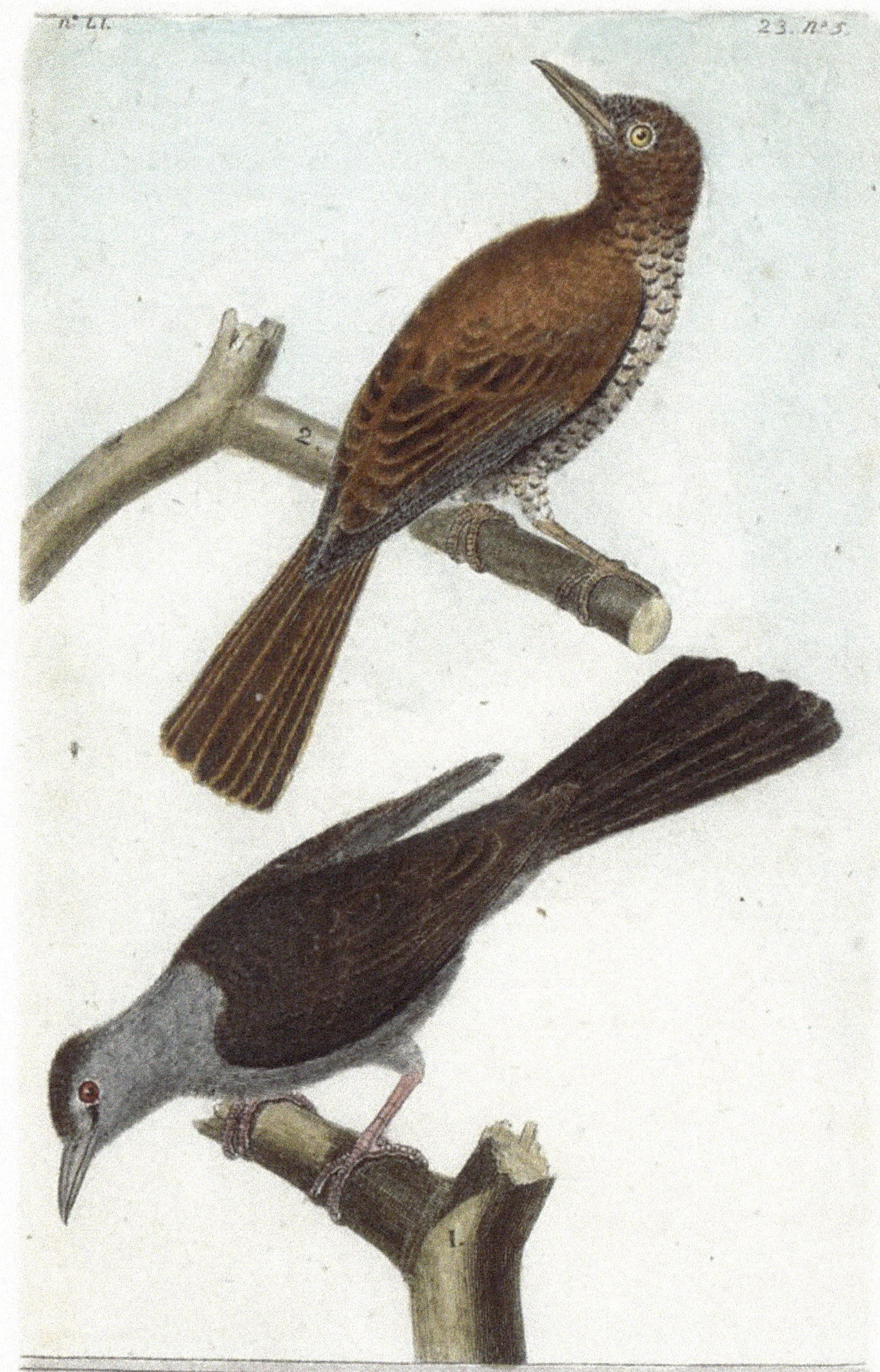

1. LE COUCOU DE MADAGASCAR, 2. SA FEMELLE
OU LES VOUROUDRIOU.

martinet.

nôtre, et le reste ne peut être comparé qu'à notre petite Grive. Dans l'Asie et l'Afrique, nous comptons une douzaine d'espèces de ces oiseaux qui sont de la grosseur de notre Pigeon ramier.

La différence qu'on remarque dans ces individus de l'ancien et du nouveau continent, nous détermine de séparer ici les Coucous de l'Asie et de l'Afrique, d'avec ceux de l'Amérique.

1°. Le Coucou verdâtre de Madagascar pèse douze à treize onces, et sa longueur totale est de vingt-un pouces.

2°. Le Coua de Madagascar est nommé ainsi par les Naturels du pays; il pèse environ neuf onces; sa longueur est d'environ quatorze pouces, et son vol de dix.

3° Le Toulon de Madagascar a près de seize pouces de longueur.

4°. Le Tait-sou de Madagascar a près de dix-sept pouces de longueur.

5°. Le Vourou-driou de Madagascar a douze plumes à la queue, ce en quoi il diffère des oiseaux de ce genre : sa longueur est d'environ seize pouces.

6°. Le Coucou huppé noir et blanc, d'Afrique, n'est qu'à demi étranger; il est un peu plus gros que le nôtre : on le voit quelquefois sur les côtes d'Europe.

7°. Le grand Coucou tacheté n'est pas tout-à-fait étranger ; il a été tué sur les côtes d'Espagne : cet oiseau est de la taille de notre Pie d'Europe.

8°. Le Houhou d'Egypte, c'est le nom que lui ont donné les Arabes ; sa longueur est d'environ seize pouces.

9°. Le Rufalbin du Sénégal a seize pouces.

10°. Boutsallek de Bengale a près de quatorze pouces.

11°. Le Coucou varié de Mindanao se trouve aussi aux Philippines ; il a de longueur totale quinze pouces.

12°. Le Coucou brun varié se trouve aux îles de la Société, situées dans les mers de Taïti ; il a environ treize pouces.

13°. Le Coucou brun et roux, de Siam, se trouve de même aux Philippines ; il a de longueur totale seize pouces.

14°. Le Coucou à longs brins, de Siam, a dix-sept pouces.

15°. Le Coucou de Chine a quatorze pouces.

16°. Le Coucou à longue queue a environ treize pouces.

17°. Le Coucou des Indes Orientales a neuf pouces.

18°. Le Jacobin huppé de Coromandel a onze pouces.

19°. Le Coucou à collier et à longue queue de Coromandel, a environ douze pouces.

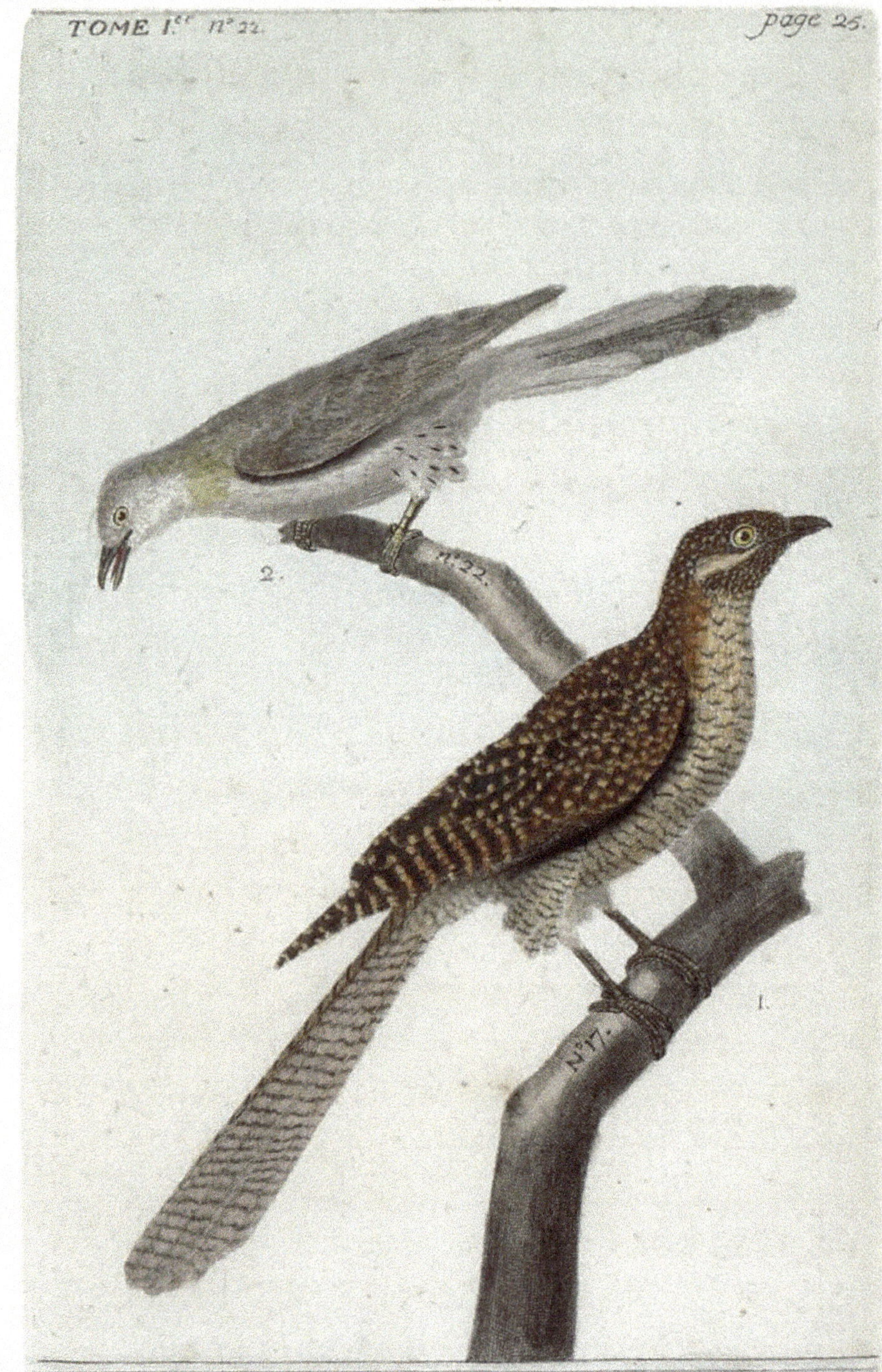

1. COUCOU DES JNDES ORIENTALES.
2. COUCOU JNDICATEUR DU MIEL.

martinet.

20°. Le Coucou à ventre rayé de l'île de Panay, se trouve aux Philippines; il a de longueur environ dix pouces.

210. Le Coucou vert et blanc du Cap de Bonne-Espérance, a de longueur environ sept pouces et demi.

22°. Le Coucou indicateur : l'histoire de cet oiseau paroît étrange, mais elle a été envoyée à la Société Royale de Londres par un homme digne de foi. Ce Coucou, écrivoit-il, se tient dans l'intérieur des terres, aux environs du Cap de Bonne-Espérance. Le matin et le soir, cet oiseau se fait entendre par des cris aigus qui semblent prononcer *chirs*, *chirs*, et appeller les chasseurs ou d'autres personnes qui cherchent le miel dans le désert.

Lorsqu'on entend cet oiseau, on lui répond à-peu-près sur le même ton, et en allant à sa voix. Dès que le Coucou indicateur voit quelqu'un, il s'en retourne à son arbre qu'il fait connoître en voltigeant dessus.

Tandis qu'on travaille à s'emparer du miel que récele l'arbre, l'oiseau se tient perché à peu de distance, en attendant sa part du butin, qu'il a si bien méritée, et qu'on ne manque pas de lui laisser. La longueur de cet oiseau est d'environ sept pouces.

Tous les Coucous varient dans les couleurs de

leur plumage , dans celles de leur bec et de leurs pieds. On voit un changement très-remarquable d'une année à une autre , et même de l'hiver à l'été.

LES COUCOUS D'AMÉRIQUE.

1°. LE Tacco a le bec plus alongé que ceux des autres espèces de Coucous. Le nom de Tacco lui a été donné d'après le cri qu'il fait entendre; il a un autre cri qui semble prononcer *qua*, *qua* , *qua* , *qua* , *qua* , lorsque quelque chose l'effraie.

Cet oiseau se voit communément dans les terreins cultivés, où il se rend utile, en mangeant les insectes , les petites grenouilles et les jeunes serpens. Ce Coucou semble connoître qu'il ne doit rien craindre de la part de l'homme, par les services continuels qu'il lui rend. Il ne le soupçonne pas d'ingratitude, car il se laisse facilement approcher, et de si près , que les Nègres les prennent souvent à la main : sa confiance en eux est si grande, qu'ayant le bec d'une certaine force , il ne se défend point.

Dans le temps de l'amour , les Taccos se retirent dans les forêts les plus épaisses et les plus sombres de la Jamaïque , où ils se cachent si bien, que jamais personne n'a vu leurs nids ; ce qui donneroit lieu de croire qu'à l'instar des Coucous d'Europe, ils pondent dans les nids des autres oiseaux. Ce Coucou a seize pouces de longueur.

2°. Le Coucou criard se tient dans les forêts du Brésil ; il les fait retentir de sa voix, beaucoup plus forte qu'agréable. La taille de cet oiseau est celle du Coucou d'Europe.

3°. Le Coucou rieur est du Mexique, et son chant est semblable à un grand éclat de rire. Sa longueur totale est d'environ seize pouces.

4°. Le Coucou cornu de Cayenne se trouve à la Guiane et au Brésil ; il a de longues plumes sur la tête, qu'il relève à volonté, avec une fort longue queue ; sa longueur est la même que celle du Merle d'Europe.

5°. Le Coucou de Cayenne, sans être d'un naturel sauvage, ne se réunit point en troupe ; il ne fréquente guère que les grands bois. La longueur totale de cet oiseau est de sept à huit pouces.

6°. Le Cendrillard ; son nom annonce sa couleur. Sa longueur totale est de sept pouces.

7°. Le Diable de Cayenne : ce nom exprime en langue du pays *piays*, et ce mot signifie encore ministre ou interprete du Diable ; ce nom fait bien connoître qu'il est considéré comme un oiseau de mauvais augure. Cependant ce petit Diable n'est point malfaisant , il n'est même point farouche ; car il ne prend sa volée que lorsqu'on est près de le saisir. On compare son vol à celui des Martins-pêcheurs. Il a aussi ses inclinations ; il se tient sur le bord des eaux, sur des branches les plus avancées et les plus basses , pour être à portée du gibier qu'il guette. Quand ce petit oiseau est perché , il hoche sans cesse sa queue. Sa longueur totale est d'environ quinze pouces.

8°. Le Coucou noir de Cayenne est d'un naturel sauvage. Sa longueur totale est de près de onze pouces.

9°. Le petit coucou noir de Cayenne est d'un naturel farouche ; il se nourrit d'insectes qu'il guette sur les terres cultivées ; cet oiseau ne s'apperçoit jamais que seul , si ce n'est dans le temps où l'amour rassemble tous les êtres par paires. Dans ce temps , de concert avec sa femelle , il fait son nid dans des trous d'arbres , où l'on trouve affez ordinairement deux ou trois œufs. La longueur de cet oiseau est de huit pouces.

Fin des Coucous.

LES COUROUCOUS.

O NATURE ! ranime en moi un feu prêt à s'envoler sur l'aîle du travail ; ranime mes esprits, éclaire-moi de ton divin flambeau, et fais-moi comprendre quel est en moi ce souffle d'essence immortelle, si intimement uni à la matière. Ce paradoxe surprend ma raison par ce mélange entr'eux de concorde et de dissention. Développe à mes yeux, sentinelles de mon ame, les merveilles que j'admire sans les connoître ; lève le voile qui couvre le principe des formes, des inclinations, des goûts et des méchanismes organisés dont j'entreprends l'histoire.

Mère universelle ! ajoute ce surcroît de faveur à celles dont tu m'as gratifié, pour m'attirer l'attention de mes lecteurs, et me mériter leur suffrage.

Si l'aspect du Couroucou semble présenter un oiseau isolé, l'analyse le rapproche bientôt de deux familles dont il tient de très-près : il ressemble au Coucou par les pattes, & au Momot par son bec dentelé ; et à tous deux par la forme de son corps, par sa vie solitaire et par sa nourriture. A l'égard du plumage, il y a dans ces trois espèces des individus dont les nuances & la pureté des couleurs font un très-bel effet.

Le Couroucou aime la solitude qui règne dans les forêts. Sont chant mélancolique prononce bien distinctement *ouroucoais*, sur un ton qui exprime cette douce sensibilité qui fait le bonheur des amans, et qui les entraîne dans les lieux sombres pour s'y recueillir en paix ; dans le temps de l'amour particuliérement. Ce temps n'est guère fixe dans ces oiseaux ; parce que les arbres tombés en vétusté, dont ces climats abondent, et dans lesquels ils déposent les fruits de leur tendresse, offrent à divers petits animaux, la facilité de grimper jusqu'à leur nid. Ces petits êtres carnassiers du genre des furets, étant parvenus aux nids des Couroucous, cassent les œufs et en boivent la liqueur. Si la mère n'est pas assez prompte à s'envoler, ils s'attachent après elle, et lui sucent le sang, jusqu'à ce qu'en étant ivres, ils s'endorment sur la victime. Ils ont encore d'autres ennemis, qui sont les rats et les oiseaux de proie.

Les Couroucous ne font guère que deux pontes par an ; elles sont composées chacune de quatre ou cinq œufs blancs : le temps favorable de la première, est le mois de Décembre ou de Janvier, et de la seconde, Juillet et Août ; mais si la

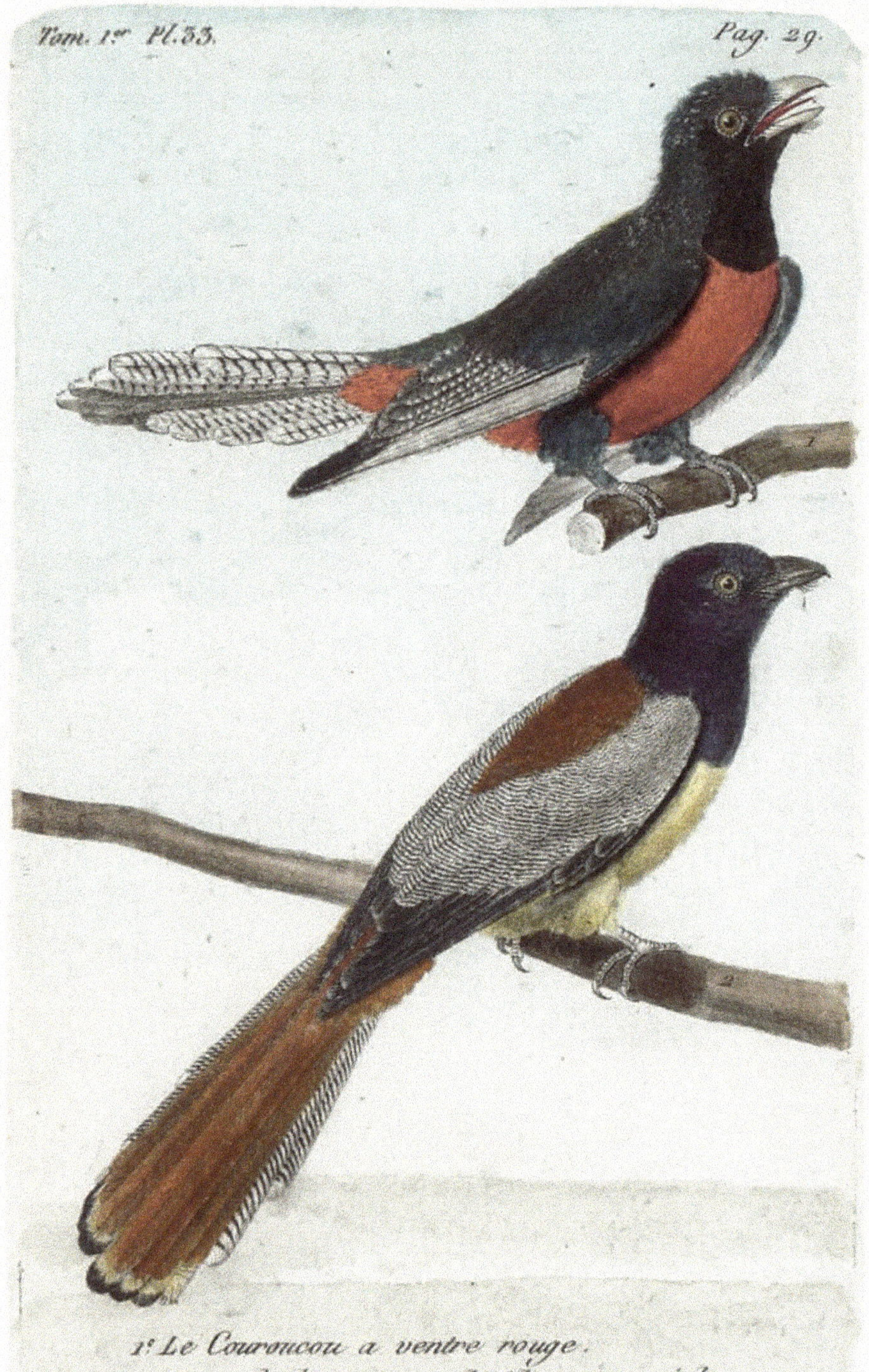

1.e Le Couroucou a ventre rouge.
2. N.o 4. de la page 32. le Chaperon violet.

Martinet.

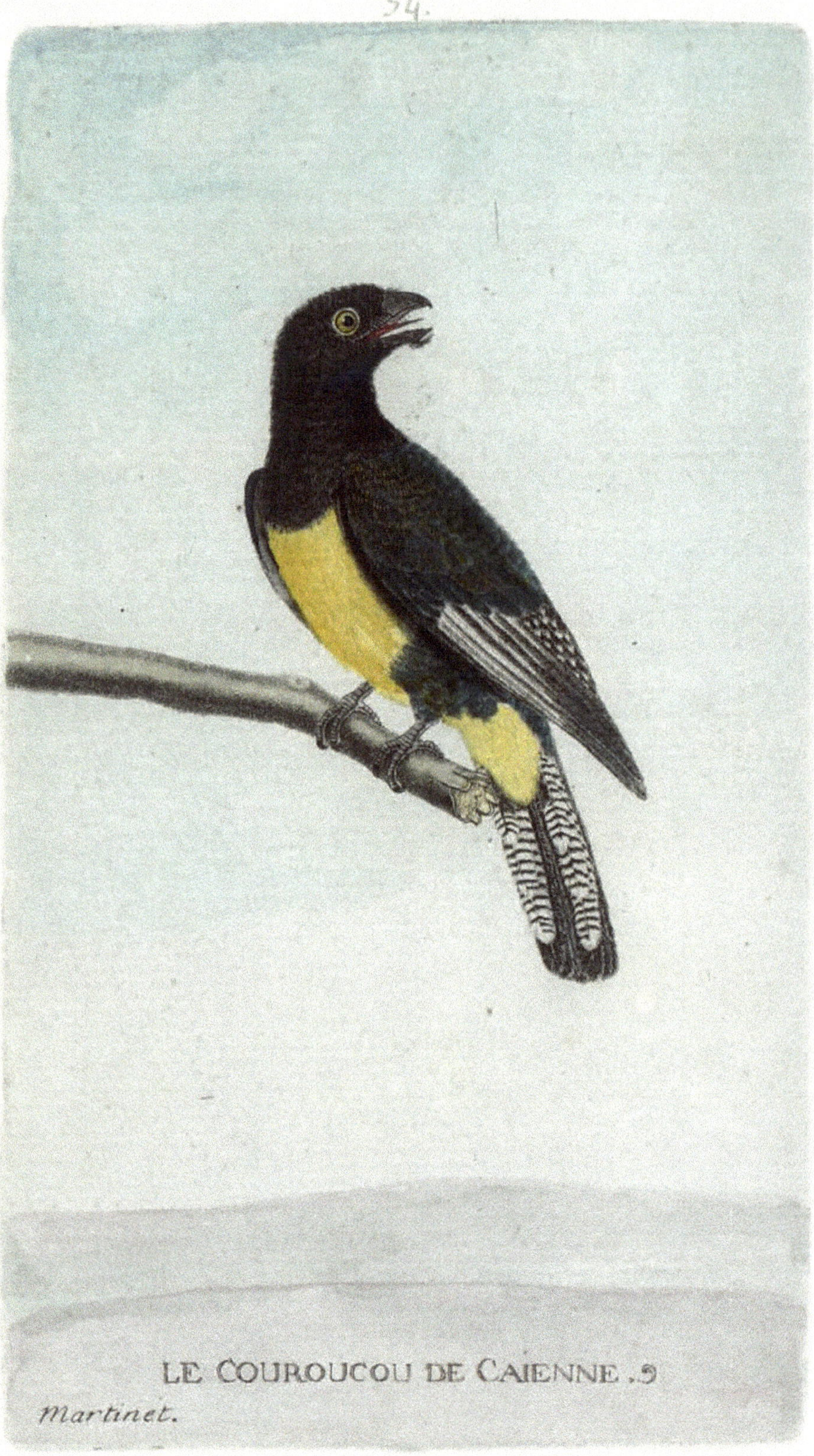

LE COUROUCOU DE CAIENNE.

Martinet.

première est enlevée, ils en font une nouvelle en Avril ou Mai.

Le nid de ces oiseaux est assez spacieux pour qu'ils puissent s'y retourner commodément ; il est dans un trou d'arbre, et construit avec de la poudre vermoulue de ce même bois, sur lequel la femelle dépose ses œufs : ces œufs sont blancs et de la grosseur de ceux de nos Geais d'Europe.

Pendant que la femelle remplit la fonction où l'amour l'a déterminée, son mâle voltige autour d'elle, lui porte à manger, se tient perché sur un rameau, où il déploie toute l'étendue de sa voix pour charmer son ennui. On n'entend guère les tons languissans du Couroucou que dans le temps de l'amour et celui de l'incubation, c'est-à-dire, l'espace de quinze à vingt jours ; parce qu'après que les petits sont éclos, il partage les soins du ménage avec sa femelle. Ces oiseaux portent, de concert, à leur famille chérie, divers insectes, dont les endroits qu'ils habitent fourmillent.

Les petits, au moment de leur exclusion, paroissent n'avoir aucuns vestiges de plumes ; ce n'est qu'au bout de quelques jours, qu'elles commencent à pointer. Lorsqu'une fois les petits ont pris leur essor, ils se séparent bientôt pour satisfaire à l'instinct qui les porte à la solitude.

La nature a mis le bonheur de toutes ces espèces d'oiseaux, dans l'abondance, la liberté et le silence du désert.

Il y a plusieurs espèces ou variétés du Couroucou; elles sont :

1°. Le Couroucou, dont la longueur est d'environ dix pouces.

2°. Le Couroucou à ventre rouge, qui a, du bout du bec à celui de la queue, dix pouces et demi de longueur.

3°. Le Couroucou à ventre jaune, a de longueur totale environ dix pouces.

4°. Le Couroucou à chaperon violet, qui a de longueur totale dix pouces.

Tous ces oiseaux sont répandus dans l'Amérique méridionale.

Fin des Couroucous.

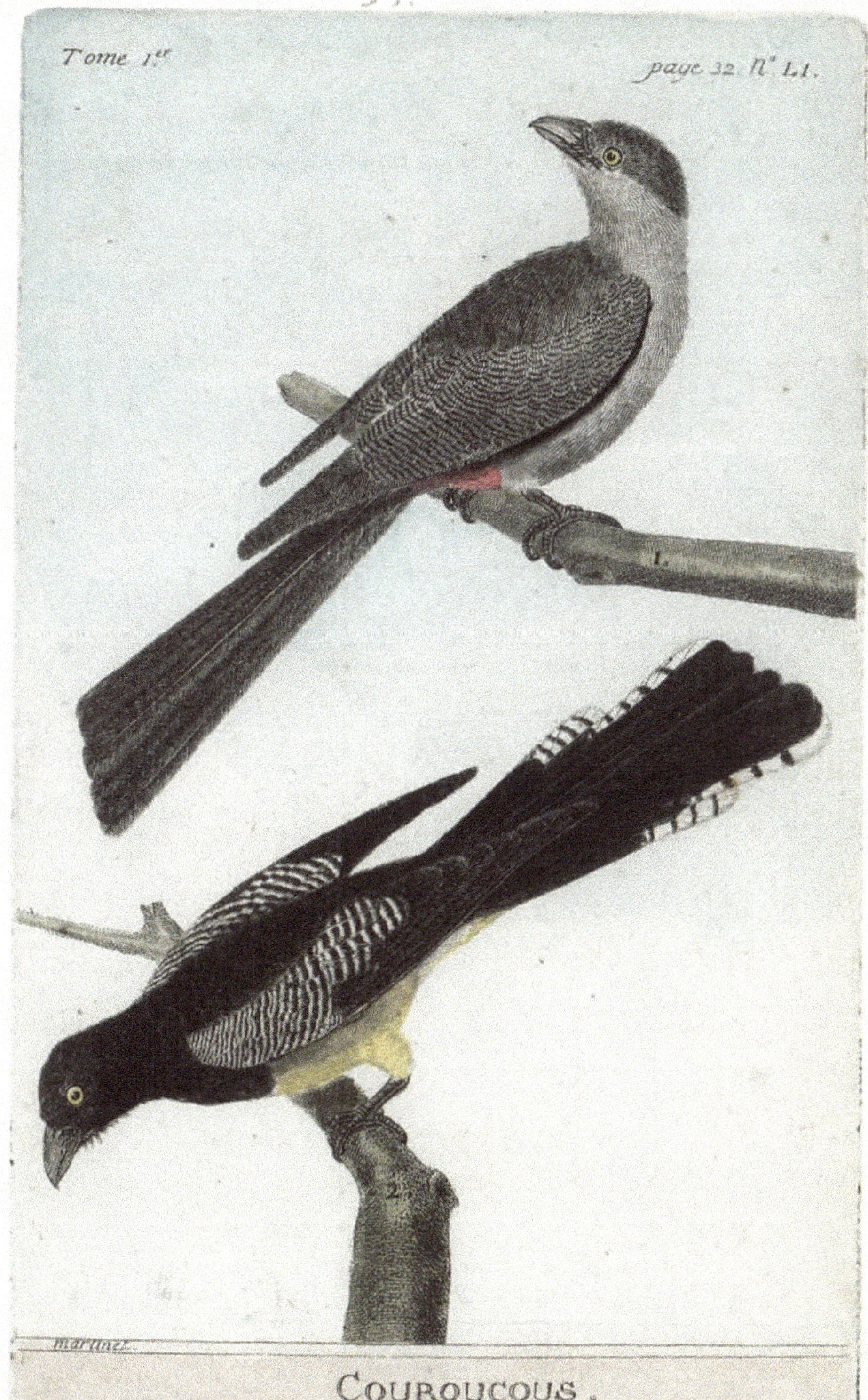

COUROUCOUS.
1. LE COUROUCOU. 2. LE NOIRI-JAUNE. *les oiseaux dont*
il n'est point parlé seront placés a la page 32 des Couroucous.

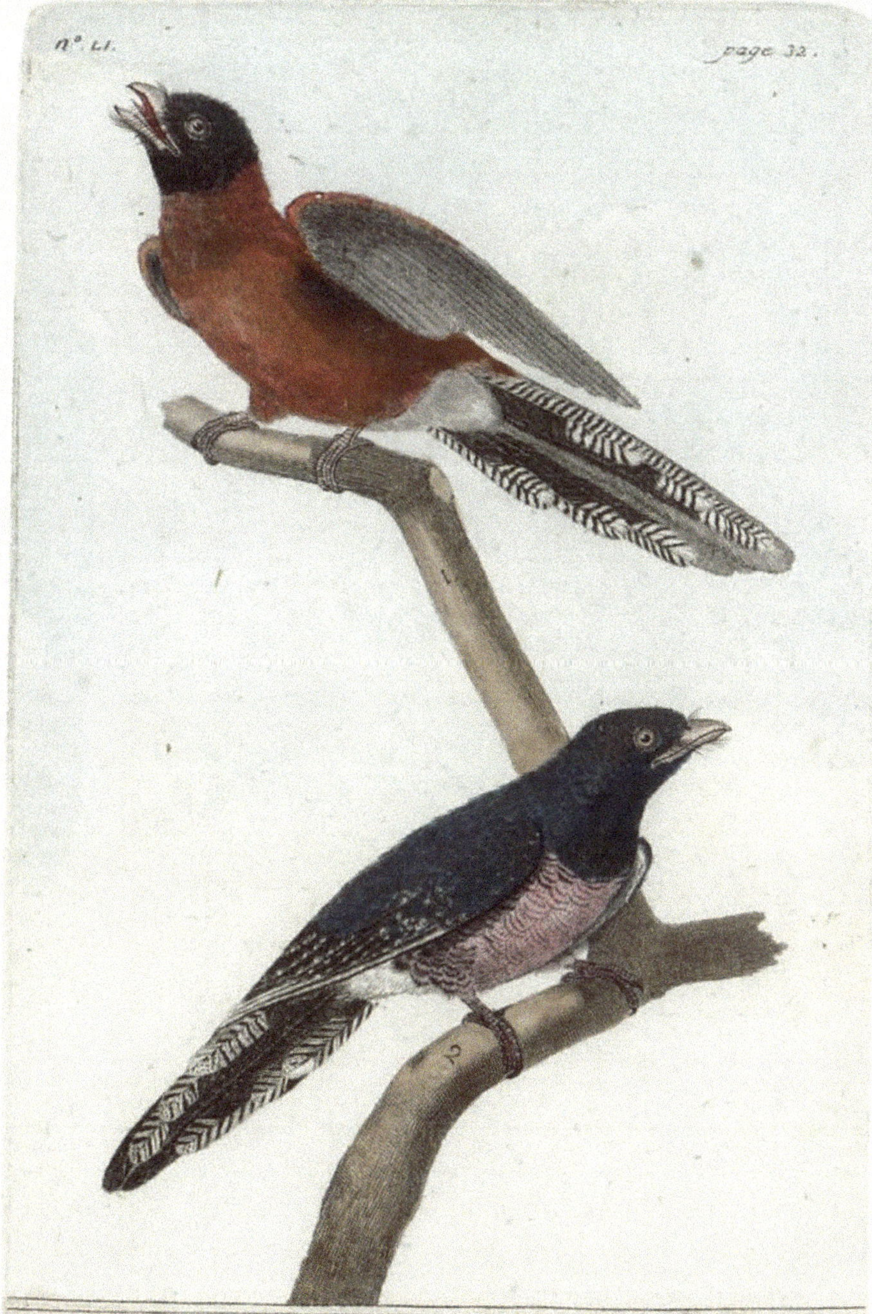

COUROUÇOUS D'AMÉRIQUE.

1. LE ROUGÉT 2. LE BLEUET.

Martinet.

N°. LII.

LE TOURACO.

CET oiseau paroît être une nuance intermédiaire entre les Coucous et les Perroquets ; il paroît même tenir de fort près aux Bouts-de-Petuns.

Le Touraco tient à la famille des Coucous par la forme générale, le bec et les pieds ; à celle des Perroquets, par la beauté des couleurs de son plumage, par ses pieds, et parce qu'il se nourrit de fruits.

L'œil plein de feu de ce magnifique oiseau, sa belle huppe soyeuse et transparente, lui donnent un air de distinction qui le met au rang des plus beaux oiseaux d'Afrique. Le Touraco a les allures vives, le bec fort, les pieds nerveux et couverts d'écailles bien articulées : ses doigts sont armés d'ongles aigus, propres à monter et à descendre le long des arbres, pour y cueillir les fruits dont il fait sa nourriture.

Les Touracos diffèrent autant des Perroquets dans leurs goûts, que dans la forme de leur bec. Le Touraco mange seulement la chair des fruits ; le Perroquet en préfère l'amande et les pepins : celui-ci cherche les fruits durs, tels que les noix; et celui-là les fruits tendres, comme sont les cerises et les prunes, &c.

Le Touraco se tient dans les bois, ainsi que les Perroquets, où il fait entendre un cri éclatant, et très-fort, *cos*, *cos*, *cos*, *cos*, *cos*. Du premier jusqu'au dernier accent, il monte par degré, et c'est le dernier ton qui est le plus sonore. Cet oiseau a un autre petit cri bas et rauque, *creu*, *creu*, qu'il répete à tout moment, en agitant ses aîles, et alongeant et retirant son cou sur lui-même.

La beauté de cet oiseau fait désirer de plus grands détails, sans doute; mais en attendant que les voyageurs nous les donnent, pour terminer cette histoire, nous offrons à nos lecteurs les portraits des Touracos du Cap de Bonne-Espérance et d'Abissinie.

Fin des Touracos.

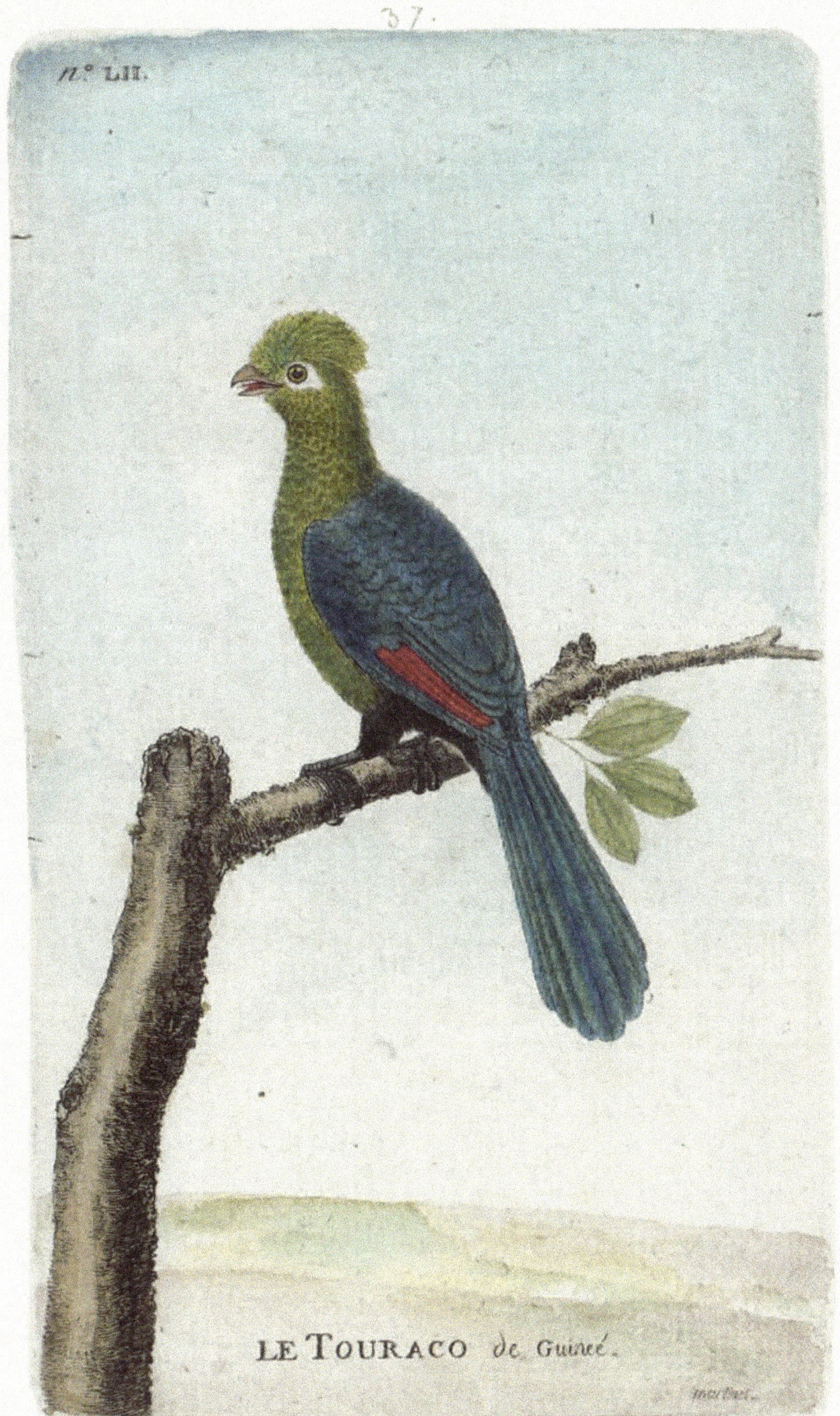

LE TOURACO de Guinée.

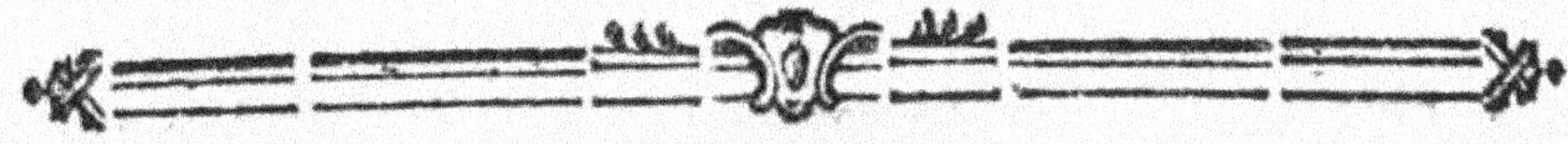

N°. LIII.

LES ANIS,

Vulgairement BOUTS-DE-PETUNS, D'AMANGOUA, *et* PERROQUETS NOIRS.

LES Anis semblent se rapprocher encore plus des Perroquets que le Touraco. Ces oiseaux tiennent singuliérement aux Perroquets par le Vasa ou Perroquet noir, par la couleur de leur plumage, la forme de leur corps, et par leur longue queue.

Le Vasa n'a du Perroquet que le bec et les pattes.

Les Anis se rapprochent encore des Perroquets par leur nourriture ordinaire qui est les fruits et les graines. Ces oiseaux ne semblent tenir du Coucou que par les pattes, et parce qu'ils mangent des chenilles, &c. dans les temps de disette.

Le petit Ani, appellé l'*Ani des Savanes*, est, ainsi que sa femelle, de la grosseur de notre Merle : la couleur noire de leur plumage donne des nuances fort jolies de violet et de vert éclatant.

Ces oiseaux ont le naturel social ; on les voit toujours par troupes nombreuses, dans lesquelles règne la bonne intelligence. Cette intelligence est si parfaite, que dans le temps de l'amour, ne pouvant trouver un lieu commode pour construire un nid assez grand pour contenir la troupe entière, qui est communément de vingt ou trente, ils se séparent par pelotons de quatre ou cinq. On voit bientôt ces petits pelotons de mâles et de femelles travailler de concert à construire des nids capables de contenir chaque division, sans qu'il s'élève aucune querelle entr'eux pendant ce travail.

Les Anis construisent leurs nids sur des buissons, avec de foibles brins de bois secs, qu'ils entrelacent avec de fort gramen, et tapissent le dedans avec des feuilles tendres, qui sont bientôt amorties : c'est sur ces feuilles que les femelles déposent leurs œufs de la grosseur de ceux des Merles d'Europe.

Les femelles couvent en paix, les unes à côté des autres. L'amitié, la douce union qui règne entre ces oiseaux, seroit mieux entendue dans les contrées froides, au lieu qu'elles sont superflues dans les pays méridionaux, où il n'est point à craindre que les œufs se refroidissent.

Cet instinct admirable leur vient donc de

leur

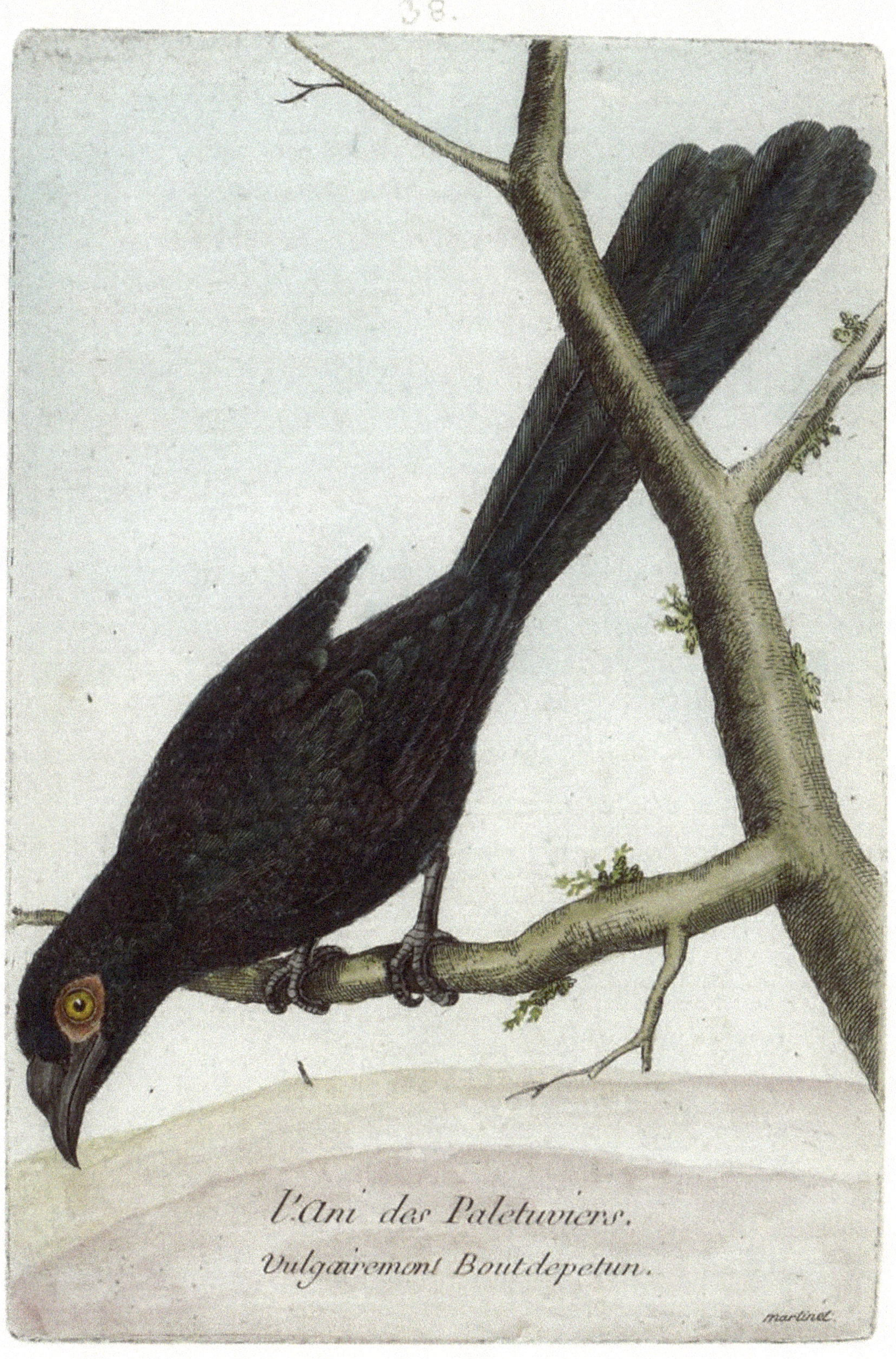

L'Ani des Paletuviers.

Vulgairement Boutdepetun.

leur naturel social, puisqu'on les voit toujours former des légions de vingt ou trente.

Les Anis ont le vol court et peu élevé ; aussi ne se posent-ils que sur des buissons et des arbres fruitiers, où ils trouvent une nourriture qui leur plaît : on voit ces oiseaux perchés les uns près des autres, et ramager tous en chœur, à presque toutes les heures de la journée. C'est alors que l'on peut tirer sur eux plusieurs fois de suite, parce que le bruit des armes à feu ne les épouvante guère.

LE GRAND ANI *ou* L'ANI DES PALETUVIERS.

CET oiseau est environ de la grosseur de notre Geay ; sa couleur prend des reflets bleus, verts et violets au bord de chaque plume, comme le précédent : ce qui feroit croire que ces deux Anis sont des variétés de la même espèce ; mais comme ces oiseaux ne se mêlent point, on doit les considérer comme formant chacun une espèce distincte. On est d'autant plus autorisé à distinguer deux espèces dans ces oiseaux, que les uns habitent constamment les savanes découvertes, et que les autres ne se trouvent que dans les paletuviers sur les bords de la mer. Ces

deux oiseaux ont d'ailleurs les mêmes mœurs ;
tous deux sont ardens en amour , et peut-être
même , autant que les moineaux. Ils pondent
trois fois par an , et font leurs nids dans les
buissons, les haies et les caffiers, sur une branche
qui se divise en plusieurs rameaux. La femelle
la plus pressée de pondre , n'attend point les
autres , qui rachevent le nid pendant qu'elle
couve : et s'il arrive que les œufs se mêlent ensemble , les couveuses se serrent de manière que
les œufs viennent toujours à bien. Lorsqu'une
femelle pond ou couve , et qu'elle est obligée
d'aller manger , elle use d'une précaution qui
n'est pas ordinaire ; elle couvre ses œufs avec de
l'herbe ou des feuilles.

On ne peut point assurer si chaque Ani femelle a un mâle , et si elle en est aidée dans la
fonction de couver et d'élever leurs petits. Si
les mâles ne prennent aucun intérêt à leur famille , cette amitié , si bien entendue , cet instinct
admirable qu'on leur remarque , ne provien-
droient que du besoin qu'elles ont les unes des
autres , pour mettre au jour le mystère de la
nature.

Les mois où ces oiseaux propagent leurs espèces sont , Février , Juin et Septembre. S'il arrive
que la première ponte soit enlevée par les rats ou
les serpens , ils en font une autre bientôt après.

Le caractère de douceur des Anis, continue encore après que leurs petits sont éclos : ils alimentent leur progéniture à tour de rôle, sans jalousie et sans dispute. Les alimens que ces oiseaux donnent aux fruits de leur amour, paroissent être des chenilles, des vers et des fruits tendres.

Lorsque les petits Anis ont acquis assez de force pour essayer leurs aîles, ils vont se percher sur des arbrisseaux auprès de leurs père et mère : c'est dans ce temps, où ces petits oiseaux ne sont pas encore très-forts, que les oiseaux de proie les enlèvent.

Les Anis ne sont point nuisibles comme les Perroquets ; ils ne désolent point comme eux les campagnes. Ces oiseaux sont susceptibles d'éducation. Quoique leur langue soit applatie et terminée en pointe, et que leur voix naturelle ne soit pas plus agréable que celle des Perroquets, on leur apprend à parler.

Cet oiseau est beaucoup plus grand que l'Ani des savanes ; sa longueur totale est de dix pouces.

Fin des Bouts-de-Petuns, vulgairement appellés Anis.

N°. LIV.

LES BARBUS.

Ces oiseaux se distinguent des Coucous et des Anis au premier coup-d'œil ; ils ont le bec plus long, plus épais, plus convexe en-dessus et en-dessous ; ils se donnent un air de gravité en retirant leur grosse tête entre leurs épaules, et ils ont la base du bec garnie de plumes effilées, longues et roides comme des soies, et toutes dirigées en avant.

Les Barbus paroissent former une famille séparée des Coucous, quoiqu'ils aient toutes leurs habitudes, qu'ils se tiennent dans les endroits les plus déserts des forêts, qu'ils ne se mettent point par troupes, &c. &c. L'amour ne les lie jamais, & leur figure massive répond à la lenteur de leurs mouvemens.

Ces oiseaux vivent d'insectes ; la force qu'ils ont dant le bec les fait attaquer les Scarabés les plus gros, les mieux armés et les mieux cuirassés. On a vu tirer sur ces oiseaux, et les manquer, sans qu'ils se soient envolés : leur chair est un assez bon manger lorsqu'ils sont gras.

Nous connoissons six espèces de Barbus dans l'ancien Continent, et cinq dans le nouveau.

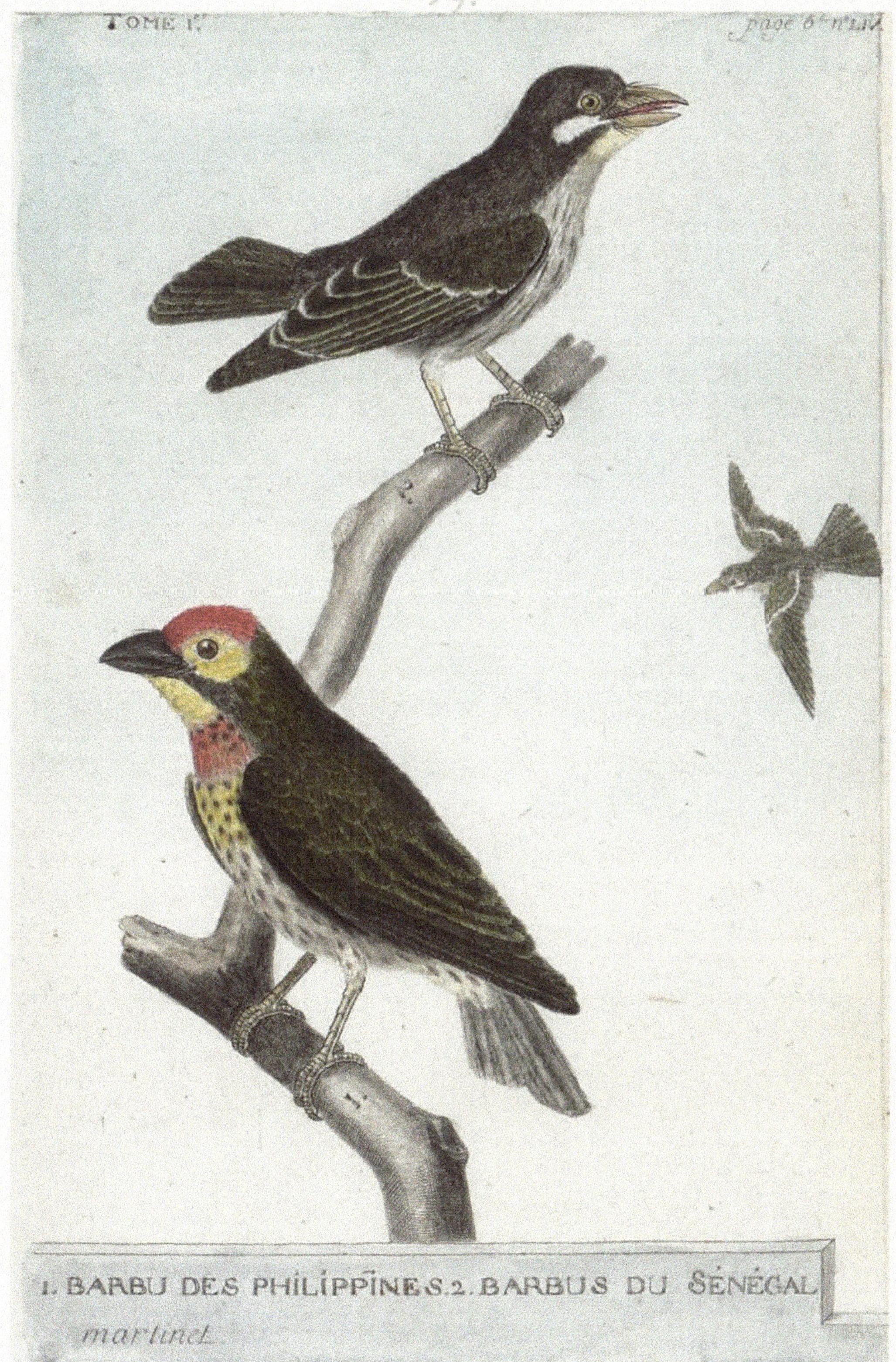

1. BARBU DES PHILIPPINES. 2. BARBUS DU SÉNÉGAL

martinet

1. Barbu du Cap de bonne Espérance. Sa longueur totale est de cinq pouces et demie.
2. Barbu de Caïenne. Sa longueur totale est de sept pouces.

par Martinet.

1°. Le Barbu des Philippines, qui a de longueur totale sept pouces.

2°. Le Barbu à gorge noire des Philippines, a
environ sept pouces.

3°. Le Barbu à plastron noir du Cap de Bonne-
Espérance, a de longueur cinq pouces et demi.

4ª. Le petit Barbu du Sénégal, a quatre pouces
de longueur.

5°. Le grand Barbu de Chine, a environ huit
pouces.

6°. Le Barbu verd des Indes, a environ huit
pouces.

LES BARBUS *du nouveau Continent.*

1°. Le Barbu de Cayenne, a six pouces de
longueur totale.

2°. Le Barbu à tête et gorge rouges de Cayenne,
a sept pouces.

3°. Le Barbu à collier de la Guiane, a près de
huit pouces.

4°. Les Barbus noirs et blancs de Cayenne;
les uns ont environ sept pouces de longueur totale, et les autres n'en ont guères que cinq.

5°. Le beau Barbu de Maynas, a près de six
pouces de longueur.

Fin des Barbus.

Nᵒ. LV.

LES JACAMARS.

L'AMÉRIQUE nourrit deux espèces de Jacamars également beaux. Le somptueux plumage
dans les uns semble annoncer le luxe de cette
nouvelle partie de la terre: on y voit l'or répandu
avec profusion sur un beau fond vert qui en
rélève l'éclat naturel, en y prenant à la lumière,
les nuances du vert doré et du cuivre de rosette. Dans les autres, le précieux métal de l'or
est distribué avec plus d'économie sur leur plumage bleu; mais les deux longues plumes de leur
queue les en dédommagent.

Ces deux magnifiques oiseaux tiennent des
Guêpiers et des Martins-Pêcheurs, par la forme
du corps et des couleurs, et encore plus par le
plumage, sur-tout celui qui a deux longues plumes surpassant sa queue comme les Guêpiers.

Les Jacamars se trouvent à la Guiane et au
Brésil : on les y voit dans les forêts sombres
proche des lieux aquatiques, parce que se nourrissant d'insectes et de petites grenouilles, ils
en trouvent abondamment.

Ces oiseaux solitaires sont très-ordinairement
seuls, si ce n'est dans le mois de Décembre et

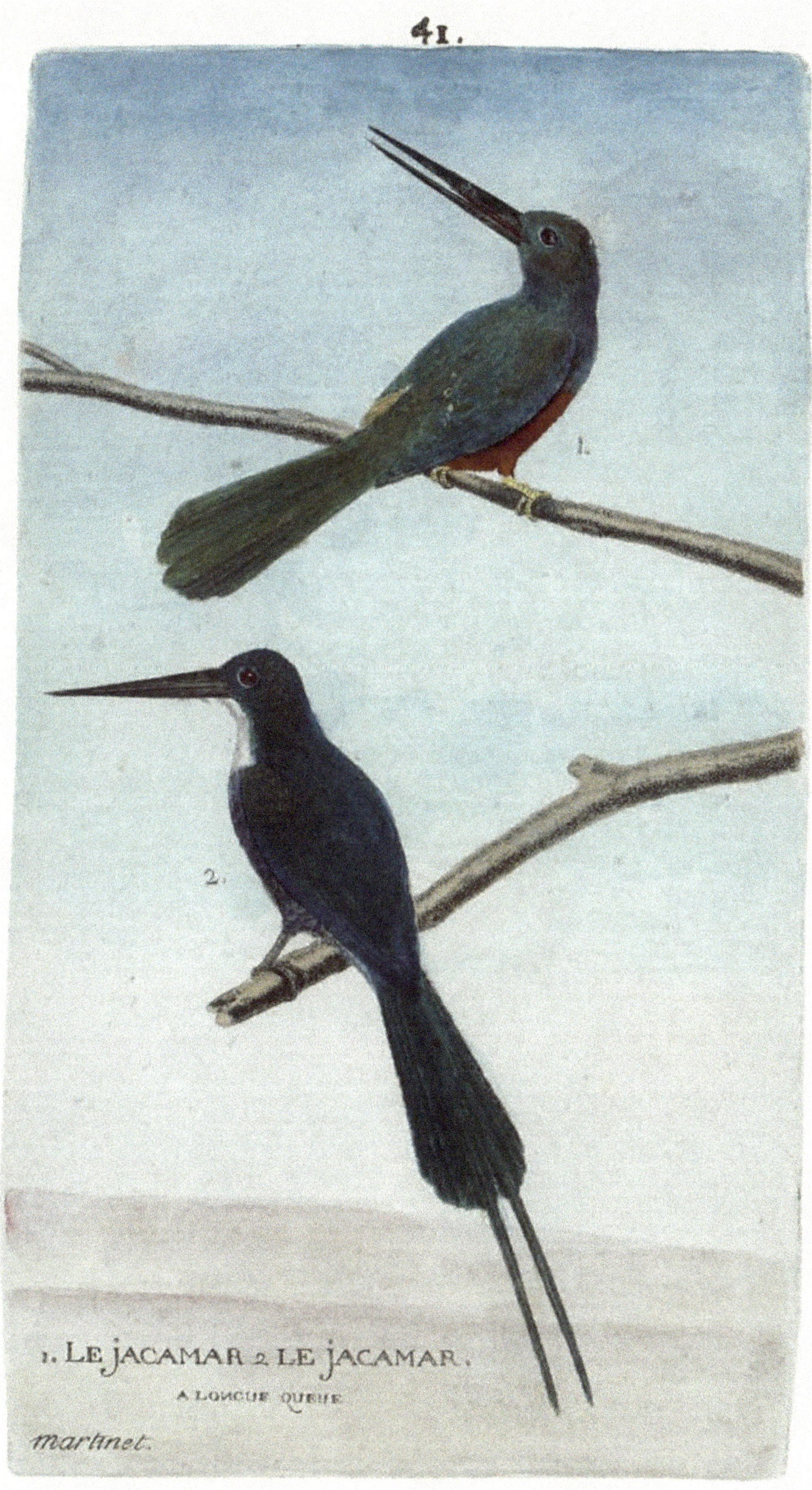

1. LE JACAMAR 2 LE JACAMAR.
A LONGUE QUEUE

Martinet.

de Janvier, temps auquel l'amour leur fait sentir le besoin de former un tête à tête avec une petite femelle aimable, et satisfaire au vœu de la nature.

Les Jacamars font deux pontes par année ; la première en Décembre ou Janvier, la seconde vers le mois de Juin ou Juillet. Leurs caresses sont vivement articulées par un gazouillement assez agréable, mais elles sont de peu de durée, ainsi que les soins qu'ils donnent aux fruits de leurs amours. Ces oiseaux font leur nid dans des trous d'arbres, sans art, où la femelle dépose cinq ou six œufs.

On a remarqué que le Jacamar à longue queue aimoit le grand jour, et qu'il se rencontroit assez communément dans les lieux découverts.

La longueur de ces oiseaux est à-peu-près la même ; celle du Jacamar verd est de neuf pouces et demi ; et celle du bleu de onze pouces et demi, parce que les deux longues plumes de sa queue excèdent les autres de deux pouces.

Fin des Jacamars.

N°. LVI.

L'ALCION,

Vulgairement le MARTIN - PÊCHEUR *ou le* MARTINET - PÊCHEUR.

COMME les Martins-pêcheurs repandus sur la surface du Globe ont tous le même instinct, les mêmes facultés et les mêmes mœurs, et qu'ils ne diffèrent entr'eux que par la beauté du plumage ou de la taille plus ou moins grande, nous n'entrerons point dans les fastidieux détails des couleurs, ni des dimensions de chaque oiseau. L'histoire du Martin-pêcheur d'Europe sera celle de tous les autres : nous indiquerons seulement leur grandeur et les climats qui les nourrissent.

La richesse et la beauté du plumage de cet oiseau , fait croire qu'il est venu des climats où la nature parée avec luxe , semble annoncer les trésors qu'elle renferme dans son sein.

L'Asie, l'Afrique, recevant plus directement les rayons du soleil que l'Europe, nous offrent plus de vingt espèces d'Alcions , lorsque nous n'en avons qu'une, et encore se trouve-t-elle dans ces deux parties du Globe.

Les couleurs de cet oiseau ont la netteté, la fraîcheur des plus belles fleurs, et le lustre de la soie.

Le nom d'Alcion est le plus ancien ; il étoit célébré chez les Grecs ; ils appelloient *Alcyoniens* les jours de calme vers le solstice, temps où la mer est tranquille et favorable aux navigateurs. Le merveilleux, toujours fecond en rêves, a enrichi la mythologie, en colorant les beautés simples de la nature. L'ancienne dénomination françoise de Martin-pêcheur, qu'on avoit donné à l'Alcion, provient de ce qu'il file près de terre et de la surface des eaux comme l'Hirondelle-martinet.

Le Martin-pêcheur se tient ordinairement sur une branche d'arbre ou d'arbrisseau, la plus avancée sur l'eau, pour être à portée de la proie qu'il attend ; de-là il guette les insectes et les petits poissons ; et s'ils viennent à passer, il fond dessus en rasant l'onde d'un vol rapide, et les emporte à terre, où il les tue avant de les avaler.

Les Alcions abandonnent les rivières * dans le

---

* Les Martins-pêcheurs ne se tiennent communément qu'à la naissance des sources, le long des ruisseaux et des rivières qui ne sont point navigables.

temps des eaux troubles ou des glaces , pour se
rabattre sur les ruisseaux dont la rapidité les
empéche de geler. Cet oiseau parcourt un très-
grand espace de terrain ; on le voit toujours dans
un exercice continuel ; ce qui démontre qu'il est
à l'affût pour de bien petits objets , qui peut-
être lui échappent bien souvent.

Les Martins pêcheurs nichent dans des trous
sur les bords des rivages , pour être à portée
de pourvoir facilement à leurs besoins , ainsi
qu'à ceux de leur future famille. Ces trous sont
faits par des rats d'eau , &c. où la femelle dépose cinq ou sept œufs sur le sable , dans l'endroit le plus commode.

Les Martinets pêcheurs font deux pontes par
an. Dès le mois de Mars, on voit les mâles pour-
suivre vivement les femelles ; ils sont fort ardens ; mais leur ardeur n'est pas de longue durée , ainsi que l'éducation de leurs petits. La difficulté des vivres ne leur permet point de filer le
parfait amour.

C'est cette même difficulté qui les rend si
rares dans nos climats , parce que la plupart des
familles périssent , faute de pouvoir se procurer
la quantité de subsistance nécessaire à la vie,
l'hiver particuliérement.

Les Martins-pêcheurs sont faciles à prendre

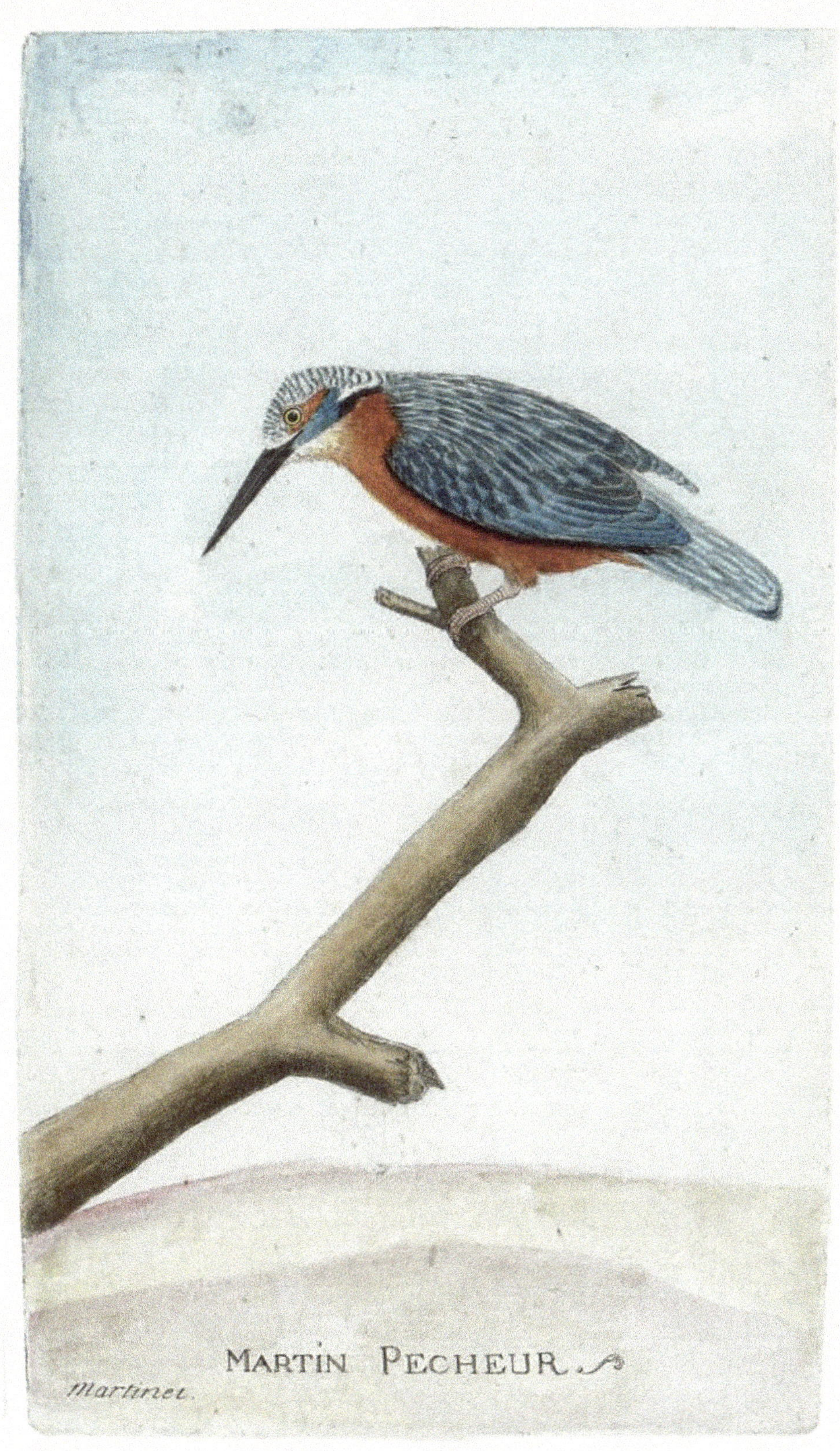

MARTIN PECHEUR.

aux gluauts : il ne faut qu'exposer de petits poissons à la portée de leur vue, à l'endroit où on les aura placés. On ne parvient point à élever cet oiseau plus de cinq ou six mois; d'ailleurs, son ramage peu agréable, et l'embarras d'avoir toujours de l'eau empoisonnée, fait passer le goût du plaisir qu'on auroit de jouir de sa beauté.

Si l'on considère les petites ailes de l'Alcion avec le volume de son corps, on sera étonné qu'il vole avec tant de vîtesse et de continuité. Des mouvemens aussi prompts et aussi soutenus ne sont point exagérés, en les comparant à une flèche décochée par un bras nerveux. Quelle force ne faut-il pas dans les muscles de ces agens, qui ne paroissent point faits pour produire des effets si puissans?

Cet oiseau passe, chez les peuples des quatre parties du monde, pour une source de merveilles. Les marchands d'étoffes donnent à sa peau desséchée la vertu de conserver les draps divers, d'en éloigner les teignes; c'est pour cet effet qu'ils la pendent dans leurs magasins : des chefs de famille lui donnent celle d'entretenir la paix dans la maison, celle de préserver du tonnerre; et enfin, on débite une infinité d'autres fables qui sont également propres à flatter la crédulité.

Le volume de cet oiseau est environ celui d'un Moineau, dont la chair musquée et la graisse rougeâtre ne sont pas bonnes à manger.

Fin du Martin-pêcheur d'Europe.

MARTINS-PÊCHEURS

DE L'ANCIEN CONTINENT.

1°. L'ALCION de Bengale a, dans toute sa longueur, sept pouces.

2°. L'Alcion, nommé par les habitans des Philippines le *Vinsti*, a de longueur quatre pouces dix lignes.

3°. L'Alcion de l'île de Luçon, qui n'a que trois doigts, a environ sept pouces de longueur.

4°. L'Alcion pourpré de Pondichery, a cinq pouces de longueur.

5°. L'Alcion roux de Madagascar, a cinq pouces.

6°. L'Alcion de Madagascar, coiffé de bleu, a de longueur environ cinq pouces : on le trouve aussi au Sénégal.

7°. L'Alcion à longs brins de Ternate, a, du bout du bec à celui de la queue, sept pouces,

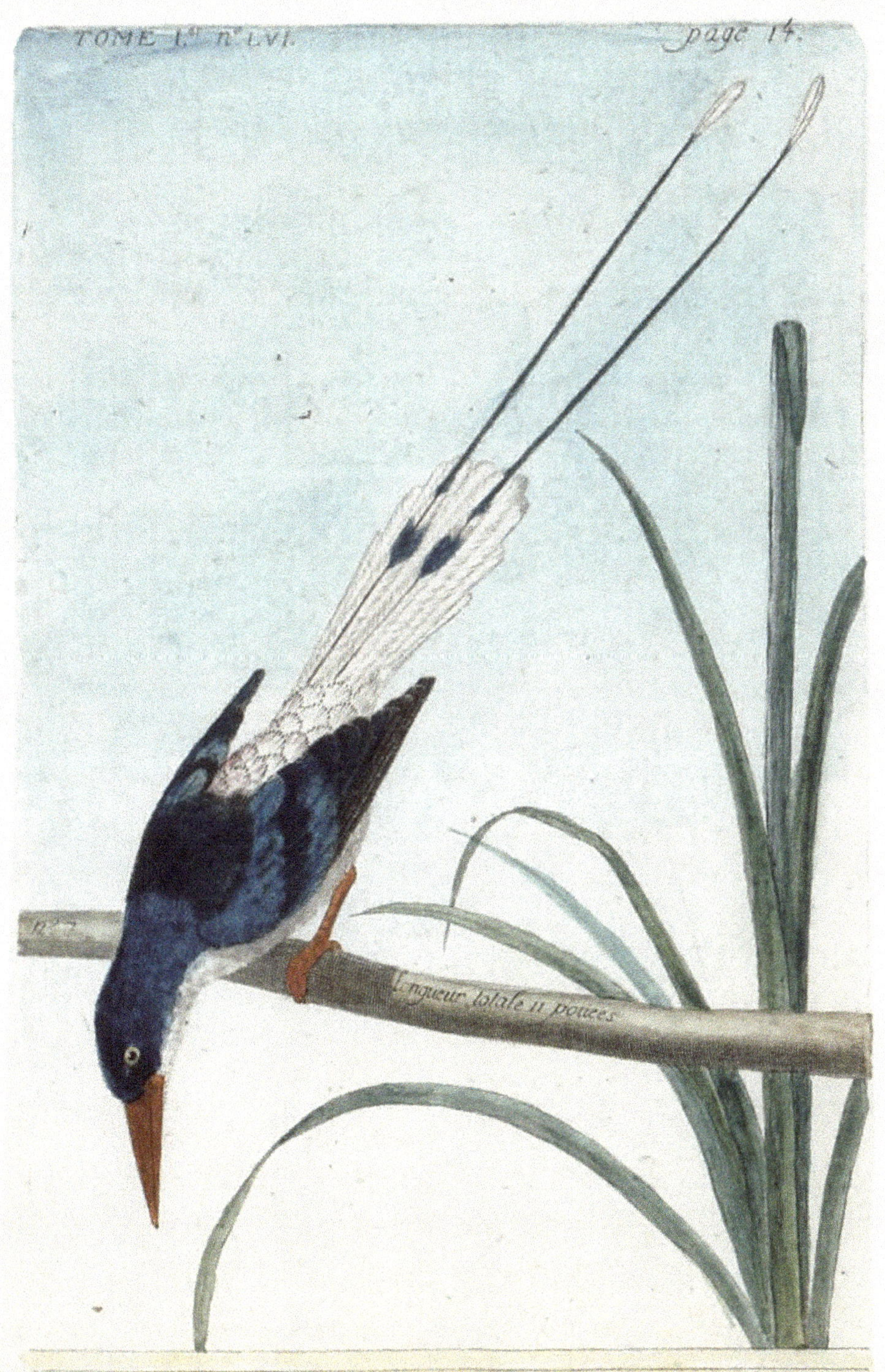

LE MARTIN PÉCHEUR DE TERNATE.

martinet.

et jusqu'au bout des plumes excédantes, onze pouces.

8°. L'Alcion à front jaune de Bengale, a sept pouces.

9°. L'Alcion noir et bleu du Sénégal, a sept pouces de longueur.

10°. L'Alcion à tête grise du Sénégal, a environ sept pouces.

11°. L'Alcion Baboucard du Sénégal, a neuf pouces.

12°. L'Alcion à tête paille de Java, nommé le *Ten-rou-joulon*, a, du bout du bec à celui de la queue, huit pouces et demi.

13°. L'Alcion à collier blanc des Philippines, a de longueur totale environ dix pouces.

14°. L'Alcion à tête verte du Cap de Bonne-Espérance, se trouve aussi dans les îles Philippines : cet oiseau a neuf pouces de longueur.

15°. L'Alcion huppé d'Afrique, a environ dix pouces et demi.

16°. L'Alcion coiffé de noir de l'île de Luçon, a dix pouces de longueur.

17°. L'Alcion Pie se trouve au Cap de Bonne-Espérance et au Sénégal, avec peu de différence dans le plumage. Il a environ neuf pouces du bout du bec à celui de la queue.

18°. L'Alcion à gros bec du Cap de Bonne-

Espérance, a onze pouces, non compris son bec qui en a trois; la totalité fait quatorze.

19°. L'Alcion crabier du Cap-Verd, se trouve dans l'Arabie heureuse et l'Abyssinie. Il a environ onze pouces de longueur.

20°. L'Alcion bleu et roux de Madagascar, a, du bout du bec à celui de la queue, neuf pouces et demi.

21°. L'Alcion de la nouvelle Guinée, a seize pouces de longueur totale.

Fin des Martins-pêcheurs de l'ancien Continent.

MARTINS-PÊCHEURS

DU NOUVEAU CONTINENT.

1°. L'ALCION verd et orangé de Cayenne, a cinq pouces de longueur.

2°. L'Alcion verd et blanc de Cayenne, a sept pouces, depuis le bout du bec à celui de la queue.

3°. L'Alcion *Gip-gip* du Brésil, a six pouces de longueur.

4°. L'Alcion verd et roux de Cayenne, a huit pouces.

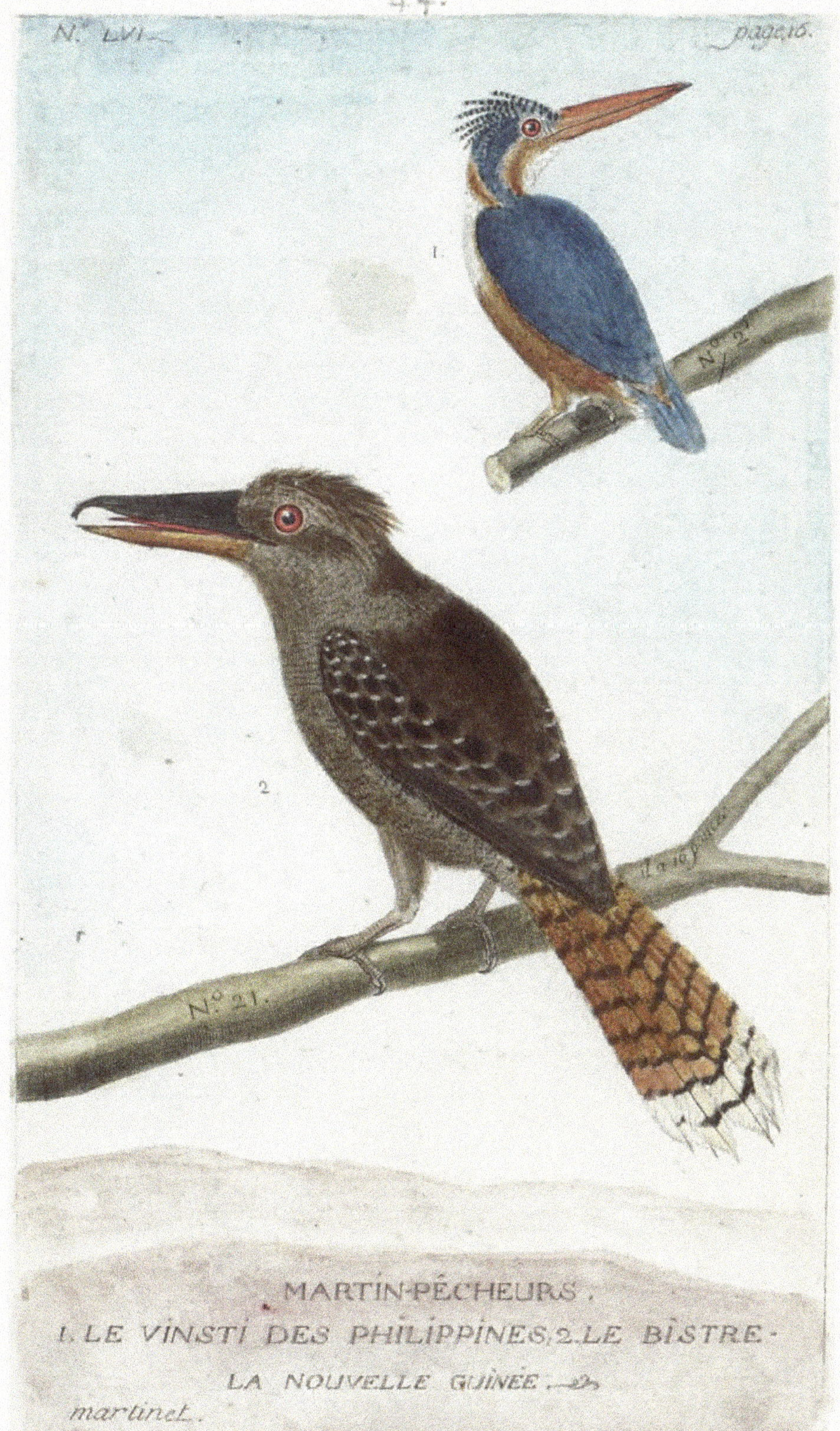

MARTIN-PÊCHEURS.
1. LE VINSTI DES PHILIPPINES, 2. LE BISTRE-
LA NOUVELLE GUINÉE.

martinet.

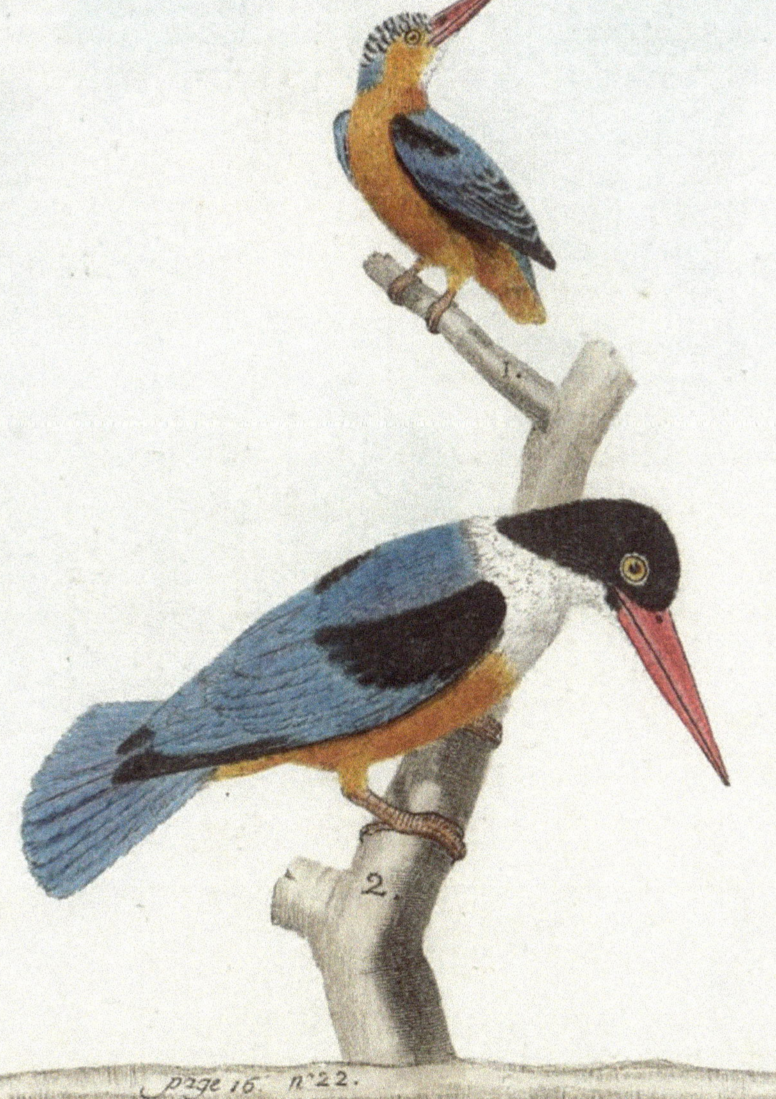

MARTINS PÊCHEURS DE CHINE.
1. LE MIGNON a environ 4 pouces du bout du bec
a celui de la queue. 2. LE QUINTRINOIRE a 10 pouces.

5°. L'Alcion le *Jagua-cati* de Saint-Domingue, se trouve aussi à la Caroline. Il a environ sept pouces.

6°. L'Alcion le *Matuitui* se trouve au Sénégal et à la Martinique : sa longueur totale est de seize pouces.

7°. L'Alcion le *Taparara* de la Guiane, a huit pouces.

Fin des Martins-pêcheurs du nouveau Continent.

N°. LVII.

LE MOMOT

ou

LE HOUTOU.

LE Momot a les doigts réunis comme les Martins-pêcheurs et les Guêpiers ; et son plumage est aussi agréablement varié que celui de ces oiseaux ; mais il en diffère par son bec dentelé et sa longue queue. On voit beaucoup d'individus dans les Houtous, dont les deux longues plumes de la queue sont dénuées de franges d'environ deux pouces dans le milieu de leur longueur. Parmi les voyageurs, les uns disent que cela n'est sensible que dans les Momots de deux à trois ans, et que ces franges diminuent par degrés, à mesure qu'ils avancent en âge ; et les autres, que ces oiseaux s'amusent à se les arracher dans leurs momens de repos. Comme je ne puis vérifier cet événement, je dirai que l'un et l'autre de ces dires sont possibles.

Les Houtous semblent prononcer brusquement ce mot ; c'est pourquoi les habitans de la Guiane les ont nommés ainsi.

Ces oiseaux sont matinals, on les entend

prononcer

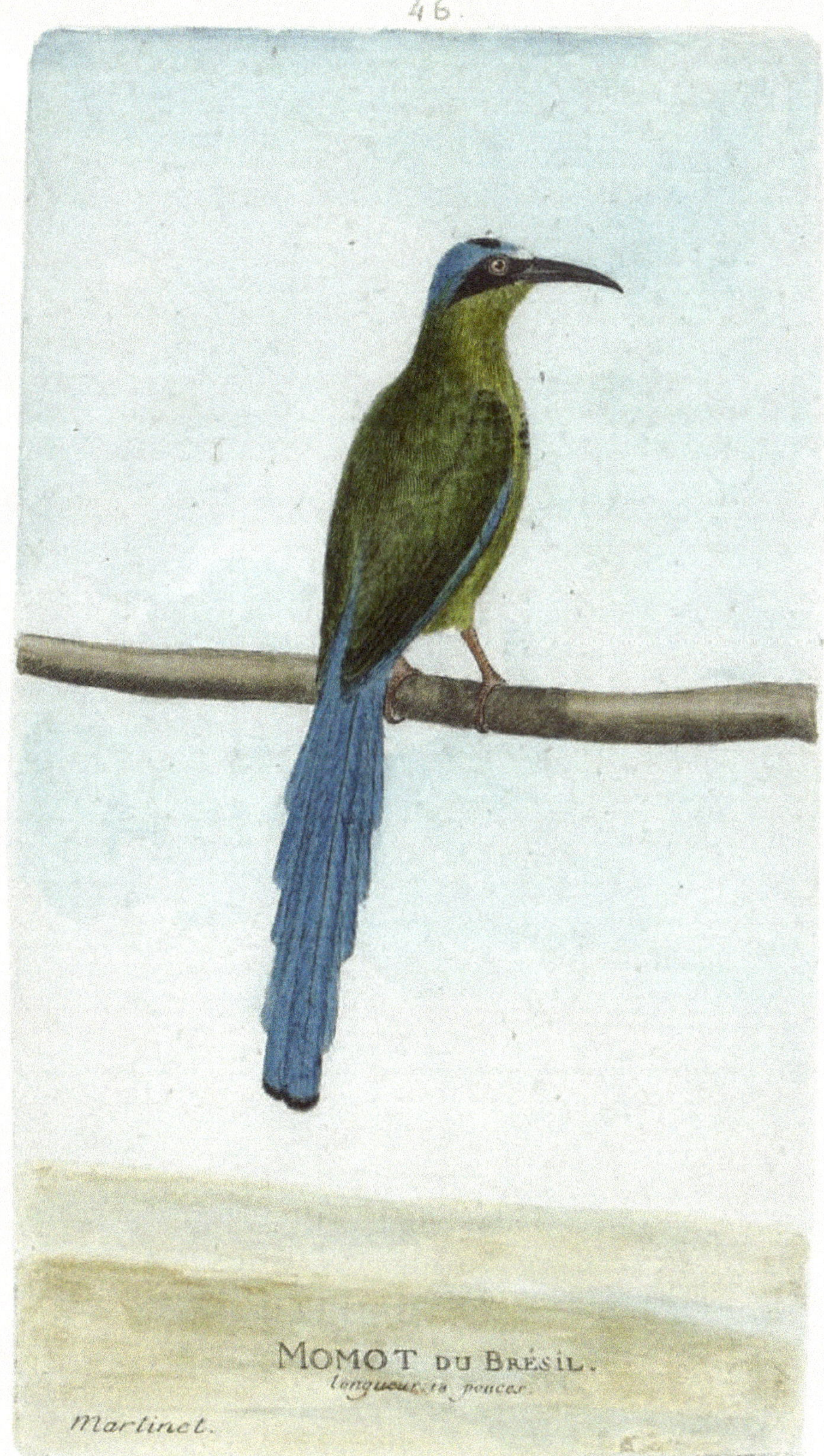

MOMOT DU BRÉSIL.
longueur, 18 pouces.

Martinet.

prononcer distinctement *Houtou*, d'un ton doux
et clair, dès que l'aurore annonçant le soleil,
répand une rosée fructueuse sur la terre.

Le Momot se tient dans les forêts sombres
et humides, pour se repaître facilement des
mets abondans que lui offre la multitude d'insectes qu'elles récelent, et qui ne peuvent échap-
per à la dentelure de son bec qui les retient.

Ces oiseaux solitaires ne se rencontrent par
paires que dans le temps de l'amour, qui n'est
pas fixe. L'uniformité de la température de la
Guiane est sans doute cause que les petits oiseaux et les moyens pondent et couvent plusieurs fois l'année, et que beaucoup d'espèces
n'ont aucun temps réglé. Le temps des amours
du Momot ne paroît pas plus fixé que celui de
ces derniers.

Les grands oiseaux ne font communément que
deux pontes par an, à-peu-près dans les mêmes
saisons, et ces saisons sont le temps des pluies :
pendant les grandes sécheresses leurs amours
sont suspendus ; et en effet, la nature dans ce
temps est peu vivante. Le renouvellement des
pluies de ce climat est le vrai temps qui répond
au printemps d'Europe : c'est aussi celui où la
nature reprend ses droits.

Les animaux de toute espèce se cherchent,
et les oiseaux qui, pendant les chaleurs, restent

cachés dans les forêts , reparoissent et annoncent,
par leurs ramages et leurs cris , que c'est là le
vrai temps des amours.

La difficulté de pénétrer dans les bois touffus
remplis de ronces et d'épines , la crainte des
mauvaises rencontres , et peut-être le défaut
d'une curiosité louable , font qu'on a des apperçus très-vagues sur les oiseaux étrangers. Les
voyageurs , par la contrariété de leurs rapports,
couvrent la vérité d'un voile qui , même levé,
laisse beaucoup à désirer.

Les Momots ont le vol court et rapide ; ils
se tiennent à peu de distance de terre , sur des
arbrisseaux ou des pierres , pour être à portée de
se précipiter sur les insectes qui sortent de dessous les herbes , ou qui se montrent dans les
mares d'eau. Ils font deux pontes chaque année,
dans des nids abandonnés , où ils pondent quatre
ou cinq œufs. S'ils sont obligés d'en construire
eux-mêmes, ils y emploient de petites bûchettes,
du coton et de la mousse.

Fin du Momot.

Nº. LVIII.

LES CALAOS.

Sɪ l'Amérique donne le jour aux Toucans, l'Afrique et les grandes Indes nourrissent les Calaos encore plus étonnans. La nature du vieux Continent paroît bien supérieure à celle du moderne, sous-entendu l'Amérique. L'Asie et l'Afrique donnent l'existence aux Rhinocéros, aux Eléphans, &c. sur-tout l'Afrique, dont les chaleurs sont excessives : le sol brûlant de cette partie du Globe, récele les Panthères, les Tigres et les Lions, cruels tyrans des forêts ; ces fiers ennemis de l'homme sont aussi redoutables qu'intrépides ; et elle nous offre dans l'Autruche le géant des oiseaux. Les végétaux et les différens êtres de la Zône Torride portent l'empreinte et la teinture plus ou moins forte des climats qui les nourrissent. Ce sont des influences du ciel et de la terre que proviennent les grandeurs démesurées et les qualités excessives : ces extrêmes ne se trouvent que dans les terres brûlées par les rayons du jour, ou dans celles glacées par le Nord. C'est dans ces mers voisines des pôles, que l'on pêche le Naval, le Cachalos, et la monsttueuse Baleine.

La nature se montre plus puissante dans les développemens, et plus extraordinaire, dans les températures excessives que dans celles où le froid et le chaud sont modérés.

Qui, à l'aspect du Calao, ne sera point étonné de son énorme bec? qui ne diroit point que sa grandeur et son excroissance sont une surcharge inutile?

Ce bec paroît non-seulement grandi et grossi outre mesure, mais déformé; et ce qui confirme dans cette opinion, c'est que si on l'examine en particulier, on reconnoîtra que ce bec, loin d'avoir la force qu'annonce son apparence, il est au contraire très-foible. Ce bec n'a point de prise: sa pointe, comme un long levier, éloigné du point de force, ne peut serrer que mollement: sa substance est si frêle, qu'elle plie sous les doigts sans efforts, et se gerce par le plus léger frottement.

On remarque même, que le bec du Calao rhinocéros demeure ouvert et béant par le bout, parce que les deux mandibules ne se touchent point. Ces deux parties de bec sont si mal assorties, qu'on croiroit, pour ainsi dire, qu'elles n'ont point été faites l'une pour l'autre *. Mais si

* Quoique les mandibules de l'oiseau que je repréfente se joignent bien, cependant cela ne fe rencontre point dans la plupart des oiseaux de ce genre; on peut fans doute attribuer cet effet à l'âge.

N.º LVIII.

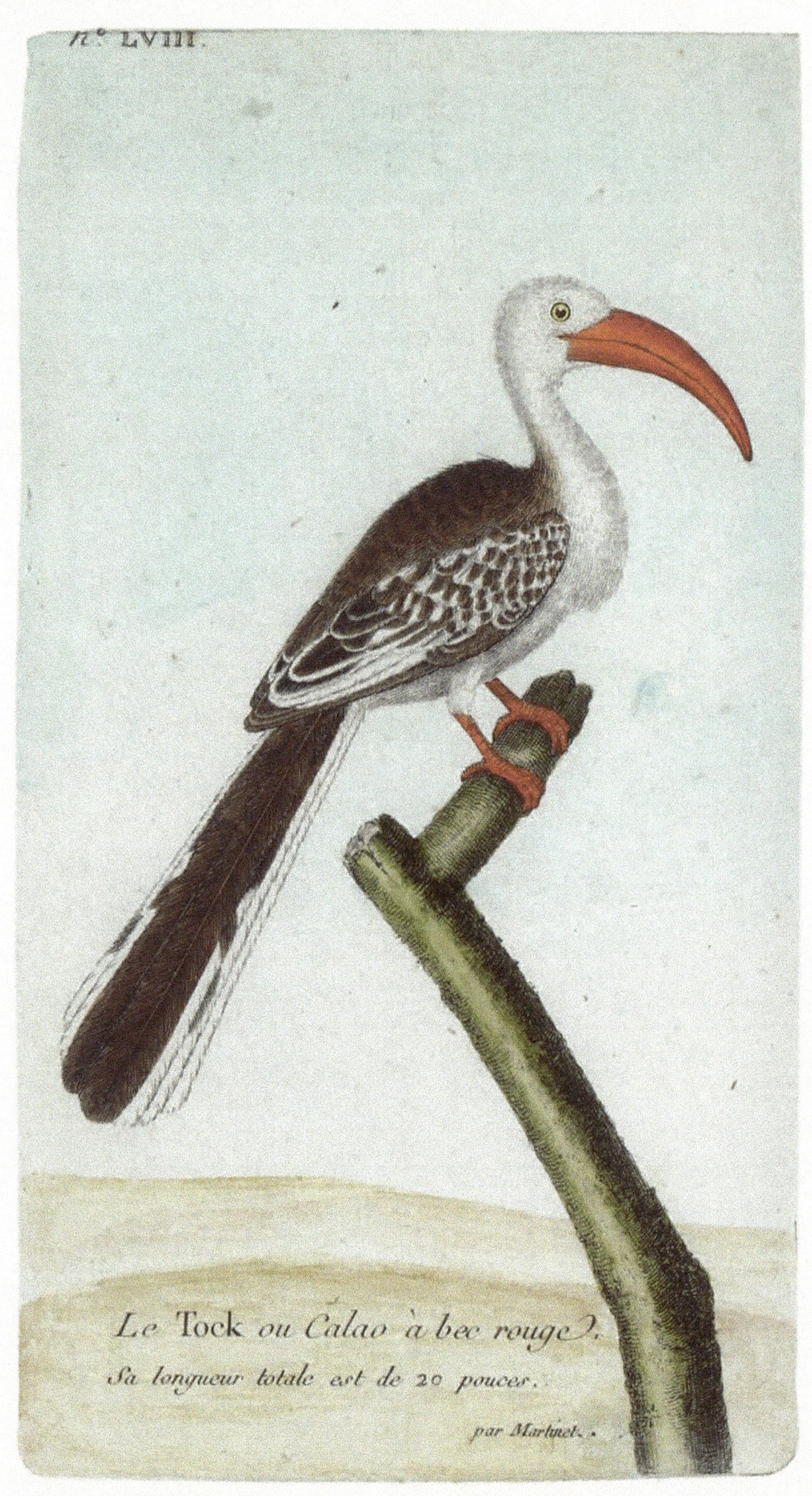

Le Tock ou Calao à bec rouge.

Sa longueur totale est de 20 pouces.

par Martinet.

l'on considère ce bec avec l'attention nécessaire, lorsque l'oiseau le fera mouvoir pour manger, on admirera les ressources et la sagesse de la nature ; on appercevra que la longueur et l'excroissance de ce bec facilitent, par leur poids, le froissement des alimens, et les préparent au degré convenable aux dissolvans qui se trouvent dans l'estomac de l'oiseau.

La mère de tous les êtres, toujours sûre dans sa marche, a fait les mâchoires diverses, pour préparer aux liqueurs contenues dans les estomacs, les nourritures au degré nécessaire pour être divisées et tourner à l'avantage des animaux.

Les alimens, fruits ou chair, étant dissous, mis en liqueurs qu'on nomme chyle, doivent réparer les pertes qui se font sans cesse ; par conséquent, conserver l'animal, et la surabondance le perfectionner, lui donner de l'embonpoint.

Mille exemples viennent à l'appui de cette opinion.

L'homme a des mâchoires pour couper et broyer, parce que les acides de son estomac ne peuvent rien digérer d'entier.

Le bec du Serin, du Perroquet, sont propres à hacher les fruits ou les graines ; et celui de la Poule et de la Perdrix, pour avaler les nourritures telles qu'elles les trouvent.

Si le Serin et le Perroquet avaloient les graines
sans les couper, ils ne les digéreroient point ; et si
on donnoit à la poule ces mêmes alimens tri-
turés, la digestion en seroit si prompte, que les
ressorts de son second estomac, son gésier, ne
trouvant point de résistance à son action, cette
action tourneroit au détriment de la poule, et
elle périroit incessamment.

Les Calaos saisissent avec la pointe de leur
bec les morceaux qu'ils attrapent, ils les lancent
en-haut pour les recevoir plus avant entre les
deux mandibules de leur bec, et les y froisser
avant de les avaler.

J'ai dessiné vivant, chez Madame la Marquise
de Pons, le Calao des Malabares. Cet oiseau
avaloit des feuilles de laitue tout entières, de
fort gros morceaux de pain, de poisson et de
viande. On le vit un jour tomber sur un petit
rat, le tuer de son bec et de ses pieds, dont les
ongles, sans être aigus, sont assez propres à serrer : on vit encore cet oiseau tuer un moineau
qu'on lui donna vivant ; il le prit, ainsi qu'il
prend toutes ses nourritures, avec le bout du
bec, le lança en l'air, le retint plus avant dans
son bec, où il le battit de la mandibule supérieure de son bec sur l'inférieure, pour le froisser, l'applatir, et ensuite l'avaler.

On imagine bien que le gosier du Calao prête au passage des gros morceaux , et que les acides de son estomac ont une singulière activité, puisqu'ils digèrent plume , poil , chair et os , sans être broyés ni coupés.

L'attitude de repos du Calao , est d'avoir la tête en arrière et rentassée entre les deux épaules : dans l'action ou la surprise, il prend un air de fierté , il hérisse les plumes de sa tête , et se grandit ; mais de quelque manière qu'il se tienne , il n'a rien d'élégant ni de gracieux dans son allure.

Les Calaos ont un cri à-peu-près semblable à celui du Coucou , mais le ton en est plus sourd, plus bref et plus aigu : ils en ont un plus ordinaire, qui ressemble au gloussement d'une Poule qui appelle ses poussins.

Cet oiseau a l'air triste , l'aspect rude , l'attitude pesante et comme fatiguée. Son bec , de grand appareil , n'est point du tout propre pour le combat.

Le vol des Calaos est assez rapide ; ils se perchent sur la cime des plus hauts arbres. Ces oiseaux se tiennent communément dans les forêts sombres , et font leurs nids dans les trous des arbres tombés en vétusté : c'est sur la poudre de ce vieux bois, que la femelle dépose deux , trois, et même quatre œufs, que le mâle couve alternativement à son tour.

Les Calaos sont faciles à apprivoiser ; et si on les élève à la brochette , ils pondent , couvent et élèvent leurs petits en domesticité : ils font la chasse aux rats et aux souris. Cet oiseau , bien différent du Toucan , a une très-petite langue au fond du bec.

Il y a plusieurs espèces de Calaos , dont nous ne donnerons que la nomenclature , parce que le reste est confié à la fidélité du burin et du pinceau.

1°. Le *Tock* ou Calao à bec rouge. Ce Calao se trouve , ainsi que tous les oiseaux de son espèce , dans les climats les plus chauds de l'ancien Continent ; mais plus communément au Sénégal.

2°. Le Calao de Manille.

3°. Le Calao de l'île de Panay.

4°. Le Calao des Moluques.

5°. Le Calao brac.

6°. Le Calao de Malabar.

7°. Le Calao d'Abyssinie.

8°. Le Calao des Philippines.

9°. Le Calao à casque rond. Je n'ai pu par-

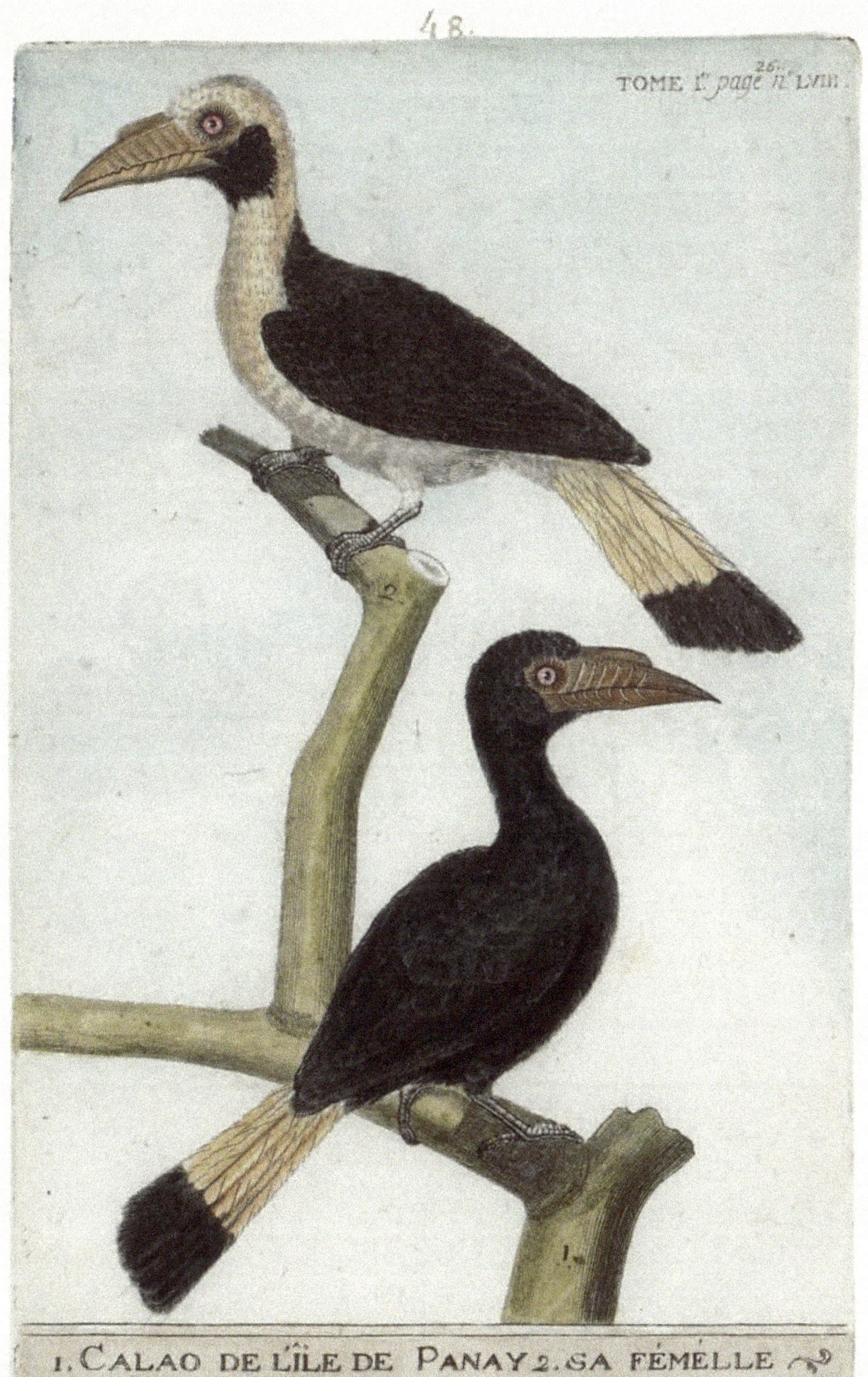

1. CALAO DE L'ÎLE DE PANAY 2. SA FÉMELLE

martinet.

venir à me procurer cet oiseau en son entier, ce qui m'a déterminé à donner la figure de la tête, qui m'a paru aussi extraordinaire que bien conservée. Cette tête avoit trois pouces, du dessous de la gorge au sommet du front, son œil huit grandes lignes de diamètre; & son bec, depuis sa naissance jusqu'à son extrémité, six pouces de longueur. Ce bec, qui est d'une matière cornée, très-dure, annonce un oiseau d'une force rare; en cela, il diffère singuliérement des becs des autres Calaos, qui sont très-foibles et dentelés.

10°. Le Calao rhinocéros de Sumatra. Cet oiseau, qui a environ quarante pouces de longueur totale, se trouve aux Philippines.

Les Calaos ont trois doigts en avant et un en arrière, comme les Martins-pêcheurs; celui du milieu est étroitement uni au doigt extérieur jusqu'à la troisième articulation, et au doigt intérieur jusqu'à la première seulement; ils ont tous le bec très-gros et légérement dentelé sur ses bords.

Ces oiseaux parlent aux yeux. On les voit passer par des gradations nuancées. Dans les dix espèces que nous connoissons, il n'y en a que deux auxquelles on puisse appliquer la dénomi-

nation d'*oiseau rhinocéros*, toutes les autres ne
nous présentant que des grandeurs et des nuances
plus ou moins voisines de cette forme de bec
extraordinaire. Le *Tock* est le commencement
de la chaîne qui conduit au *Calao rhinocéros* et
au *Calao à casque rond*; il a, ainsi qu'eux, le bec
en forme de faulx, mais simple et sans excroissance. Ces oiseaux en général, sont si sensibles
au froid, que le plus léger nuage les fait trem-
blotter dans nos climats. Le Calao * que j'ai vu
chez Madame la Marquise de Pons, ne paroissoit content qu'à la plus grande ardeur du soleil :
c'est vraisemblablement pourquoi il ne vécut que
le temps des grandes chaleurs de l'été; sur la fin
de cette saison, il devint triste, et mourut.

Tous les Calaos se ressemblent dans leurs habitudes naturelles; jeunes, leur inexpérience fait
qu'ils se tiennent sur les branches des arbres les plus
basses, et qu'on les approche facilement; on les
prend sans qu'ils s'enfuient; on peut même les
tirer sans qu'ils s'épouvantent; mais adultes, ils
sont plus dégourdis; l'âge change entiérement
leur premier naturel; ils deviennent alors très-
sauvages, ils fuient et se perchent sur la cime
des arbres les plus hauts, dans l'attitude des

* De Malabar.

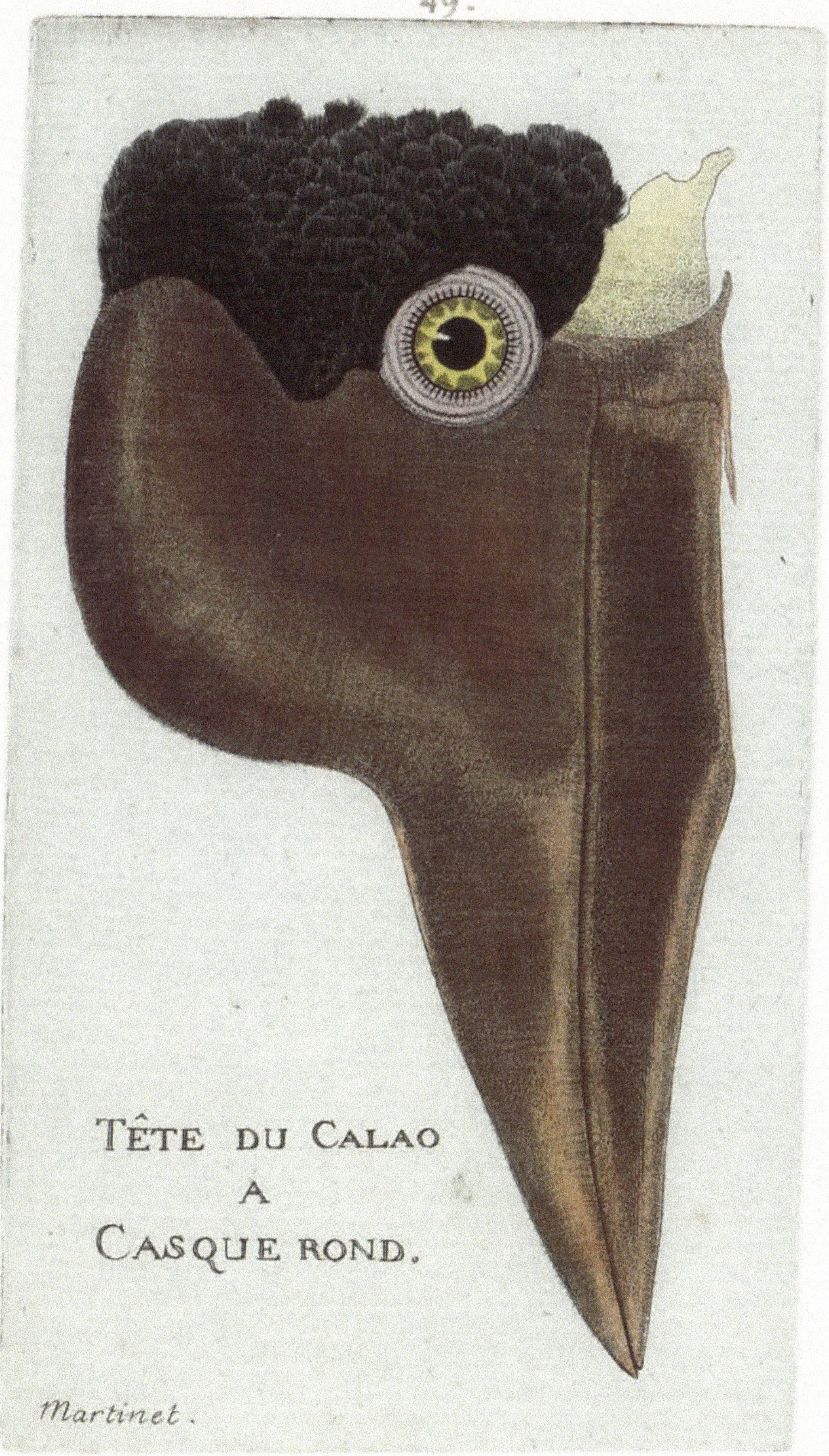

TÊTE DU CALAO
A
CASQUE ROND.

Martinet.

hérons en repos, la tête enfoncée dans les épaules.

Les différences qui caractérisent les diverses espèces d'oiseaux, dépendent d'une si grande variété de formes, de figure et de taille, que nous ne pouvons avoir qu'une idée très-confuse et très-imparfaite de tous leurs caractères, si nous ne les classons pas.

Ce qu'on peut appeller *physionomie* dans tous les êtres, dépend de l'aspect que leur tête présente. Dans les oiseaux, les physionomies agréables dépendent de la proportion des parties entr'elles ; ceux qui ont un bec court et fin, ont en même temps une physionomie fine et presque spirituelle ; tandis qu'au contraire les Barbus, les Toucans et les Calaos, ayant une tête et un bec trop gros, annoncent un air stupide, qui, même dans tous les êtres, est rarement démenti.

Pour connoître les oiseaux, commençons par examiner ceux dont le caractère se rapproche le plus ; c'est le moyen le plus sûr et le plus facile pour arriver au premier degré de connoissances. Cherchons ensuite d'autres espèces, sur-tout celles qui diffèrent le plus des premières, mais qui se ressemblent beaucoup plus entr'elles qu'à toutes les autres : par cette seconde observation, nous distinguerons ces nouvelles espèces en les comparant aux premières, et successivement nous parviendrons à connoître exactement tous les oiseaux que la nature nous présente. Sans ces moyens, éblouis de tant de merveilles, nous ne pourrions qu'admirer la toute-puissance du Créateur.

Fin des Calaos.

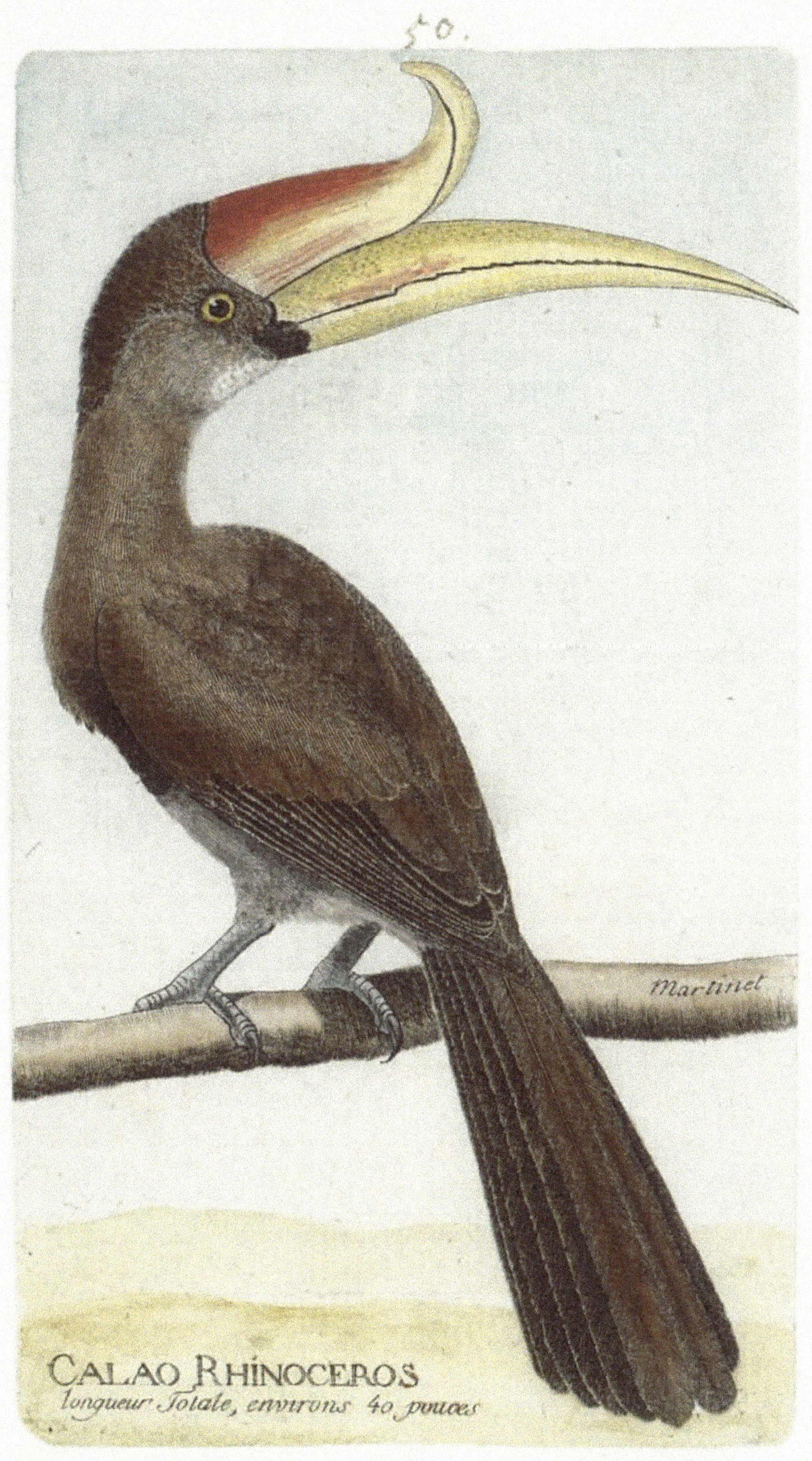

CALAO RHINOCEROS
longueur Totale, environs 40 pouces

LES TOUCANS.

Q UELLE nouvelle scène en merveilles féconde s'offre à la vue d'un spectateur qui, semblable à un Roi, cherche à connoître les richesses de son domaine et les sujets de son empire ! Quels sont ces oiseaux étonnans, envers qui la nature a été si libérale, ces citoyens fidèles aux climats méridionnaux de l'Amérique, ces Toucans, qui, instruits par la mère des existences, ne se rencontrent que dans les sols de cette partie du globe où le froid et le chaud pour eux sont modérés ?

Divine sagesse qui meus l'univers, sois mon guide fidèle, gouverne mon génie, dirige mon ouvrage, dicte-moi un plan, et il sera droit et judicieux : conduis ma plume, mon burin et mon pinceau : éclaire-moi, afin que j'examine, que je compare, que je discute et décide : alors, n'établissant que le vrai, par l'organe du goût, je prononcerai dignement tes arrêts immuables !

C'est par toi, ô nature, que l'homme doit gouverner ses actions ; et que, rejettant les atours

A

fardés d'une monstrueuse et maigre rhétorique,
il n'admettra dans ses ouvrages que le beau,
l'ordre, et l'enchaînement du simple et du somptueux, pour donner l'idée de l'assortiment sublime que l'univers offre à ses regards, et en
particulier le Toucan.

Quel observateur assez froid pour n'être point
frappé à l'aspect du Toucan, vu à une certaine
distance?

Quel homme ne croit point, à l'apparition subite de la prodigieuse grandeur du bec de cet
oiseau, que ses yeux ne le trompent point, sur-
tout lorsqu'il ne pourra s'imaginer que la nature
ait fait pour un bec une si énorme dépense? Mais
si on examine l'oiseau de près, on admirera
bientôt la sagesse par excellence, qui conduit
tout à une heureuse fin. On reconnoîtra que ce
bec des becs est d'une substance si légère et si
mince, qu'il cède sous les doigts sans efforts.
Alors continuant d'analyser le Toucan, on con-
çoit que cette espèce de monstruosité ne lui est
point nuisible, quoiqu'elle paroisse être hors de
toutes les proportions vulgaires; et ce qui le
prouve authentiquement, c'est que ces oiseaux
sont assez multipliés. Cependant, continuant
d'analyser sérieusement la structure et l'usage de
cette production démesurée, on ne peut s'em-
pêcher de mettre au nombre des monstruosités

d'espèces, celles qui ne diffèrent des monstruosités individuelles que parce qu'elles se perpé-
tuent sans altération , et parce qu'on voit que
cet oiseau ne peut rien saisir, rien entraîner et
rien diviser avec son foible bec , et qu'il est obligé , pour se nourrir , de gober et d'avaler en
bloc les fruits qui font sa nourriture.

L'aspect de cet oiseau porte, il est vrai , les
caractères des erreurs de la nature , qui sont la
disproportion des parties , jointe à leur inutili-
té. Mais est-il sage de prononcer sur un ouvrage dont nous ne connoissons point la trame ?

L'homme s'érige en censeur. Plutôt que de se
donner la peine de réfléchir , il rapporte tout à
lui-même ; il ne trouve de parfait que les caractères , les formes et les proportions analogues à
son être ; il met tout ce qui ne flatte point ses
sens au nombre des irrégularités et des caprices
de la nature. Il ne voit point que la forme de
chaque être n'est que l'enveloppe du mécanisme
de l'animal ; que les sens et les membres qui
décorent cette enveloppe , sont relatifs à l'organisation du mécanisme , qui est l'ame de l'individu. Les membres et les sens de chaque animal ont la grandeur, la forme et la perfection
qui leur convient ; et les plus nécessaires sont
toujours les plus parfaits.

L'organisation de la tête et les ressorts des

membres de chaque être , sont faits pour leur
corps ; et c'est le fluide , les liqueurs dissolvantes
qui sont dans les estomacs , qui font naître les
goûts , soit pour l'herbe , la graine , le fruit ou
la chair. Le goût préside sur tout , c'est lui qui
fait choix des nourritures propres à faire mouvoir les différens ressorts du mécanisme que
renferme la forme de l'oiseau. Les ailes de ces
êtres aériens sont plus ou moins grandes , suivant leurs différentes façons de vivre : leurs pieds
sont taillés et découpés pour les lieux que la nature leur a assignés , ainsi que leurs becs pour
y prendre avec facilité les alimens qui sont nécessaires à la conservation de leur existence.

Le Toucan est sans doute aussi bien confor-
mé qu'aucun autre oiseau : son bec le borne à
la quantité et à la qualité des alimens conve-
nables au dissolvant de son estomac , par conséquent propres à l'existence de l'individu. Cet
oiseau s'est propagé avec tant de facilité , que
l'espèce en est très-nombreuse et très-variée ; ce
qui nous prouve bien que la nature ne s'est point
trompée dans le Toucan , et que sa puissance est
sans bornes.

Dans tous les êtres , l'intérieur et l'extérieur
sont faits l'un pour l'autre , et la moindre contrariété entr'eux , nuiroit à l'individu en qui elle se
rencontreroit. Par exemple , si un mouton avoit

le goût de tuer pour vivre, la mort le suivroit de près, parce que la nature ne l'a point armé pour le carnage ; et ce paisible animal eût-il été armé de griffes & de dents meurtrières, il eût fallu, pour qu'il vécût, que son intérieur eût subi le même changement.

La langue des Toucans est aussi extraordinaire que leur bec : c'est une plume dans l'acception la plus stricte ; la tige de cette *plume-langue* est d'une substance cartilagineuse ; elle est garnie de barbes des deux côtés, toutes pareilles aux plumes ordinaires ; ces barbes, dirigées en avant, sont d'autant plus longues qu'elles sont plus proches de l'extrémité de la langue, qui est elle-même aussi longue que le bec. Cet organe diffère si singuliérement, par sa forme et sa substance, des autres langues, qu'on seroit porté à croire que le Toucan doit être muet. Cependant la voix de cet oiseau a tout autant d'étendue que celles des autres oiseaux. Les Toucans ont même une espèce de sifflement très-prompt qu'ils réitèrent souvent et assez long-temps, pour qu'on les nomme dans le pays *Oiseaux Prédicateurs.*

Les voyageurs rapportent que les Sauvages attribuent de très-grandes vertus à cette langue extraordinaire, et qu'ils l'emploient comme un remède dans plusieurs maladies.

Les Toucans n'ont de ressemblance avec les Perroquets que par les pattes ; mais ils ne peuvent s'en servir comme eux pour grimper ni seulement s'attacher aux arbres : ces oiseaux ne marchent point non-plus, ou s'ils marchent c'est de fort mauvaise grace : la longueur de leurs doigts et la petitesse de leurs pieds ne leur permettent que de sautiller lorsqu'ils sont à terre.

Ces oiseaux sont sociables, on les rencontre toujours par petits pelotons de huit ou dix, perchés sur de grands arbres : on les y voit dans une agitation continuelle, avec l'air de gravité qu'annonce leur physionomie, et qui semble démentir des mouvemens aussi vifs et aussi gais.

Les Toucans ont le vol à-peu-près comme les Pies, mais moins suivi, et leur monstrueux bec semble encore, au premier coup-d'œil, faire pencher leur corps en avant. Ces oiseaux font leur nid dans des trous d'arbres, souvent dans des nids abandonnés par des Pics, où la femelle pond deux ou trois œufs. Le mâle couve ainsi que sa femelle, et ils nourrissent leur petits de concert, et en bonne intelligence.

Les Toucans ne se trouvent que dans le nouveau Continent ; ils sont répandus dans les climats chauds de l'Amérique Méridionale, et ils ne changent de pays que pour suivre les saisons de la maturité des fruits : ce sont sur-tout les

fruits des arbres qui se trouvent dans les terreins humides et près des rivières qu'ils choi-
sissent , et particuliérement ceux des diverses
espèces de palmiers. On voit aussi quelquefois
ces oiseaux dans les paletuviers , qui ne croissent
que dans la vase liquide.

Ces oiseaux sont doux et familiers ; on les
prive et on les nourrit facilement , parce qu'ils
ne sont point délicats sur le manger ; jeunes , on
les élève sans peine avec du fruit , du pain ,
de la viande et du poisson , &c. Ils mangent de
tout , mais ils préfèrent le pain et le fruit.

Les Toucans ne font qu'avaler en bloc les
nourritures , leur bec n'étant point fait pour
couper ni même entamer : leur large gosier leur
facilite cette habitude. Lorsqu'on leur donne
quelque chose , ils le saisissent avec la pointe
de leur bec , et ensuite le lancent en haut et le
reçoivent dans leur gosier.

Ces oiseaux sont si sensibles au froid , qu'ils
cherchent à se mettre à l'abri des fraîcheurs de
la nuit , même dans les climats chauds.

Le genre du Toucan nous offre diverses grandeurs de becs ; les plus longs sont les plus légers
et les plus faibles. Les Brésiliens ont distingué
parmi ces oiseaux deux variétés ; ils ont appellé
Toucans les plus grands , et les plus petits Aracaris. Ces derniers sont remarquables en ce que

leur bec est plus petit et plus fort, et en ce que leur queue est plus longue et plus étagée.

Les Brésiliens ont encore ajouté au nom de Toucan, qui signifie plume, le mot de *Tabouracé*, pour exprimer plume à danser, parce que ces peuples s'en font des parures pour les jours de fêtes.

Ces oiseaux, qui nous paroissent si difformes au premier aspect, par les parties que nous leur jugeons être surabondantes et placées à contre-sens, nous frappent néanmoins par la beauté de leur plumage.

Les Européens ont recherché les plumes des Toucans pour faire des manchons; l'inconstante mode a changé la plume en poil; mais elle reviendra rendre hommage à ces oiseaux, après avoir épuisé les ressources du bon et du mauvais goût.

La mode, aimant les objets remarquables, a admis le Toucan aux honneurs d'être placé parmi les constellations australes.

Les Toucans ont la peau bleuâtre, la chair noire et un peu ferme, mais d'assez bon goût, ce qui fait qu'on en mange avec un certain plaisir. Les différentes espèces de Toucans sont: 1°. Le Toco, qui a près de dix pouces de longueur, y compris la tête et la queue; son bec en a sept et demi.

2°. Le Toucan à gorge jaune du Brésil, a près de neuf pouces, depuis la naissance du bec à

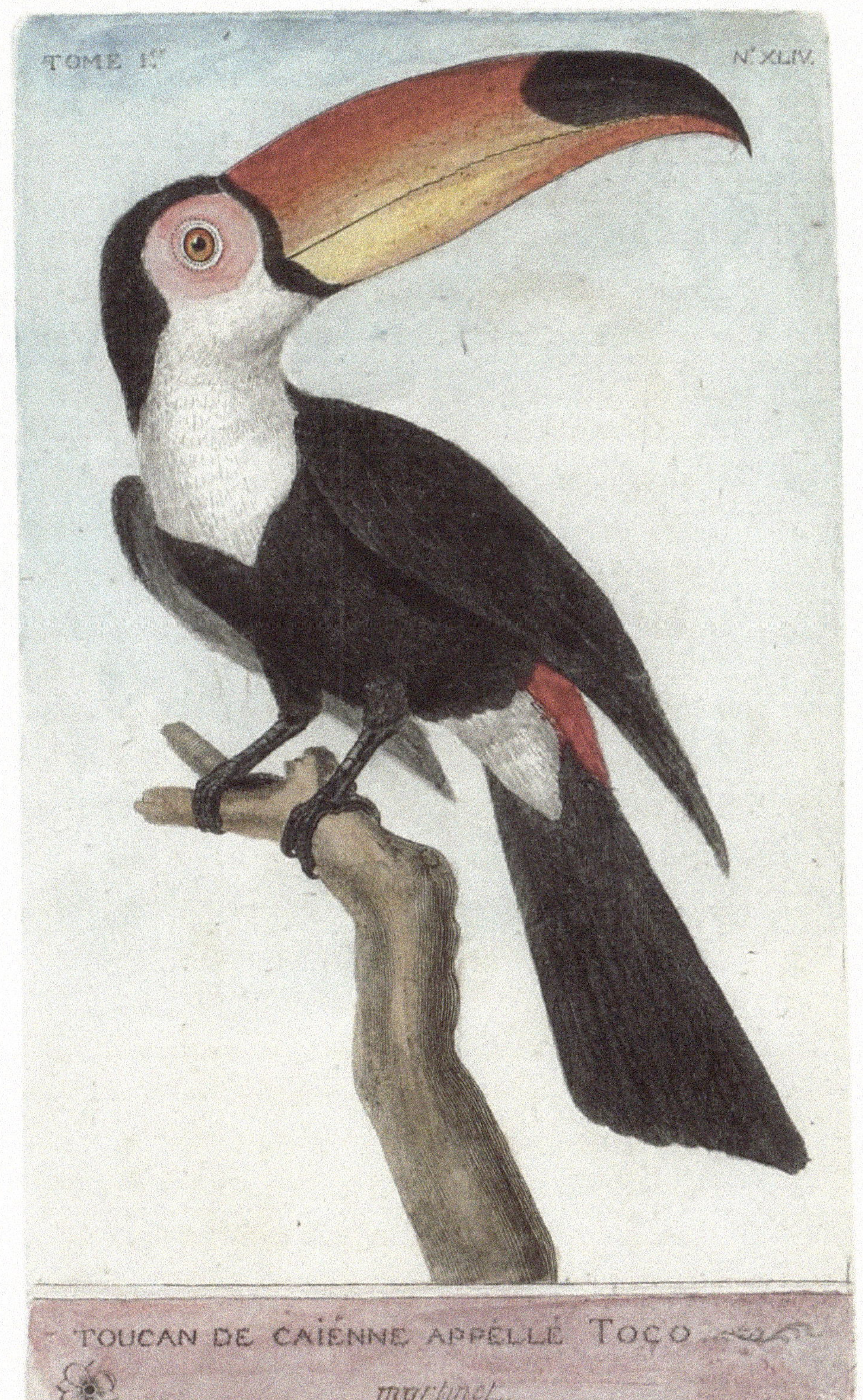

TOUCAN DE CAÏENNE APPELLÉ TOCO

martinet.

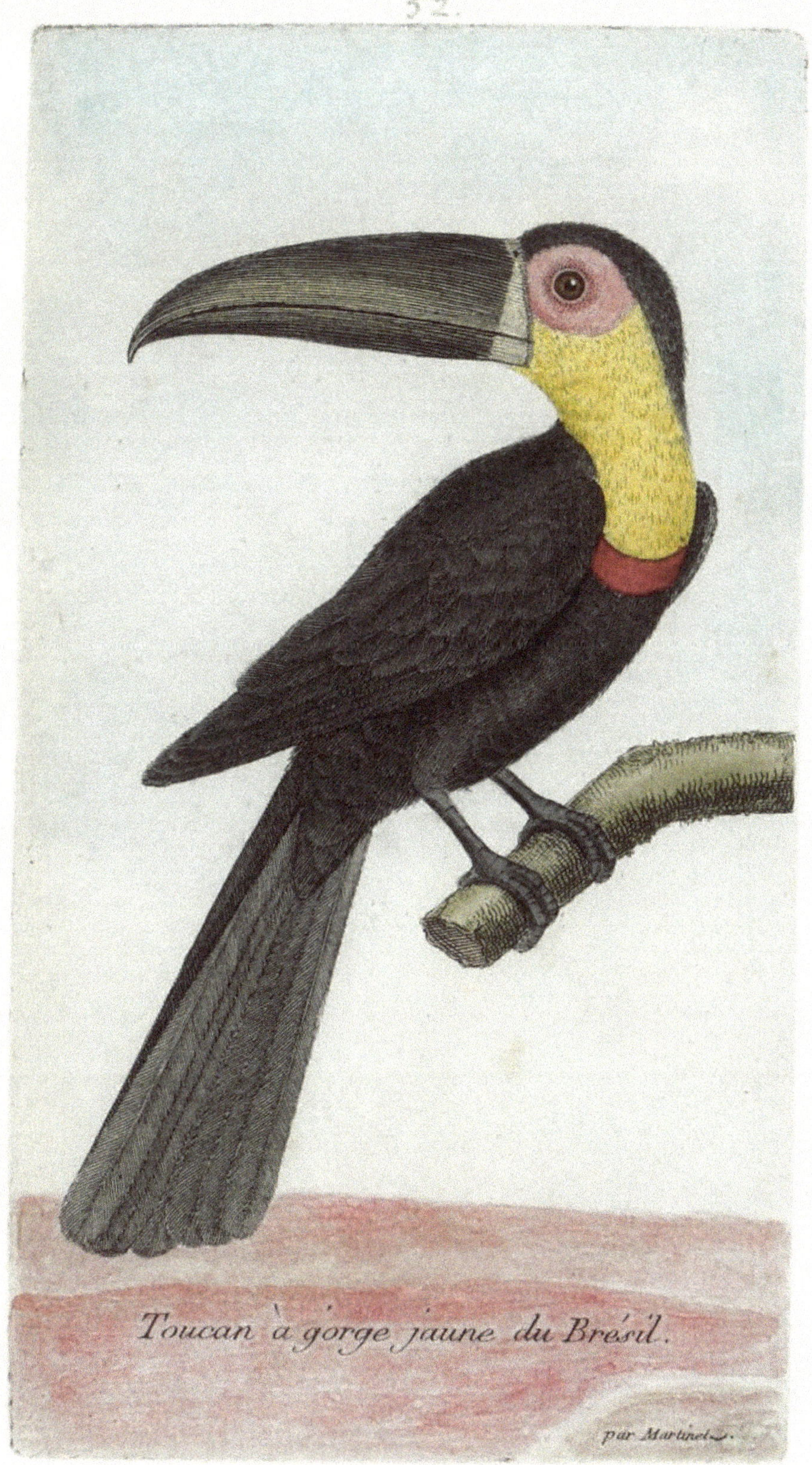

Toucan à gorge jaune du Brésil.

par Martinet.

l'extrémité de la queue , et son bec a près de cinq pouces d'une extrémité à l'autre , sur dix-huit lignes de hauteur : cet oiseau donne les plumes les plus brillantes, dont les peuples du Brésil font des parures de cérémonie. On découpe dans la peau la partie jaune de la gorge, que l'on vend un assez bon prix : cette place , dans les femelles est blanche ; elles ne sont point en général si belles que les mâles ; mais leur grandeur est à-peu-près la même.

3°. Le Toucan à ventre rouge a six pouces de bec sur vingt lignes d'épaisseur , et de l'extrémité de la tête à celle de la queue , l'oiseau a environ neuf pouces.

4°. Le Toucan à gorge orangée du Brésil. Cet oiseau ne diffère de celui à gorge jaune que par quelques variétés dans le plumage, par la couleur orangée de la gorge , et des couvertures du dessus de la queue , par le beau rouge pourpré qui lui couvre l'anus et le dessous du croupion.

C'est de cette espèce de Toucan que l'on tire les plumes les plus brillantes, et dont on fait les plus jolies parures.

La femelle est un peu plus petite , la bande rouge de sa poitrine est plus étroite, et ses couleurs sont moins vives ; mais du reste , elle lui ressemble parfaitement.

Le cri des diverses grosses espèces de Toucans

est à-peu près le même ; ils articulent avec tant de netteté *pinien-roin* et *pignnn-coin* , que les Créoles de Cayenne leur ont donné ces noms d'après nature.

Les Auteurs font mention d'un autre Toucan à ventre rouge , et encore de deux espèces qu'ils ont nommés , l'un *Hochiacot* , l'autre *Cochiacat* ; mais le peu d'exactitude qu'ils ont mis dans leurs renseignemens et leurs descriptions , me dispense d'en parler.

A l'imitation des Brésiliens , je forme deux classes dans ces oiseaux ; ces peuples ont les premiers distingué deux variétés , ils ont appellé *Toucan* les grands , et les petits oiseaux de ce genre *Aracari*. Cette distinction m'a paru d'autant bien fondée , que les naturels de la Guiane les ont nommés de même.

LES ARACARIS , *vulgairement* TOUCANS.

CES oiseaux sont également tous originaires des climats méridionaux d'Amérique.

1°. Le Grigri du Brésil se trouve aussi à la Guiane ; il vit de fruits , et se tient dans les endroits humides plantés de palmiers , ainsi que les Toucans : son nom lui a été donné d'après le cri très-bref et très-aigu qu'il semble prononcer ;

XLIV.   page 11.

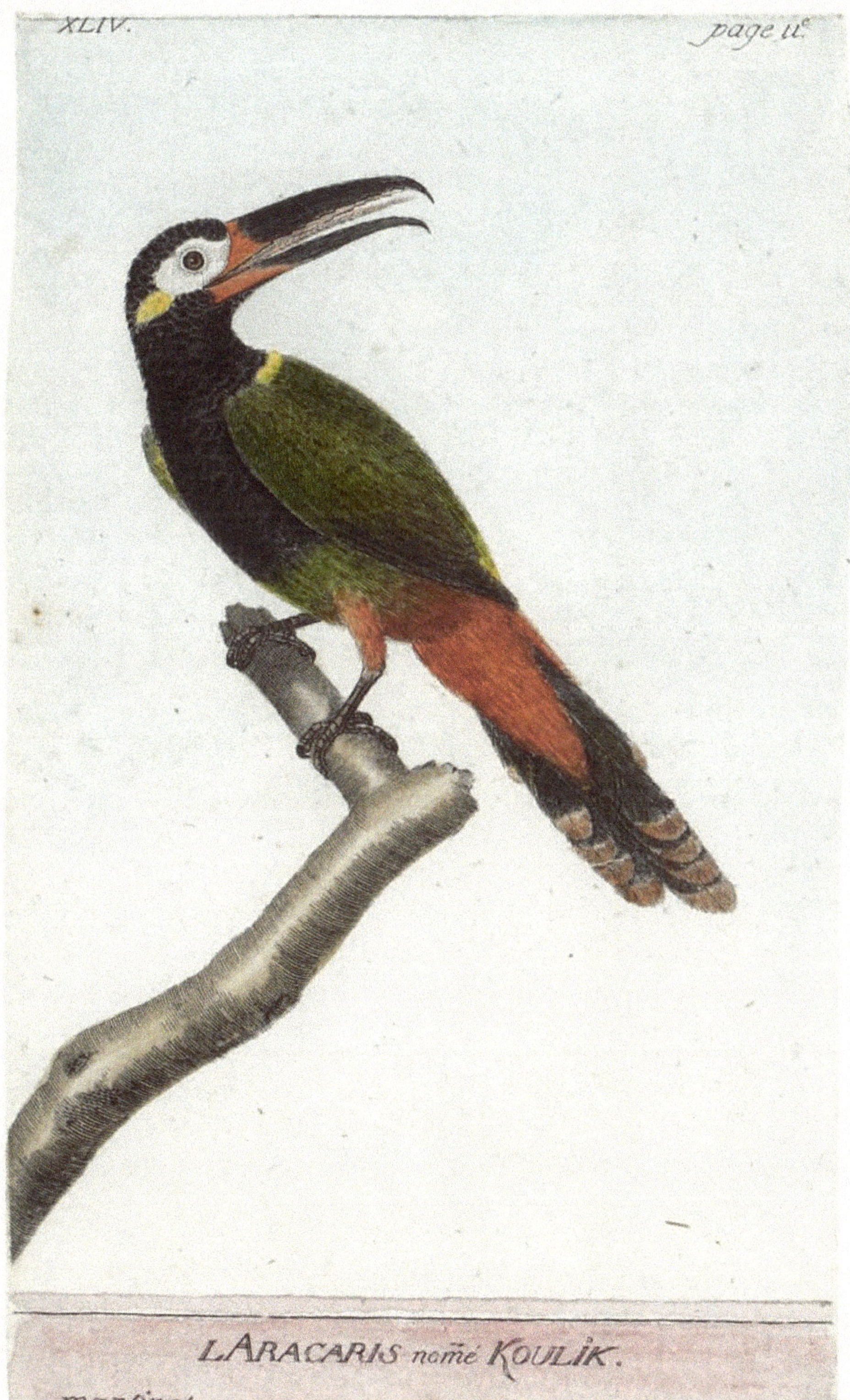

L'ARACARIS nommé KOULIK.

martinet.

le bec de cet oiseau a quatre pouces et demi de longueur, sur seize à dix-huit lignes de hauteur : ce bec est d'une texture plus solide que celle des Toucans. La langue des Aracaris est semblable à celle des Toucans, c'est-à-dire, qu'elle est comme une plume, caractère particulier et commun à ces oiseaux. La longueur totale du Grigri est d'environ un pied. La femelle ne diffère du mâle que par la couleur de la gorge et du dessus du cou ; ces parties sont brunes, tandis qu'elles sont noires dans le mâle.

2°. Le Koulik ; ce mot prononcé fort et bref fait entendre très-exactement le cri de cet oiseau ; et c'est par cette raison que les Créoles de Cayenne lui ont donné ce nom. Le Koulik a de longueur, depuis le bout du bec à celui de la queue, environ douze pouces.

Les Auteurs parlent encore de quelques espèces, dont je ne ferai mention que lorsque je pourrai me les procurer.

Fin des Toucans.

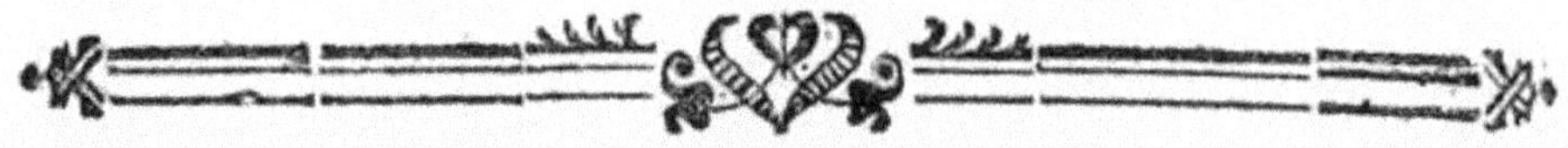

N°. XLV.

LE BARBICAN.

CET oiseau tient aux Toucans et un peu aux Barbus ; aux premiers par le bec, les pattes, la forme et le plumage ; et aux seconds , par les fortes barbes qui reviennent en avant couvrir son bec, et par les pattes. Comme nous n'avons aucun renseignement sur la vie et les mœurs de cet oiseau , nous en donnerons seulement une peinture fidèle.

Fin du Barbican.

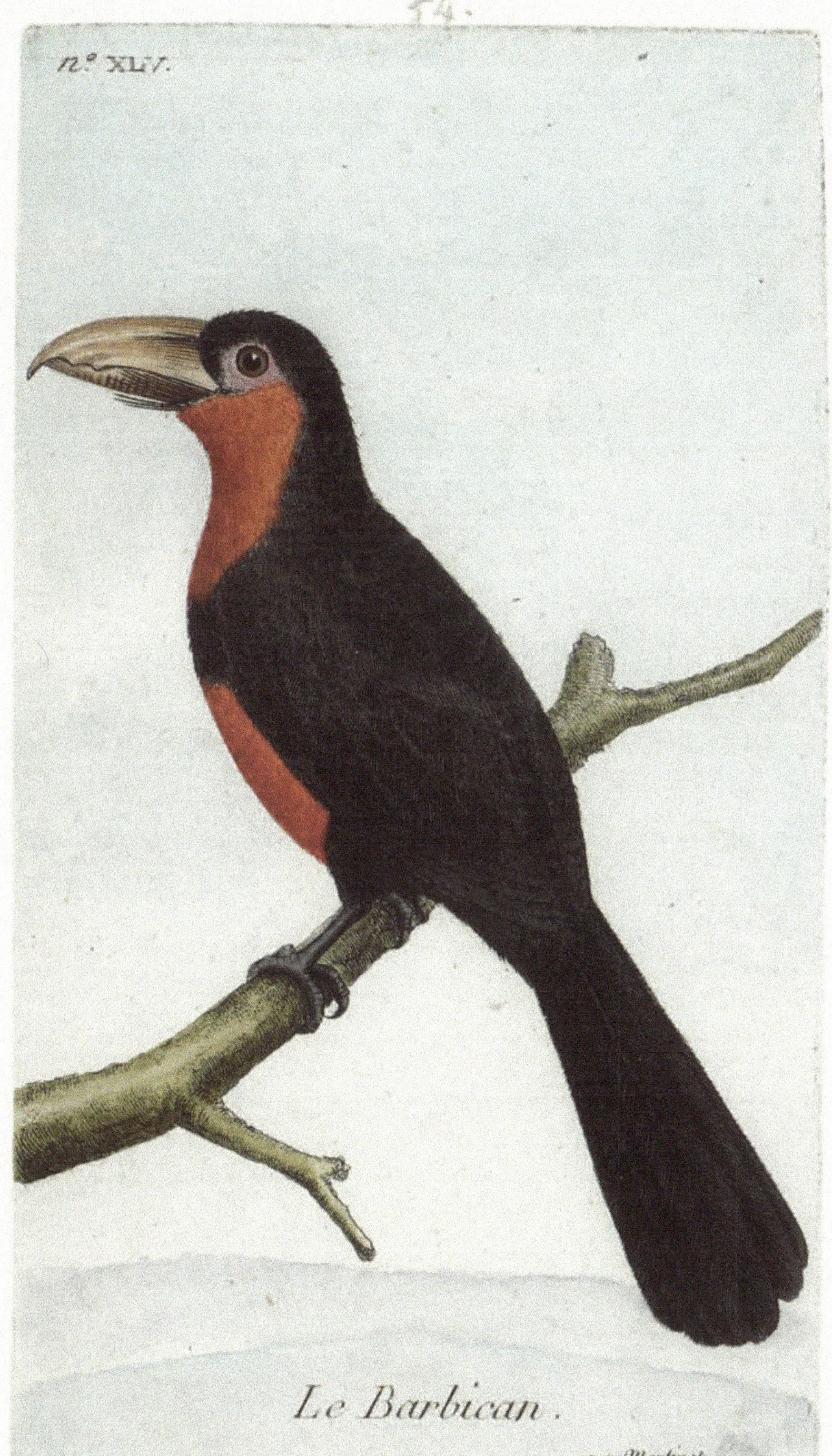

n.º XLV.

Le Barbican.

par Martinet.

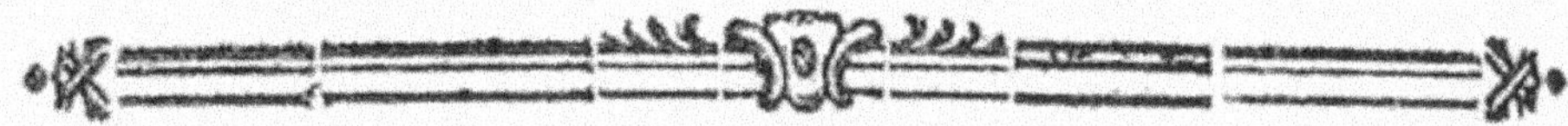

LES PERROQUETS.

C'EST dans les climats méridionaux des deux continens que se trouvent les diverses espèces de Perroquets. Chacune de ces parties du Globe offre, dans ces oiseaux, des espèces particulières à leur sol : des variétés constantes, portant des caractères si tranchans entr'elles, qu'elles font connoître, à l'aspect, le pays qui leur a donné le jour.

Dans l'ancien continent, l'Asie donne les Kakatoès, qui sont les moyens Perroquets, et l'Afrique, les plus petites Perruches ou moineaux de Guinée.

Le nouveau monde, ce continent découvert par Christophe Colomb, Génois, en 1491, nourrit la plus grande espèce de tous les Perroquets, nommée Aras. Cette quatrième partie de la terre, qui est environnée par le vaste Océan, a pris le nom d'Amérique, d'Americ Vespuce le Florentin, qui mouilla le premier, le 20 Mai 1497, dans la partie du continent qui est située au cinquième degré de la ligne.

A

Ces trois parties de la terre voient naître dans leur climat diverses autres espèces ou variétés, seulement provenues des mélanges entr'elles, qui n'ont d'autres caractères que les couleurs du plumage qui, étant invariable, suffit pour former des familles qu'on distingue facilement.

Les Perroquets et les Singes sont les seules œuvres de la nature capables de fixer l'attention des Sauvages, même des habitans de nos campagnes : ces êtres grossiers n'ont d'yeux que pour connoître leur subsistance et se conduire; mais cela n'est point un malheur pour la société. Rien de moins observateur que ces hommes, qui, loin d'admirer le sublime spectacle de la nature, y sont fort insensibles. On les verra admirer, dans une espèce d'extase, applaudir au propos sans suite des Perroquets, aux tours d'adresse et de souplesse des Singes, qui leur ressemblent, même les surpassent à certains égards. Les Perroquets, qui parlent mieux qu'eux leur langue, les étonnent, ainsi que le Singe par ses tours amusans; il leur paroît plus subtil et plus adroit qu'ils ne le sont. Ces oiseaux ont attiré l'attention de l'homme par leur allure, leur forme, la beauté des couleurs de leur plumage soyeux, et par la manière originale dont ils se servent pour se transporter d'un lieu à un autre, en grimpant le long des arbres pour atteindre les fruits qu'ils y apperçoivent, et s'en repaître avec délice.

Ces oiseaux ont les pattes si courtes qu'ils ne s'exposent jamais à souiller leur parure d'aucune poussière. Ils ne marchent que de mauvaise grace et avec difficulté ; mais ils figurent à merveille perchés sur une branche, où ils offrent toutes les graces du repos.

Lorsqu'ils volent, leurs aîles déployées, ils étalent, aux yeux des spectateurs, la richesse de leur plumage, les belles couleurs dont la nature les a peints, ce qu'on ne voit plus qu'en partie dans leur état de tranquillité.

Ce sont ces divers attraits qui ont fait naître l'idée à l'homme de les captiver ; mais quel fut son étonnement lorsqu'il entendit le premier Perroquet parler le même langage que lui ! Il fut ravi en extase, considérant cet oiseau comme un être privilégié qui tenoit un rang intermédiaire entre l'espèce humaine et la brute.

La noble ambition de l'homme donne de l'essor à ses facultés, qui sont, pour ainsi dire, illimitées ; elle lui fait voir qu'il est le premier de la terre, et qu'elle est son domaine. Son ame, ce feu divin qui l'anime, en élevant ses idées au-dessus de tout ce qui se présente à ses regards avides, lui fait chercher à en connoître les propriétés pour son usage ou ses plaisirs.

Les Perroquets ont paru à l'homme des individus utiles, parce qu'il a cru qu'ils étoient susceptibles de raisonnement, et qu'avec des soins il pourroit, en se les attachant, se donner des serviteurs zélés. Joyeux d'une si belle découverte, il aura cherché à en instruire quelques-uns, pour leur communiquer ses idées ; mais, s'il a été séduit par la douce illusion d'une apparence trompeuse, l'expérience et la réflexion lui ont bientôt fait connoître son erreur, et l'ont convaincu que les animaux les plus favorisés de la nature, ne sortent point des bornes étroites que cette mère des existences leur a prescrites. C'est alors que l'homme a ressenti puissamment qu'il étoit lui-même, par excellence, (tout stupide et sauvage qu'il pouvoit être, n'ayant pas reçu le poli gracieux de l'éducation,) un être distingué des animaux.

Les Perroquets sont les seuls oiseaux que les sauvages ont élevés avec plaisir ; ils ont cherché à les perfectionner et y sont parvenus, (ce que nous n'avons pu faire jusqu'à présent,) et cette perfection consiste dans l'art de varier et de rendre plus riche leur plumage.

De l'éducation en général des animaux, et particuliérement des oiseaux.

Nous avons promis de communiquer nos observations, tant physiques que morales, sur les divers objets qui en sont susceptibles, concernant les oiseaux.

Les Perroquets nous intéressent particuliérement, parce qu'ils égaient nos loisirs et qu'ils
nous offrent un beau champ pour traiter les différentes parties qui sont les fondemens sans lesquels aucune éducation ne peut avoir d'heureux
succès ; ces oiseaux ne pouvant nous plaire que
lorsqu'ils sont instruits.

L'éducation de tous les animaux quelconques,
ne consiste pas seulement à répéter fréquemment
des leçons, pour les imprimer dans la mémoire ;
mais elle exige qu'on étudie le caractère des individus qu'on veut instruire, et qu'on fasse tout con-
courir au succès de la science qu'on veut inculquer:
telles sonr les passions et les diverses inclinations.

Le sage instituteur, en feignant de flatter les
foiblesses de son disciple, les amortira au moins
s'il ne peut les détruire entiérement, en les op-
posant les unes aux autres avec adresse, en pro-
fitant du désordre des sens. Les besoins divers,
les sensations corporelles des individus qu'il sur-
veille, doivent servir aux fins qu'il se propose.
Telles sont la quantité et la qualité des nourritures,
pour les friands ou les gourmands ; le repos pour
les pétulans, ou l'action pour les paresseux, et
la liberté dispensée à propos. Dans les oiseaux
on peut même tirer avantage de l'amour, ce qui
souvent dans les hommes est l'écueil des sciences.
Cependant j'en ai vu qui, jusqu'à ce terme où

le cœur parle, ne montrèrent de goût pour rien, et qui parvenus à ce degré de maturité, se surpassèrent. En voici un exemple. Deux frères suivoient les mêmes études, sous les mêmes maîtres; le cadet remportoit une partie des prix de l'Université, lorsque son frère aîné ne recevoit que des mortifications pour fruit de son indolence. Celui-ci ayant atteint l'âge où les desirs caractérisent l'homme, changea subitement par celui de plaire.

L'amour, ce petit lutin, ce grand maître en espiégleries et en miracles nouveaux, fut l'auteur de ce changement; il incendia le cœur de l'écolier stupide, par les beaux yeux d'une jeunesse, qui brilloit, au milieu des graces naturelles, et les piquans rayons de la beauté, par la richesse, les talens agréables, et les honneurs. Le dieu de cythère embrasa en même-temps, et du même feu, cette charmante fille, qui reçut, avec ce plaisir secret et inappréciable, les petits soins de son amant. Mais l'un et l'autre apperçurent bientôt la barrière insurmontable qui les séparoit et s'opposoit à leur bonheur. Le degré d'élevation de l'amante, et sa richesse, désespéroit ce couple aimable assorti par l'amour. Mais ce dieu, vainqueur de la nature entière, toujours fertile en moyens sûrs, fit rapporter, par la jeune beauté, à son amant, un oui dire qui a fait leur bonheur présent. Elle lui dit, que, payant de sa personne avec autant d'avantage, s'il vouloit, il pourroit parvenir un jour, soit dans les armes, ou dans la magistrature, à des places éminentes, et que, s'il mettoit à profit les faveurs dont la nature sembloit l'avoir comblé, elle sauroit lever les difficultés qui s'opposoient à leur satisfaction.

Cette aimable fille eut à peine prononcé ces mots, qui furent un arrêt pour le tendre et passionné jeune homme, que, tombant à ses genoux, il les embrassa étroitement, et dit avec énergie, enthousiasme et vivacité, je serai à vous. Puis se relevant bientôt, il s'en fut, laissant sa belle maîtresse dans la surprise et la joie, pour supplier ses maîtres, même avec larmes, de vouloir bien lui donner leurs soins, afin de pouvoir récompenser le temps qu'il avoit perdu si maladroitement.

Dès ce moment on le vit bientôt se distinguer, faire des prodiges dans les sciences; et pour servir plus constamment sa belle maîtresse, il se fit recevoir dans l'auguste corps des magistrats, où l'amour le couronna, et où il joue un grand rôle aujourd'hui.

La nature, souvent tardive, opère ces prodiges, parce que l'esprit, ainsi que le corps, se développent de très-bonne heure dans les uns et fort tard dans les autres.

Si l'éducation caractérise l'homme, elle obtient aussi des brutes des choses si surprenantes, qu'elle en impose au vulgaire ignorant. On a vu, et l'on voit encore tous les jours, des chats, surtout des chiens et des chevaux, si bien dressés, qu'ils sont devenus de très-bons commissionnaires; ils obéissent à la voix de leurs maîtres, en marquant les desirs par leurs yeux, leur gestes, et de manière qu'ils semblent ne leur manquer que la parole, pour s'exprimer plus intelligiblement. J'ai même vu un lion si docile, que son maître lui ouvroit les mâchoires et mettoit sa tête dans son énorme gueule, en recommandant bien auparavant de l'avertir au moindre mouvement de sa queue. C'est le signal par lequel il annonce qu'il prend de l'humeur.

J'ai eu chez moi, en même-temps, des Alouettes, une Hupe, un Engoulevent, des Hirondelles et une Perruche, qui m'étoient si attachés, qu'aussi-tôt qu'ils m'entendoient, ils témoignoient à l'envi, leur allégresse, par leurs mouvemens et leurs cris divers; mais quoique quelques-uns d'entr'eux aient ces facultés, quoique la nature ait doué les animaux des mêmes sens, et donné à certains, des membres et des organes semblables, même plus parfaits que ceux de l'homme, comme on le verra dans le discours préliminaire de cet ouvrage, cependant la mère de tous les êtres n'a

accordé qu'à lui seul la faculté de se perfectionner, faculté précieuse qui le distingue essentiel-
lement de tous les animaux, et lui soumet l'empire de la terre et des eaux. Or, la faculté de se
perfectionner, accordée à l'homme seul par privilège exclusif, est le plus glorieux de ses titres.
Il y a deux genres, le premier, qui est stérile,
se borne à l'éducation de l'individu et ne peut se
propager; l'autre, qui est fécond, se répand sur
toute l'espèce et peut se transmettre à proportion
qu'il est cultivé et soutenu; mais c'est aux ins-
titutions de la société que ce succès est réservé.
Si les animaux sont susceptibles d'une éducation
individuelle, d'une sorte de perfection, ils ne le
sont point de cette perfectibilité qui peut se
transmettre à l'espèce; l'expérience le prouve sans
réplique, puisqu'ils sont aujourd'hui ce qu'ils ont
été sans altération ni changement, par les loix
de la nature qui sont immuables.

L'éducation que nous donnons aux animaux
n'influe que sur leurs individus, parce qu'ils ne
peuvent communiquer à leurs petits ce qu'ils ont
reçu de leurs père et mère. Mais l'homme, pouvant transmettre à sa posterité l'éducation de tous
les siècles, anoblit et perfectionne son espèce.

Il devroit être bien supérieur à lui-même aujourd'hui; ses connoissances devroient être bien
plus étendues, plus lumineuses, si la barbarie

des temps, funeste à l'humanité, n'eût, en fou-
lant aux pieds l'abondance, encore anéanti par
ses armes sacrilèges, par le glaive tranchant, et
la torche flamboyante, ces hommes précieux et
leurs productions. O noires furies ! hommes cruels
et insatiables, pour qui rien n'étoit sacré, que
prétendiez-vous? Vos jours se consumèrent par
les alarmes, ou furent terminés par la faulx acé-
rée du carnage que portoit, en tous lieux, votre
folle ambition.

Depuis ces temps d'horreur il ne reste rien
de vous qu'un souvenir affreux, et de tristes débris de temples et de palais en ruines, qui rap-
pellent vos forfaits atroces.

Ces hommes cruels, homicides infâmes, ont
retardé nos progrès dans les sciences ; celles qui
nous éclairent aujourd'hui, et que nous cultivons,
ne nous proviennent que de quelques étincelles
échappées à la rage et à l'ignorance.

Elles se sont accrues dans un nouveau berceau, où elles sont restées long-temps, parce que
des orages successifs empêchoient la douce tranquillité, la gloire pure et la saine raison, de l'a-
limenter pour la tirer du berceau où l'avoit réduit
l'aveugle ambition, le fanatisme et la fausse
gloire.

Sans ces obstacles déplorables, l'espèce humaine se seroit perfectionnée à un degré bien

plus éminent. L'homme seul a le pouvoir de se perfectionner lui-même, et c'est cette faveur insigne dont la nature l'a doué, qui lui donne cette supériorité qu'il a sur tous les animaux. C'est elle seule qui fait son bonheur, qui le couronne et orne sa main du sceptre royal.

Combien ces malheureuses vicissitudes des âges ne nous ont-elles pas été funestes? Combien la sagesse des Gouvernemens ne doit-elle pas être consacrée à écarter, à prévenir même tout ce qui pourroit ramener la barbarie ancienne parmi les peuples divers qui existent et qui existeront après nous!

Il est d'autant plus facile à l'homme de s'éclairer, qu'étant fait pour la société, cette même société y peut contribuer beaucoup, si elle est bien gouvernée par ceux qui ont l'autorité en main. L'homme sauvage, qui éviteroit toute société, ne recevroit qu'une éducation propre à son individu; il ne pourroit donner aucuns degrés de perfection à ses descendans, et il différeroit peu, quant aux facultés intellectuelles, de ces bêtes qui portent le même nom de *sauvage*. Il seroit privé de la parole comme elles, il n'articuleroit que quelques cris que prononceroient le plaisir, l'effroi ou la douleur.

Mais le lien qui unit l'homme à la femme, et au fruit de leur amour, étant plus durable

que celui qui unit les animaux à leurs petits,
donne naissance au premier germe de la société.
C'est, sur-tout, à la tendresse maternelle que
nous en sommes redevables. Nous en devons le
développement à ses soins assidus, à son affection constante pour ses enfans chéris.

Foibles, ils ont besoin des attentions conti-
nuelles de leur mère, qui, toute entière à les
surveiller, semble n'avoir d'autre intérêt que de
prévenir ces petits innocens. Cette tendre mère
leur parle sans cesse, appaise les cris de desir
ou de douleur de son enfant chéri, par la douceur de sa voix et de ses caresses. L'enfant venant bientôt à sourire, il se forme entr'eux, peu-
à-peu, un commerce de langage dicté par le sentiment. Et à mesure que l'enfant grandit, les expressions se caractérisent de part et d'autre,
ainsi que l'intelligence mutuelle, à force de ré-
pétition et d'exercice qui durent l'espace de deux
ou trois ans.

Telles sont les premières bases de la société
humaine, qui ne peuvent point avoir lieu parmi
les animaux. Comme ils croissent en beaucoup
moins de temps, et que les besoins des petits,
ainsi que les secours des père et mère, ne durent
qu'un très-court espace de temps, environ six
semaines ou deux mois, cette sorte de commerce
dont je viens de parler, ne peut point avoir lieu.

Cette conséquence démontre bien sensiblement qu'il ne peut se former de langage, de paroles et de signes communicatifs.

J'ai vu un Perroquet, appartenant à M. de l'Abory, Ecuyer de M. le Duc de la Rochefoucauld, aïeul de celui d'aujourd'hui, qui avoit été instruit si à propos, sur les différens discours qu'on peut tenir à un oiseau, qu'il paroissoit répondre juste, quelquefois l'espace d'un quart d'heure.

Ce Perroquet pouvoit être comparé au Corbeau qui fut présenté à César-Auguste après la bataille d'Actium. Ce vainqueur, revenant à Rome, une foule de citoyens, allant au-devant de lui pour le féliciter de sa victoire, un artisan tenant un Corbeau s'approcha d'Auguste à qui cet oiseau dit : je vous salue *César*, *Empereur & Vainqueur*. César, admirant cette espèce d'acte de politesse de la part de l'oiseau, l'acheta vingt mille écus. Le compagnon de cet artisan, qui n'avoit rien ressenti de la générosité du Prince, lui assura qu'il avoit un autre Corbeau. César lui ordonna de l'apporter.

Il vint avec cet oiseau qui proféra les paroles qu'il lui avoit apprises de convention avec son camarade, pour faire face à l'événement ; savoir : je vous salue *Antoine*, *Empereur et Vainqueur*. Auguste n'en fut point irrité, mais voyant la ruse, il ordonna que le maître du premier Corbeau partageât, avec son camarade, la somme qu'il avoit donnée.

Un Perroquet ayant complimenté ce Monarque, il l'acheta, mais les historiens ne font point mention du prix qu'il en donna.

Cette nouvelle circonstance fit naître l'idée à un pauvre cordonnier d'instruire un Corbeau; mais comme ce disciple faisoit peu de progrès, cet homme disoit souvent, dans son dépit : *j'ai perdu ma peine et mon temps*, quand l'oiseau ne lui répétoit point la salutation qu'il lui apprenoit.

Cependant, un jour qu'il proféra le salut qu'il lui avoit répété sans cesse, ce bonhomme profita de l'heureuse disposition de son oiseau pour le porter au Prince. Mais Auguste l'ayant entendu, d'où il étoit placé, répondit au salut du Corbeau, *je ne manque pas de pareils saluants*. L'oiseau continuant de jaser, répéta ce qu'il avoit entendu dire à son maître dans ces momens d'impatience : *j'ai perdu ma peine et mon temps*. César, étonné de ce discours, qui paroissoit être à dessein, et qui venoit si à propos, se mit à rire et acheta cet oiseau un bien plus haut prix que tous les autres.

Les divers langages de la société, par lesquels se transmettent les pensées, ne proviennent donc pas seulement de la structure de nos organes, puisque le Perroquet, la Pie, &c. peuvent rendre la parole comme nous, mais encore de l'intelligence, car il ne suffit pas de prononcer des mots pour être sensé, il faut encore avoir la faculté d'en exprimer les rapports avec justesse.

Cette imitation de la parole dans les Perroquets, annonce de la mémoire, même plus heureuse que celle de nos enfans, puisqu'ils répétent un nombre de mots en bien moins de temps qu'eux. Mais les ressources en sont bientôt épuisées, parce qu'outre que la nature n'a pas donné le temps aux oiseaux, par leur trop prompt accroissement, de recevoir une éducation capable de former cette société dont nous avons déja fait mention : (source unique de toute intelligence,) il est encore vrai que leur organe, où s'impriment les sons, n'est pas assez volumineux pour en contenir une suffisante quantité. D'ailleurs, il n'a point la mobilité réquise pour se mouvoir et se réfléchir, afin de les comparer.

Les Perroquets, les Corneilles, &c. ne peuvent rendre la petite quantité de sons empreints dans leur cerveau, que comme un instrument déterminé à une quantité d'airs, qui est agité par le caprice du vent.

L'avantage qu'ont les oiseaux de parler, et les singes de contrefaire nos gestes, ne leur donne aucune prééminence sur les autres animaux , parce qu'ils ne sont point susceptibles d'intelligence. C'est de-là que sont venues ces expressions proverbiales qu'on adresse à certains enfans espiègles , imitateurs des gestes , ou qui répètent , à tort et à travers , bien des choses qu'ils ne comprennent pas : ce *sont de vrais Singes* , ou *de vrais Perroquets*. Il est vrai aussi que ces oiseaux nous deviennent plus intéressans que les Pies , les Corneilles et les Geais , par la seule raison qu'étant moins pétulans , ils restent tranquilles sur leurs bâtons , et qu'ils imitent la parole de même que ces oiseaux divers. Ils ont le sens de l'ouie , et les organes de la voix , plus analogues aux nôtres , dans un plus haut degré de conformité que les Sansonnets , les Merles , &c. , qui peuvent aussi imiter la parole , parce que leur langue a plus d'épaisseur et qu'elle est plus arrondie.

Ceux qui ont la langue fourchue siflent plus aisément qu'ils ne jasent ; tels sont presque tous les petits oiseaux.

Dans cette classe délicate , ceux dont l'organisation , la faculté de sifler , est aidée de la sensibilité de l'ouie , et du souvenir des sensations transmises au cerveau par cet organe , peuvent facilement apprendre des airs , et à sifler avec méthode. Les Serins , les Linottes , les Tarins et les Bouvreuils , sont susceptibles de cette éducation.

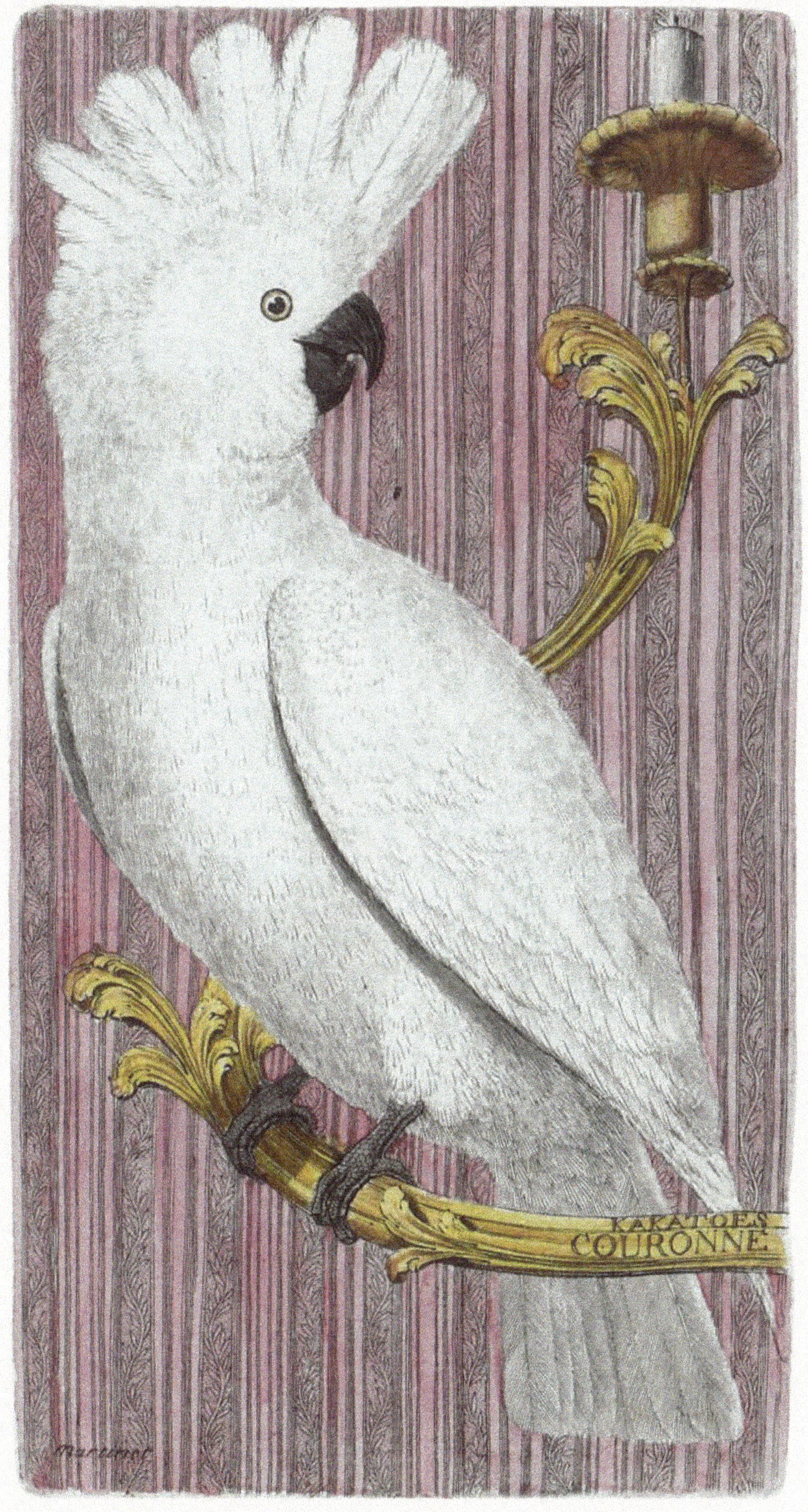
KAKATOES
COURONNE.
Martinet

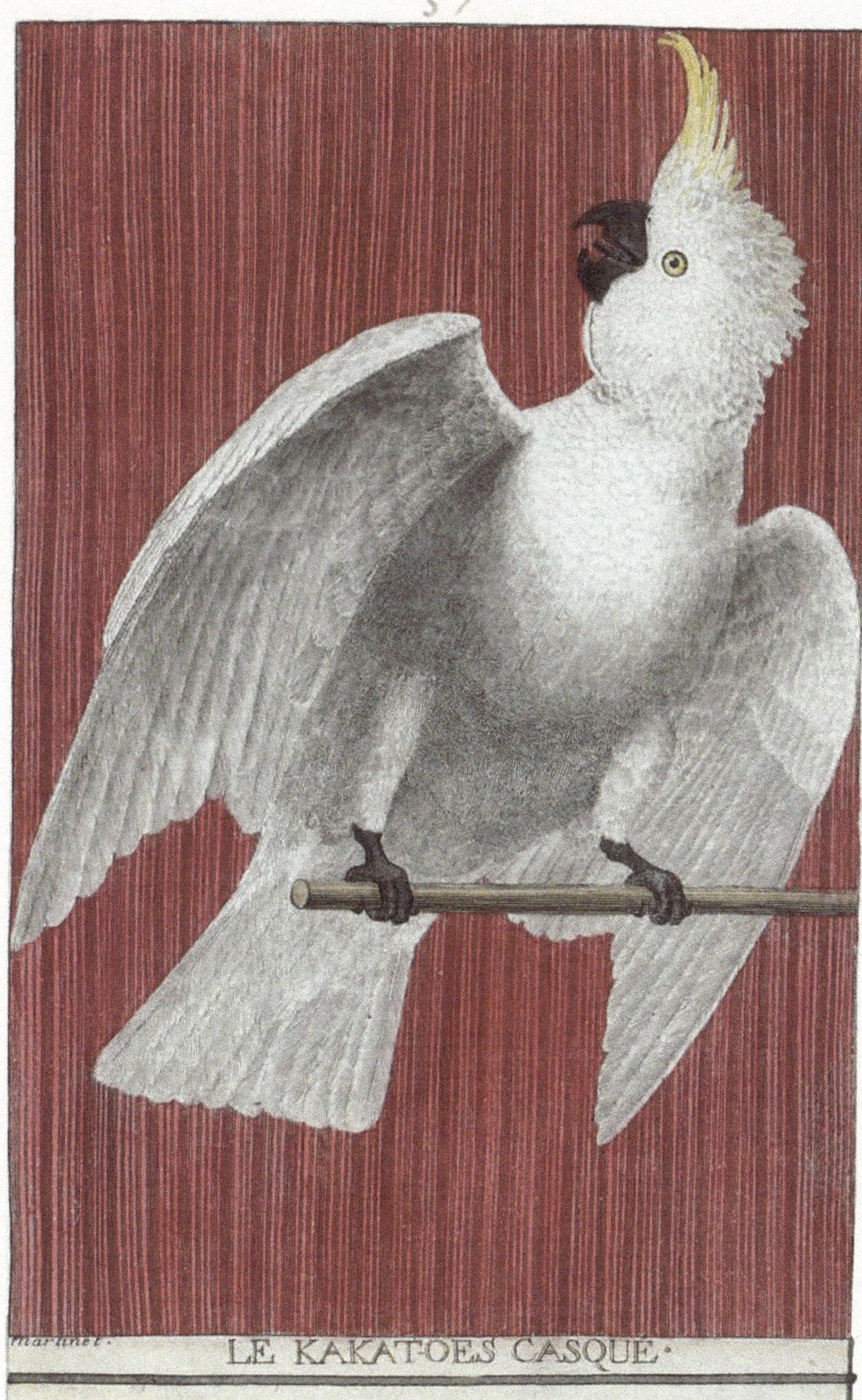

55

LE KAKATOES CASQUÉ.

tion. Il n'en est pas de même des Perroquets en général, soit par défaut de mémoire ou par quelqu'imperfection dans les organes, ils ne rendent que des cris très-aigus, un siflet très-simple et des phrases composées de peu de mots. Mais il y a des exceptions dans ces oiseaux comme dans toute chose, car j'en ai vu un qui chantoit le *Credo* dans son entier.

Ces oiseaux sont particuliérement imitateurs de tous les bruits qu'ils entendent, comme le rire des enfans, le miaulement des chats, l'aboiement des chiens et le cri des oiseaux, qui ne l'ont pas plus agréable qu'eux. Si le Perroquet peut articuler divers sons, c'est un phénomène de l'entendre soutenir des expressions cadencées, parce que son organisation s'y oppose. Il m'a paru que la plupart n'avoient ni assez de mémoire, ni la flexibilité d'organe que nous remarquons dans les autres oiseaux chanteurs, à qui la nature a donné un gosier aussi moëlleux et aussi tendre que les Perroquets l'ont sec et rude.

A ces observations nous en ajouterons une qui peut également contribuer à bien faire connoître la nature comparée à celle des oiseaux. Il y a deux sortes d'imitation, l'une réfléchie ou sentie, qui est acquise, elle suppose nécessairement du jugement et de l'intelligence; l'autre, qui n'est que machinale et sans dessein, ne peut s'acquérir, parce qu'elle est, pour ainsi dire, innée. Le Perroquet le mieux instruit ne peut point transmettre le don de la parole à ses petits. Ce talent, qui lui vient de l'éducation, n'étant point senti, ne peut être communiqué, il se borne à l'individu qui l'a reçu.

Cependant, dans l'ordre des êtres organisés, ces animaux sont des espèces distinguées, quand l'homme, sur-tout, lui donne ses soins.

Le Chien, abandonné à lui-même, restera dans la classe des animaux qui en approchent le plus, le Renard et le Loup, car sans l'éducation que nous lui donnons, il ne peut leur être supérieur. L'homme peut donc ennoblir tous les êtres par des leçons propres à leur nature.

Les oiseaux, quoique très-différents des quadrupèdes, par les proportions et la forme du corps, sont susceptibles des mêmes degrés d'éducation, parce qu'ils ont les mêmes sens, comme nous le dirons dans le cours de cet ouvrage. On y verra l'Agamie conduire des Poules comme le Chien conduit des Moutons, ainsi que divers oiseaux, tels que des Serins, des Moineaux, des Pies, des Corneilles, &c. qui, étant libres, se rendent alternativement à la nature et à la main qui les a élevés.

Les démonstrations affectueuses, les caresses de ces petits êtres, sont plus vives, plus agréa-

bles, que celles du Chien immonde et dange-
reux, mais nécessaire pour la chasse, et que
celles du Chat voleur, qui est peut-être encore
plus utile chasseur, surtout pour un Fermier.

Les oiseaux de proie, qui sont les plus fa-
rouches et les plus indomptables, sont susceptibles d'éducation ; elle détruit, en quelque façon, leur caractère cruel. J'ai eu un Autour et
un Hobreau en même temps, à qui j'ai donné
d'abord un domicile séparé ; je commençai par
les laisser jeûner, puis je leur offris de la nourriture dans la main ; mais les premiers jours, ils
se seroient plutôt laissé mourir d'inanition que
de venir la prendre. Je la jettai à quelques pas
de moi, et ils vinrent alors la dévorer. Chaque
jour je leur donnois plus près jusqu'à-ce qu'enfin, ne voyant en moi qu'un être bienfaisant
qu'ils ne devoient point craindre, ils se déter-
minèrent, d'un air effarouché, à venir arracher
leur pâture de mes doigts. Depuis ce moment,
ces oiseaux devinrent si familiers que je les ac-
coutumai à vivre ensemble et ensuite avec des
Pigeons. Ces derniers, aussi doux que foibles,
eurent de la peine à s'accoutumer avec ces *gens-
là*, qui leur paroissoient être des coquins, avec
lesquels ils ne devoient point se compromettre ;
mais ils firent de nécessité vertu, et la bonne
discipline fit vivre en bonne intelligence ces pen-

dars et ces honnêtes citoyens. Voilà l'esquisse du tableau d'un bon Gouvernement.

L'art de la fauconnerie prouve qu'en donnant ses soins à diriger des oiseaux, on peut les perfectionner avec autant de succès que ceux des autres classes d'animaux. Cette éducation, qui nous rend les divers animaux plus aimables et plus utiles, paroît attirer l'indignation de ceux qui vivent dans l'état de liberté. Dès qu'un animal domestique, soit oiseau ou quadrupède, se rend à la nature, se retire dans les campagnes ou dans les forêts, les sauvages habitans de ces lieux commencent à s'attrouper autour de lui, ils admirent en lui la livrée de l'esclavage, ils l'attaquent, le chassent, le poursuivent, comme un être indigne de figurer parmi eux.

On nourrit ordinairement les Perroquets avec du chénevis et du millet; mais, pour se rapprocher de leur nature, il faudroit les nourrir de noisettes, d'amandes, de noix et autres fruits. En suivant ce procédé, et en les tenant chaudement, on pourroit espérer d'en faire des élèves en France. On a même déja vu un Suisse, au château des Tuileries, former un ménage de Perroquets qui lui a très-bien réussi; la femelle a pondu, couvé, et ils ont élevé leurs petits de même qu'au sein de la liberté.

Maladies des Perroquets.

Ces oiseaux sont sujets à s'enrhumer, si on les change trop promptement du chaud au froid, ou du froid au chaud. Dans ce cas, il faut les tenir très-chaudement, leur faire boire du vin avec du sucre, et leur déboucher les narines avec la tête d'une épingle. Lorsqu'ils ont souffert le froid à un certain point, et qu'ils sont attaqués de la goutte et de l'asthme, il faut de même les tenir chaudement, leur bassiner les pattes avec du vin chaud, et leur en faire boire après y avoir infusé un peu de canelle, ne leur donner que des fruits à manger, et leur faire boire du syrop de grenade de temps en temps.

On doit avoir attention que les bâtons qu'on met aux Perroquets pour se percher ou se coucher, soient assez gros pour qu'ils les empoignent facilement, parce qu'il y a moins d'inconvénient qu'ils soient trop gros que trop petits : car sur ce dernier, ils se fatiguent et sont sujets à tomber, à se blesser le bréchet * de l'estomac ou la tête, et l'on est surpris que l'oiseau fait mauvaise figure, s'ébouriffe et meurt, quelques soins qu'on lui donne. Si on l'ouvre, on appercevra bientôt la cause de sa mort. Ces oiseaux sont

* Partie saillante et triangulaire de l'estomac.

sujets à de fortes indigestions, parce qu'ils sont très-gourmands, sur-tout des graines, et particuliérement du chénevis. Lorsqu'on les voit ouvrir le bec, et donner des signes d'envie de vomir, il est nécessaire de les exciter à boire, en sucrant leur eau. Il faut de préférence, si on les nourrit de graines, les accoutumer à celle de millet, et leur donner quelquefois du pain trempé dans du vin. Dans l'état de liberté, abandonnés à eux-mêmes, les Perroquets sont sans cesse dans les forêts sur les arbres, où ils vivent de leurs fruits; la plupart en aiment mieux les pépins et les amandes; c'est pourquoi on peut leur en donner, ainsi que des noyaux, ayant soin de leur casser ceux qui seroient trop durs. Si l'oiseau se porte bien, il y aura bien peu de noyaux qui résisteront aux efforts de son bec: car j'ai eu une petite Perruche qui cassoit des noyaux de pêches. J'ai perdu ce joli oiseau, parce qu'il a bu de l'encre à côté de moi, où il vouloit toujours être.

Les voyageurs qui apportent au loin des Perroquets, doivent leur faire faire des espèces de niches qu'on nomme *sabots*, dont le plafond soit garni de coton, formant un petit matelas bien douillet, et même sur les côtés où il est perché; parce que le mouvement ordinaire de ces oiseaux, qui est de bas en haut, fait qu'ils se heurtent souvent, et lorsqu'ils sont arrivés à destination, ils deviennent malades et meurent. Il est aussi nécessaire, pour conserver la beauté de leur plumage, que leur *sabot* soit construit de manière qu'ils puissent y entrer commodément par un côté et sortir par l'autre.

La nombreuse quantité de Perroquets qu'on a apporté des deux Continens, nous offre des espèces diverses, dont les unes se tiennent de très-près, d'autres s'en éloignent davantage; et enfin, il y en a qui semblent ne tenir aux Perroquets que par la forme du bec et par leurs habitudes. C'est ce qui nous a déterminé à former des tribus qui, en distinguant les familles, les feront reconnoître plus facilement.

Comme ce seroit, sans doute, une vaine entreprise de vouloir faire la description de l'incroyable variété des couleurs que nous offrent ces oiseaux dans les trois parties du Globe et de leurs îles, nous laisserons au pinceau ce que la plume ne peut rendre que très-imparfaitement. Nous nommerons simplement les individus sans perdre notre temps à décrire les couleurs de leur plumage, parce que la plus mauvaise peinture est plus fidelle que la meilleure description.

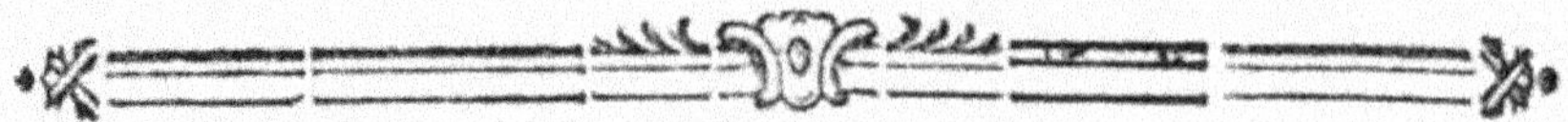

PERROQUETS DE L'ANCIEN CONTINENT.

PREMIÈRE ESPÈCE.

LES KAKATOÈS.

L'Asie et l'Afrique nourrissent des Perroquets qui n'existent point dans l'Amérique, et aucuns de cette partie du nouveau monde ne se trouvent dans l'ancien continent. Les terres et les eaux de ces différents climats nous offrent réciproquement divers animaux, des poissons et des végétaux qui leur sont particuliers. Nous en exposerons les raisons dans le discours préliminaire de cet ouvrage.

Les Kakatoès sont les plus grands Perroquets de l'Asie et de l'Afrique ; les voyageurs nous apprennent qu'ils sont communs et assez généralement répandus dans les régions méridionales des grandes Indes, ainsi que dans les îles voisines qu'enveloppe l'Océan indien.

Ces oiseaux tranchent singuliérement avec les diverses espèces de Perroquets, par la coupe de la taille, la blancheur éclatante du plumage, et parce qu'ils ont la tête ornée d'un panache, varié suivant l'espèce , qu'ils meuvent à volonté et qui leur donne un air de distinction. Ils ont la figure noble, les proportions du corps élégantes , et les allures plus vives, ainsi que la démarche plus légère que les autres espèces de Perroquets.

Les Kakatoès ne peuvent apprendre à siffler aucun air , et ils apprennent difficilement à parler ; mais si l'on est privé de ces agrémens , on en est bien dédommagé par la facilité de leur éducation. Ils paroissent avoir l'intelligence plus parfaite que celle des autres Perroquets : car lorsqu'on leur parle , ils semblent vouloir répéter ce qu'on leur dit. Leurs mouvements , leurs caresses douces et affectueuses expriment une sorte de sentiment qui donne un nouveau lustre à leur beauté. Ils entendent , obéissent à la voix et y répondent par le signe d'assentement qui exprime si bien le *oui* des personnes qui sont privées de la parole.

J'ai vu divers Kakatoès qui répondoient avec une docilité et une intelligence singulière à différentes questions de leur maître. Mais celui qui m'a fait le plus de sensation , est le Kakatoès dont les plumes, étant relevées, lui formoient une espèce de couronne qui lui donnoit un certain air noble et imposant. Ce charmant oiseau étoit perché sur le poing de son maître qui lui faisoit faire divers exercices , tels que de déployer sa couronne, la relever, étendre ses aîles, saluer la compagnie et en faire comprendre le nombre de personnes, ainsi que l'heure d'une montre, en se posant le bec, autant de fois, sur le poing qui le soutenoit.

Si l'on pouvoit avoir mâle et femelle de ces oiseaux, on parviendroit, sans doute, à se procurer de leur progéniture, comme je l'ai déja dit des Perroquets en général, soit en leur donnant une chaleur proportionnée à celle de leurs climats, ou par la secrette influence de la belle saison, qui, tirant tous les êtres du repos, leur inspire une nouvelle ardeur et de nouveaux desirs. C'est alors que l'on jouiroit du doux plaisir de les voir se prodiguer les caresses les plus expressives, et que leur beauté sembleroit acquérir un nouveau lustre par le feu de leurs yeux et par les graces de leur mouvement.

Il y a trois espèces principales de Kakatoès : le couronné, le turbanné et le casqué.

Le *couronné*, ainsi appellé, parce que les plumes de sa hupe, lorsqu'il les relève, restent droites en forme de couronne. Ce Kakatoès a environ vingt et un pouces, depuis le bout du bec jusqu'à celui de la queue.

Le *turbanné* est celui dont les plumes de la hupe, se recourbant en arrière, lui forment une espèce de turban, qui fait plus ou moins d'éta-

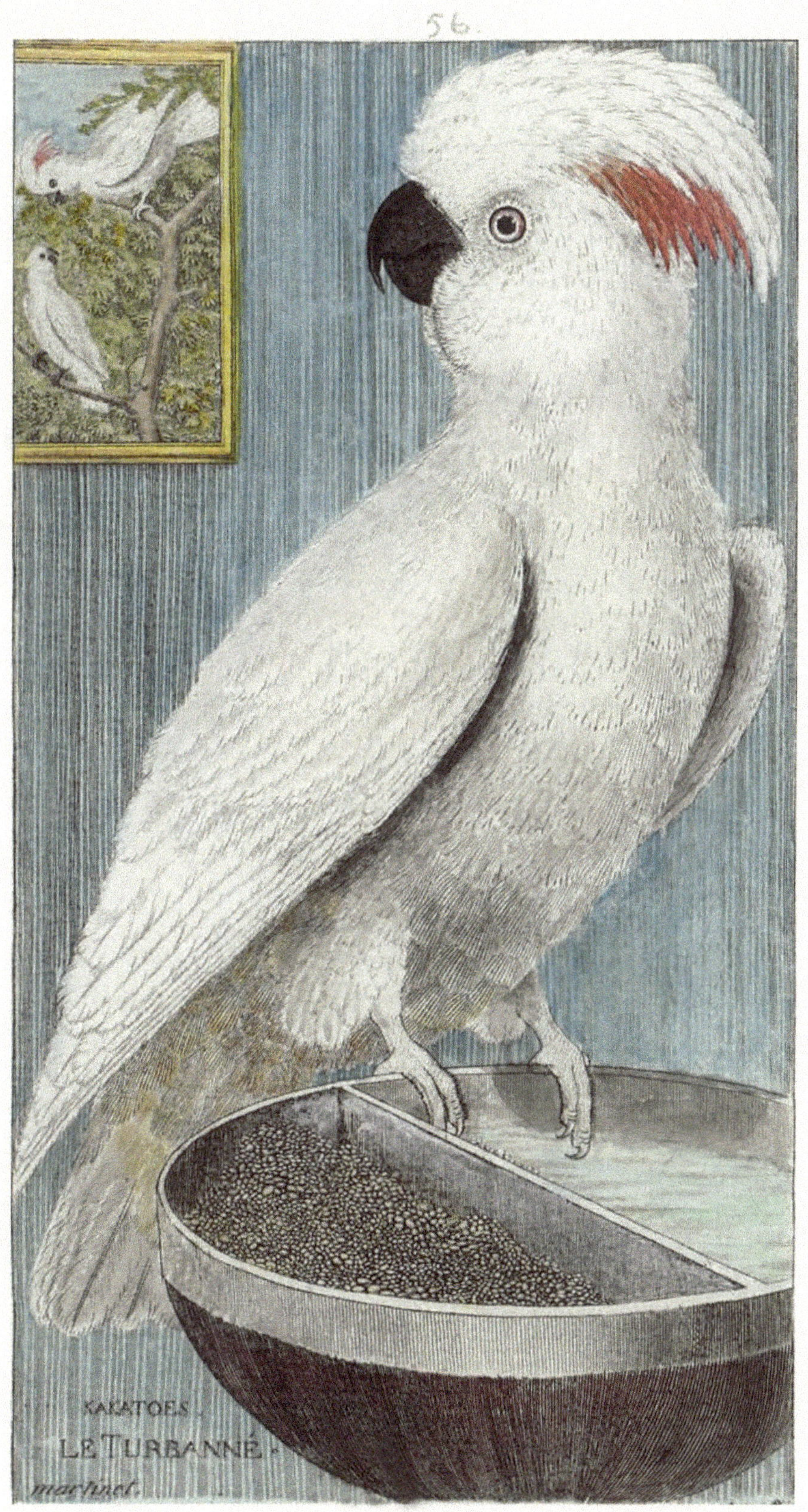

56.
KAKATOES
LE TURBANNÉ.
martinet.

lage , à raison de ce que cet oiseau relève ses plumes ; elles sont peintes par-dessous et sur les côtés, d'une belle couleur de feu. Il a environ dix-huit pouces de longueur totale.

Le *casqué*, dont les plumes de la hupe, qui sont jaunes et étroites, se recourbent en avant en forme de casque. Il a environ quatorze pouces de longueur.

Il y a aussi le *petit Kakatoès*, dont les plumes de la hupe se recourbent en arrière. Cet oiseau n'a que treize pouces ou environ , de l'extrémité du bec à celle de la queue.

On fait encore mention d'un *Kakatoès nègre* et d'un *Kakatoès blanc*, à *aîles* et *queue* rouges. Mais je ne les ai vus en aucun endroit.

SECONDE ESPÈCE.

LES PERROQUETS PROPREMENT DITS.

Ces oiseaux ont la queue courte ; et , pour distinguer les Perroquets de l'ancien continent d'avec ceux du nouveau , nous nommerons les uns simplement *Perroquets*, et les autres *Papegauts* ou *Papegais*, nom ancien et oublié que nous donnons, à l'exemple de M. de Buffon , aux Perroquets à *courte queue* d'Amérique.

Il est facile de discerner les Perroquets d'Asie

et d'Afrique d'avec ceux du nouveau monde ; ceux-ci n'ont point de rouge aux aîles , si ce n'est ceux que l'on trouve aux environs de la rivière des Amazônes dont ils portent le nom , et que fait connoître le jaune toujours répandu dans quelques endroits de leur plumage.

Les Perroquets nous flatent par la beauté de leurs couleurs , par leur attachement, par leur docile tranquillité , et par diverses autres qualités qui nous charment. Ils contractent avec nous une liaison pleine d'agrément ; ils nous distraient dans la solitude par l'imitation de la parole , par des mots articulés au hasard , et par leurs gestes. Le jeu de leur langage , vuide de sens, a je ne sais quoi de grotesque qui nous plaît , même autant que l'aimable innocence des petits enfans. Ces graves interlocuteurs parlent , se répondent, ap-pellent, accueillent et flatent en exprimant l'accent de l'affection par le mouvement de la joie.

La mémoire sûre et facile de ces oiseaux, pour rendre la voix articulée , toute dénuée qu'elle est d'intelligence , annonce qu'ils sont capables d'un certain degré d'attention et d'une sorte de réminiscence.

Les Perroquets semblent avoir quelque chose de nos inclinations , de nos mœurs ; ils donnent des baisers affectueux , ils paroissent s'émouvoir aux caresses , ils aiment , haïssent , se réjouissent et s'attristent.

On a vu un Perroquet qui , étant parvenu avec son maître , à l'âge de décrepitude , et accoutumé à entendre dire , *je suis bien malade* , ou , *je m'en vais tout doucement* , lorsqu'on lui demandoit : *qu'as-tu , mon pauvre Jacot ?* il répondoit l'un ou l'autre de ces mots d'un ton douloureux.

Un Poëte exprimant , auprès de son Perroquet , la douleur que lui causoit la mort de sa maîtresse , par des vers aussi énergiques qu'attendrissans , il arriva que l'amant , moins constant , rioit , tandis que l'oiseau pleuroit encore.

Le talent des Perroquets ne se borne point à celui de la parole ; ils contrefont encore divers gestes , ils imitent la danse des Savoyards et répetent leurs chansons. En effet ils marchent et sautent les pattes en dedans de la plus mauvaise grace possible. Si on leur donne à boire du vin sucré ou des vins doux , d'Espagne et autres , leur ivresse se caractérisera par un excès de gaieté , par différens gestes , des ris et un babil intarissable.

Malgré ces avantages qui nous flatent dans les Perroquets , ils nous seroient moins précieux que les Pies , les Geais et les Corneilles : ces divers oiseaux ont la voix plus pure et apprennent avec plus de facilité de longs discours que les Perroquets. Si ceux-ci sont plus riches en couleurs , les autres ont plus d'élégance dans toutes leurs parties et dans tous leurs mouvements ; mais ils sont trop pétulans pour rester tranquilles sur un bâton, ainsi que dans une cage où ils se rompent les plumes par leurs violentes agitations.

Dans toutes les espèces de Perroquets le demi bec supérieur est mobile, il se relève, s'avance et se retire à volonté; c'est pourquoi ils ont autant de facilité et de force que d'adresse, pour casser les noyaux; ils les ouvrent même, en introduisant la pointe du bec dans la jointure des deux calottes qui enferment l'amande. La nature, en donnant plus de jeu à leur bec qu'à celui des autres oiseaux, s'est éloignée de ses procédés ordinaires dans ce méchanisme, en faveur des Perroquets. Cette mère des existences est toujours variée et pleine de ressources intarissables dans ses œuvres. Elle donne l'organisation, les grandeurs, les formes, la légéreté, la vîtesse, la force et la ruse nécessaire à chaque espèce pour l'emploi qu'elle leur a assigné. L'espèce des Perroquets est armée d'un bec très-gros et très-fort pour s'en aider autant que de leurs pattes, soit en montant ou en descendant. S'ils montent, il leur sert de main pour empoigner, se suspendre et les faciliter à grimper; s'ils descendent ils s'appuient dessus comme sur un troisième pied, avec lequel ils sondent le lieu, affermissent leur démarche et soutiennent le choque de leur lourde chûte. Les pattes courtes de cet oiseau, ses quatre doigts

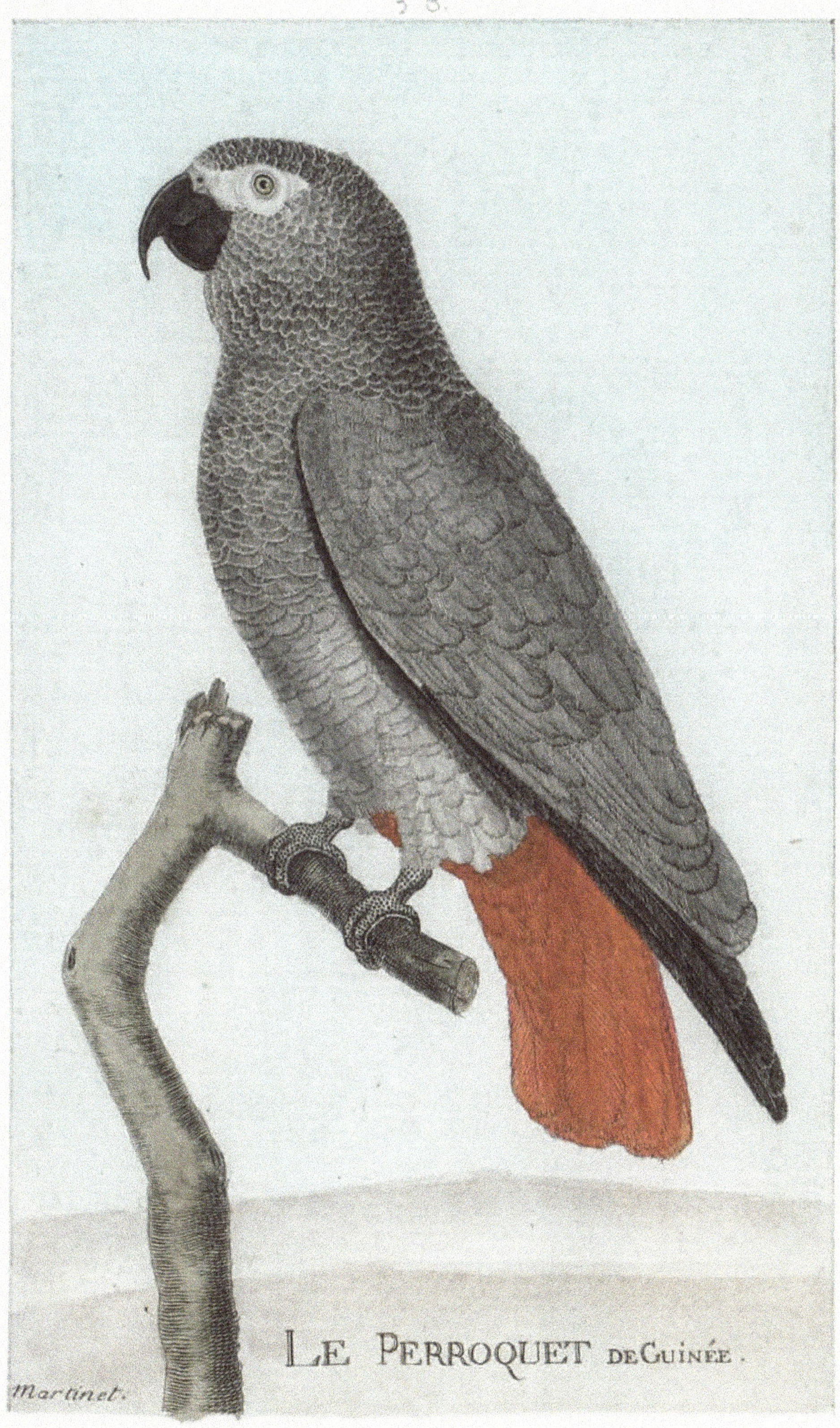

LE PERROQUET DE GUINÉE.

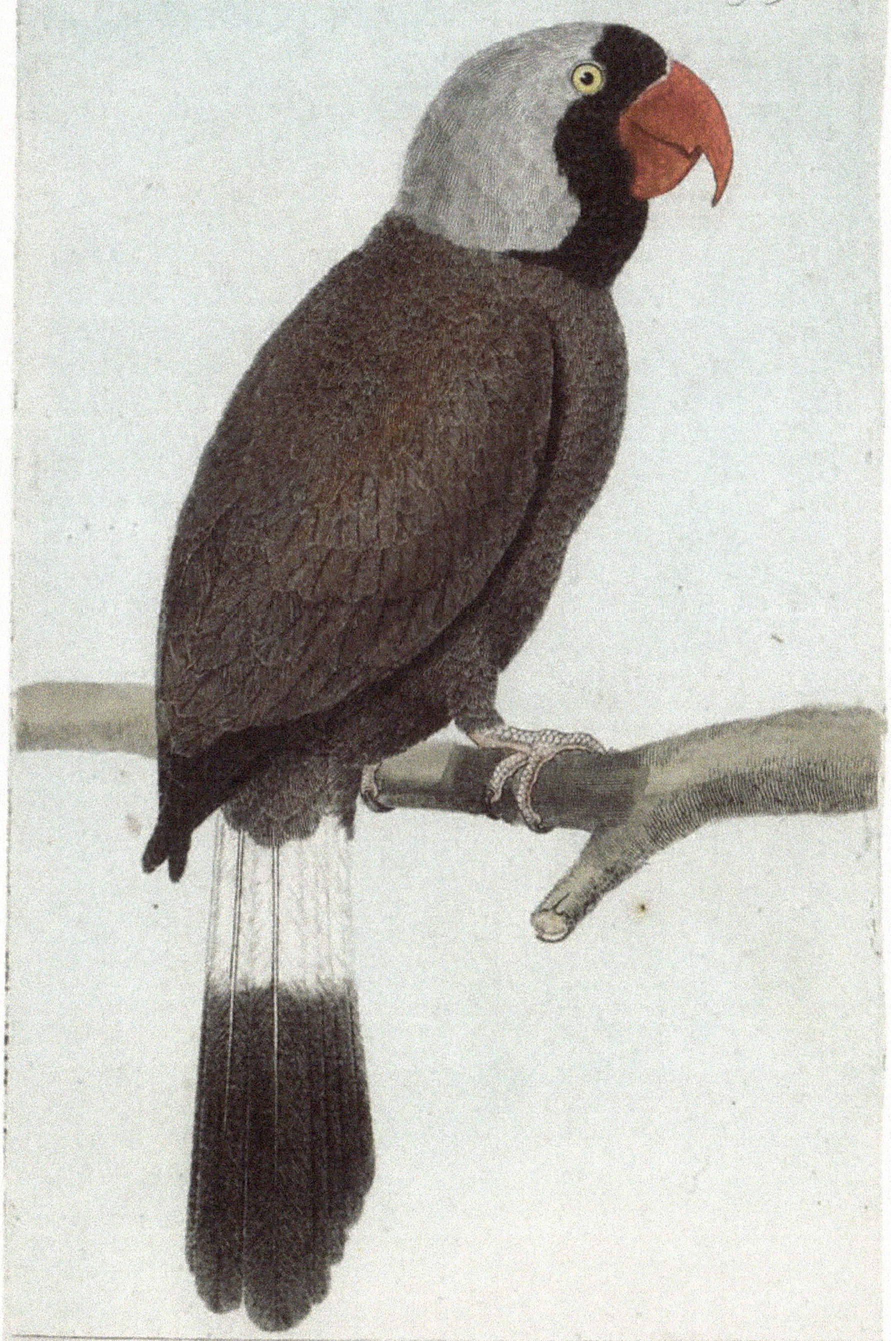

PERROQUET APPELLÉ MASCARIN.

Martinet.

partagés également en avant et en arrière, lui
servent également à monter et à descendre avec
sûreté le long des arbres, ainsi que de mains, pour
porter à son bec ses aliments. Dans les diverses
espèces de Perroquets il y en a qui portent leur
poignet naturellement à leur bec, et d'autres qui
le renversent de même que nous, lorsque nous
présentons un fruit à notre bouche du côté du
petit doigt de la main.

Les Perroquets vivent de toutes sortes de fruits
dans leur pays natal, et lorsqu'ils en ont dévasté
un canton, ils mangent diverses graines, jusqu'à-
ce qu'ils en aient retrouvé un autre.

En domesticité, les Perroquets mangent de
presque tous nos aliments, ils préfèrent même
ceux qui sont contre leur nature, tels que le
lait, la graisse, le beurre et la viande. Ces nourritures leur donnent des démangeaisons au point
qu'ils s'arrachent les plumes partout où leur bec
peut atteindre, et les sucent. La seule nourriture
propre à ces oiseaux est, (comme je l'ai déja dit),
différents fruits, et à leur défaut, diverses graines.
Lorsqu'on leur donne de ces derniers aliments,
ils boivent beaucoup, surtout lorsqu'ils mangent
du chenevis. Comme ces oiseaux sont très-gourmands, ils sont sujets aux indigestions et vo-
missent.

Dans l'état de liberté, s'ils sont réduits, pour

quelque - temps , à la graine , pour nourriture ,
ils ne la trouvent que çà et là , au lieu que chez
nous leur auget , qu'on a soin d'entretenir plein ,
leur offre toujours amplement les moyens d'être
malades. On voit très-souvent les Perroquets mâ-
cher à vuide , c'est-à dire , aiguiser la moitié du
bec inférieur qui leur sert à couper.

Les Perroquets cendrés de Guinée ont la réputation d'être plus faciles à instruire que les verts;
cette règle n'est pourtant pas sans exception ; car
j'ai vu des Perroquets verts qui parloient au moins
aussi bien que les gris. Cependant , par rapport
à cette prévention , nous en ferons la première
classe.

2e. Le Mascarin , de l'île de Bourbon.

3e. Le Perroquet noir , de Madagascar.

4e. Le Perroquet vert , des Moluques.

5e. Le Perroquet vert , de la nouvelle Guinée
qui a le bec couleur de sang.

6e. Le Perroquet vert à tête bleue, d'Amboine.

Et la 7e. classe : le petit Perroquet à tête grise ,
du Sénégal.

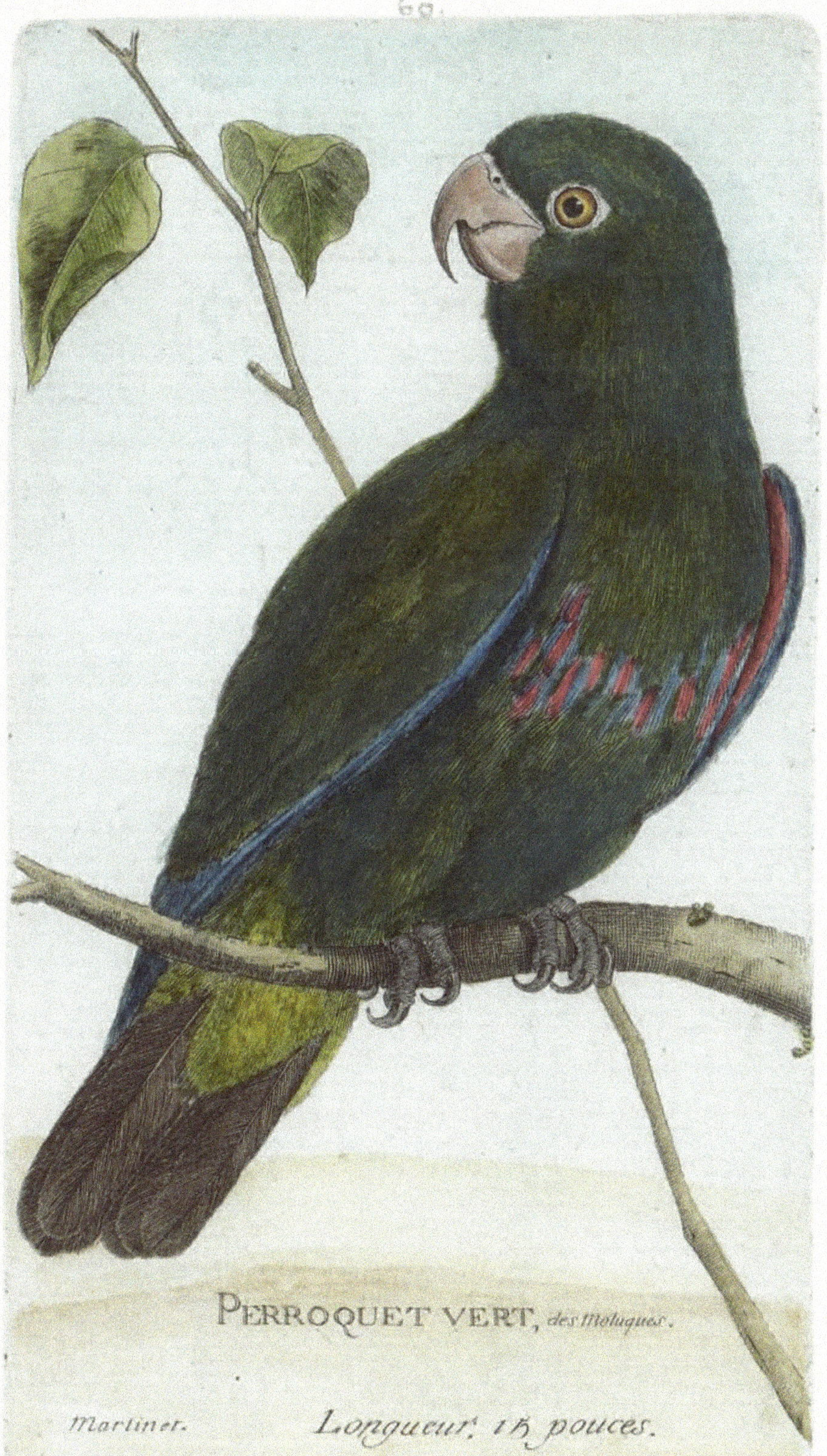

PERROQUET VERT, *des Moluques.*

Martinet. *Longueur 11 pouces.*

LES LORIS.

CETTE espèce de Perroquet ne se trouve que depuis la nouvelle Guinée, les îles Moluques, de Borneo, de Java, &c. jusques sous la Zône Torride.

Ces oiseaux sont constamment différens d'un lieu à un autre, ce qui est assez commun dans les Perroquets de nos îles d'Amérique ; chacune de ces îles nourrit assez ordinairement des Perroquets d'espèces différentes. Les Loris sont distingués par la couleur de leur plumage, dont le rouge, plus ou moins vif, est la couleur dominante, et par leur cri qui exprime assez bien *lori*. On les connoît encore à leur voix perçante, à la promptitude de leurs mouvemens, à leur regard plein de feu, même à leur bec moins recourbé. Ils sont aussi plus agiles, car on les voit communément sauter d'un bâton à un autre distant de sept à huit pouces.

Les Loris sont d'une grandeur médiocre ; ils sont plus gais, plus aimables, que les diverses autres espèces de Perroquets. Ils apprennent si facilement à parler, qu'il y a de ces individus

C

auxquels trois ou quatre leçons suffisent pour leur apprendre une certaine quantité de mots. Cette espèce de Perroquet, est sans doute la plus aimable, mais elle est très-délicate et très-difficile à transporter dans les climats tempérés où on n'en a jamais vu vivre long-temps. Les Loris, en domesticité, sont sujets, même dans leur pays natal, à des accès épileptiques. Les fruits sont la première nourriture des Perroquets : s'ils mangent des graines, ce n'est que dans des temps de disette, c'est pourquoi j'attribuerois volontiers leurs maladies à la manière de les nourrir. Comme ces oiseaux sont très-gourmands, ils mangent avec délice de presque tous nos alimens, mais particuliérement du sucre et des corps gras, qui, leur étant contraires, ne peuvent manquer d'abréger leurs jours, si on leur en donne.

Il y a diverses variétés dans les Loris, qui sans doute viennent des différens sols où ils voient le jour ; mais comme la plupart de ces oiseaux ne sont point apportés directement par ceux de qui on les tient, qui savent seulement qu'ils ont été apportés par un vaisseau venant des îles Moluques, de la nouvelle Guinée, &c. ils vous disent qu'ils viennent de l'un ou l'autre endroit, et s'inquiettent peu s'ils n'ont point été pris en passant, dans les îles ou les terres qui

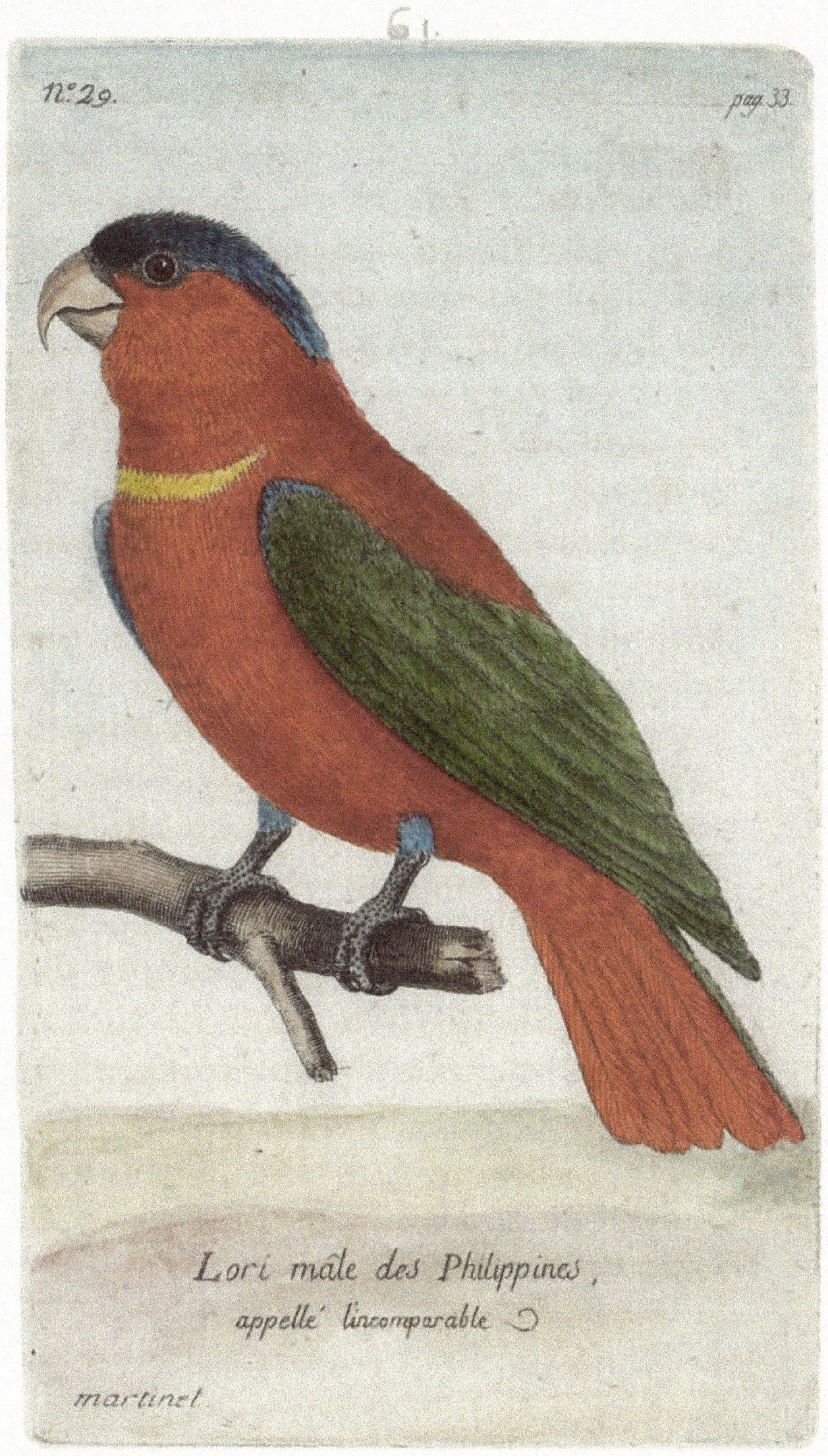

Lori mâle des Philippines,
appellé l'incomparable.

martinet.

les avoisinent, et qui, ensuite, se sont trouvées dans la navigation. C'est pourquoi on voit beaucoup d'oiseaux empaillés dans les cabinets, portant des noms de pays où il n'y en a jamais eu.

Les différentes variétés de Loris que nous avons vues sont :

1°. Le *Nor*, c'est à-dire, le *Brillant* de Ternate. Il y a, non-seulement quantité de Perroquets dans cette île, mais encore des oiseaux de Paradis. Elle abonde en amandes, cocos, bananes, citrons, oranges, &c. Les bois y fournissent beaucoup de gibier. Les habitans de cette île Ternate parviennent à un âge, pour ainsi dire, décrépit, quoique leur paresse soit cause qu'ils vivent très-mal.

Il y a différentes sortes de ces Loris, à Java, et à Céram.

2°. *L'Incomparable* des Philippines. Ces îles sont fertiles et abondantes en tout ce qui est nécessaire à la vie. Les arbres, toujours verds, donnent des fruits mûrs en tout temps. On y trouve le coton et les épices. Les forêts et les campagnes y sont remplies de divers gibiers. On y voit de grands, de moyens Singes, et des Buffles ; mais l'or et les perles sont ce qu'elles possèdent de plus précieux.

On trouve aussi aux grandes Indes, un oiseau peu différent de celui-ci.

3°. Le *Cramoisi*, d'Amboine. Cette île, l'une des Moluques, abonde en girofle.

4°. Le *Gueby*. On nomme cet oiseau du nom de l'endroit où il a été trouvé, parce qu'on n'en connoît en aucun lieu de semblable.

Ce Lori a environ neuf pouces de longueur.

5°. Le *Pourpre* de Timor. Cette île abonde en bois de santal, en cire et en miel excellent.

On trouve aussi cet oiseau aux îles Moluques.

6°. Le *Rougivert à collier* des Moluques. La femelle ne diffère de son mâle qu'en ce qu'elle n'a pas, comme lui, un collier jaune, aussi brillant que l'or, sur un fond rouge carminé.

7°. Le *Varié* ou le *grand Lori* de Ceilan. Cette île, qui offre peut-être le tableau des mœurs et des choses les plus extraordinaires, est remplie de montagnes qui abondent en Vaches et en animaux de diverses espèces. L'ivoire des Eléphans de l'Inde est le plus estimé. Les Singes, les Serpens et les Fourmis y sont très-nuisibles. Parmi les arbres extraordinaires des forêts, le *tallipot* a des feuilles si grandes, qu'une seule de ces feuilles peut couvrir huit à dix hommes, et les garantir de la pluie ; aussi les soldats et les voyageurs s'en servent-ils pour se mettre à l'abri, comme sous des tentes. Tout, dans cette île, paroît extraordinaire. Les Insulaires, nommés Chingulais, sont bien faits et de bonne mine. Lorsqu'ils se marient, l'homme tient un bout du linge qu'il a mis autour de ses reins, et la femme l'autre ; on leur jette de l'eau, et la cérémonie est faite. La première nuit appartient au marié, la seconde au frère du mari, et ainsi de suite jusqu'au sixième degré inclusivement, de manière qu'une seule femme suffit pour une famille entière. Les enfans qui en proviennent, appartiennent également à toute la famille, parce que chaque frère et cousin couche avec la femme de chacun d'eux. Il faut observer que le lien du mariage ne dure qu'autant que les parties s'accordent bien. Si, dans le temps de l'union, les femmes avoient commerce avec des hommes de rang inférieur, elles seroient punies de mort. On distingue les divers rangs par les habillemens. Cette île produit une grande quantité de riz qui fait la nourriture ordinaire des habitans ; et leur commerce principal est la cannelle, dont il y a des forêts entières, le gingembre, le cardamone et plusieurs drogues médicinales.

Ce Lori a environ un pied, du bout du bec à celui de la queue.

QUATRIÈME ESPÈCE.

LES LORIS - LONGS ET PERROS - LONGS OU LORIS - PERRUCHES.

LES Kakatoès sont caractérisés par une belle hupe, par la blancheur de leur plumage, par leur queue courte, et leur énorme bec. Les Aras par une large peau blanche qui encadre leurs petits yeux, un bec fort gros et une très-longue queue étagée. Les Perroquets, proprement dits, ne se désignent que par une certaine grosseur, et leur queue courte, qui les fait souvent confondre dans des nuances presque imperceptibles, jusqu'au très-petit Perroquet qu'on a nommé vulgairement petite Perruche ou Moineau de Guinée, et que nous appellerons Thouis.

Pour qu'on reconnoisse plus facilement ces oiseaux, nous avons classé les nuances qu'il y a entre les Perroquets et les Thouis : nous en avons formé des familles, à qui nous avons donné une nommenclature caractéristique.

Nous avons conservé le titre de Perroquet aux oiseaux qui, ayant la queue courte, auront huit pouces de longueur; et celui de Loris, à ceux où le rouge domine.

Lorsque dans ces oiseaux les plumes de la queue, étagée ou non étagée, auront les deux tiers de la longueur de leurs ailes, et que leurs couleurs dominantes seront le gris, le bleu ou le verd, &c., nous les nommerons Perros-longs. Ceux dont le rouge occupera la plus grande partie de leur plumage, seront appellés Loris-longs.

Nous observerons le même ordre dans les individus provenant de l'Asie, de l'Afrique et de l'Amérique, parce que les différences que donnent ces climats, ne tranchent pas assez dans le plumage de ces oiseaux, pour être assuré du continent qui leur a donné le jour.

On doit considérer ces oiseaux comme faisant nuance avec les Perroquets, les Loris et les Perruches.

Les Loris-longs commencent, en s'éloignant des Loris, à s'approcher des Perruches par leur agilité, par leur élégance et leur bavardage. Ils apprennent aussi facilement à parler que les Loris, mais ils le font avec plus de volubilité.

Leurs variétés sont :

1°. Le *Violi-rouge*, de la nouvelle Guinée. Ce Lori-long a, du bout du bec à celui de la queue, qui occupe environ le tiers de sa longueur, près de dix pouces.

2°. Le *Sang-bleu-vert* d'Amboine. Quoique la queue de cet oiseau soit plus longue qu'au précédent, elle n'est cependant étagée que comme celle des Loris-longs. Elle occupe la moitié de sa longueur totale, qui est d'environ quinze pouces.

3°. Le *Carminé*, d'Amboine.

4°. Le *Changeant*, des Indes.

Les auteurs font mention de quelques autres variétés que je passerai sous silence.

5°. Le Perro-long de l'île de Luçon, a les aîles chamarées de bleu, de brun, de vert et de jaune plus ou moins foncé; il a de longueur totale, près de douze pouces.

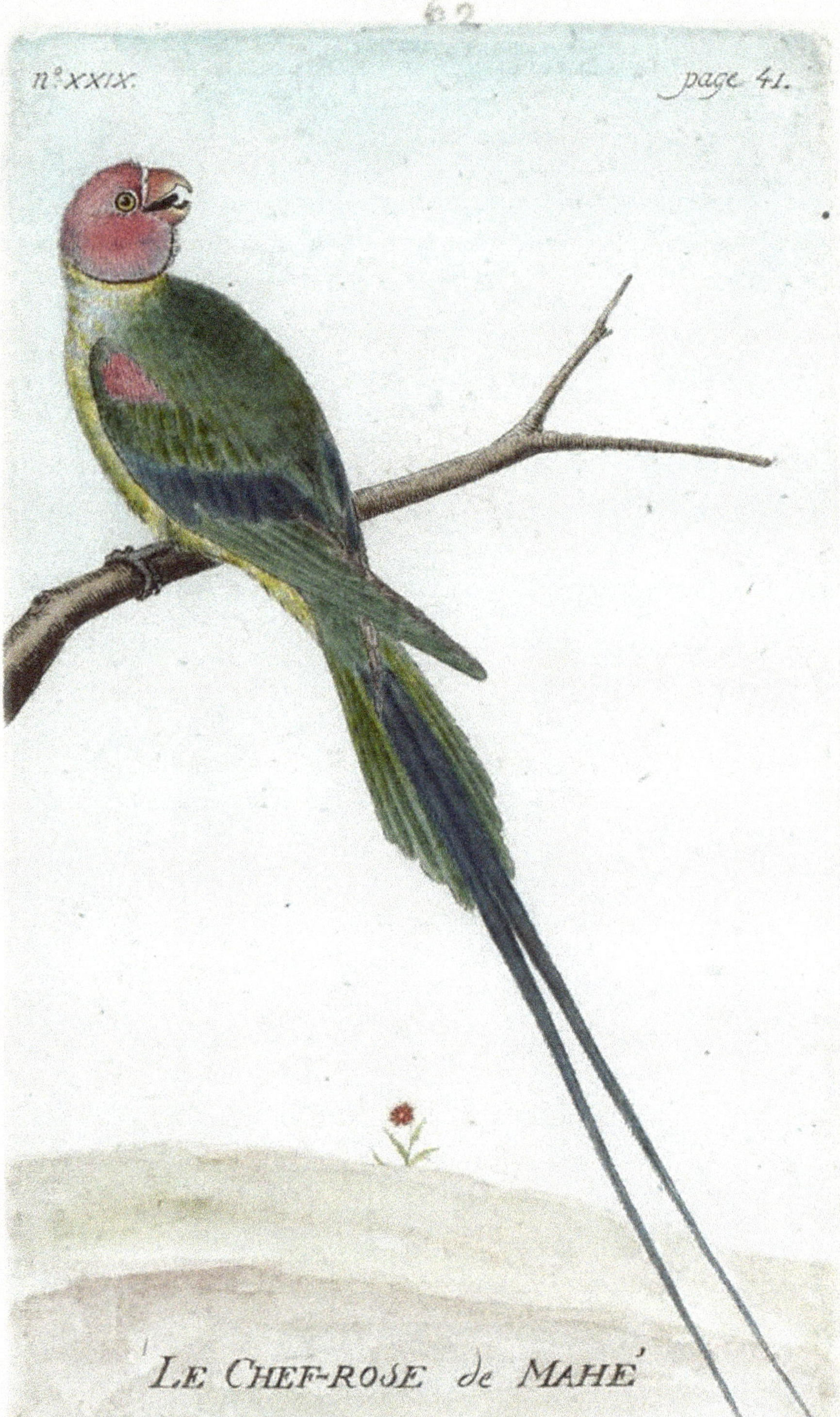

LE CHEF-ROSE de MAHÉ

martinet.

LES PERRUCHES.

ON distingue ces charmans oiseaux des autres espèces de Perroquets, par leur bavardage continuel, par leur extrême vivacité, et par deux longues plumes très-étroites qui surpassent de beaucoup les plus grandes plumes de leur queue étagée.

Coupe de corps élégante, beauté de plumage, et un petit air décidé, sont autant d'attraits pour nous dans les Perruches. Si elles réunissent la facilité de siffler, à celle quelles ont d'apprendre à parler, c'est un surcroît d'agrément qui nous les rend encore plus précieuses.

Ces aimables oiseaux s'attachent singuliérement aux personnes qui les nourrissent; ils les caressent; et si on leur donne la liberté, ils reviennent assez constamment aux lieux qu'on leur a fait adopter.

Les Perruches ont les mêmes mœurs que les diverses espèces de Perroquets, mais elles sont beaucoup plus gaies et plus agiles dans leurs allures.

Les espèces connues sont :

1°. Le *Chef-rose* de Mahé, dont le corps n'a guère que quatre pouces et demi, tandis que sa longueur totale est de plus de douze.

2°. La *Feuille de Pommier* des grandes Indes, a treize pouces de longueur.

3°. La *Perruche à collier* de Siam , a douze pouces et demi, du bout du bec à celui de la queue.

4°. La *grande Perruche* , a près de quinze pouces.

LES PERRUCHES *de l'ancien Continent que nous nommerons* THOUIS.

SI le récit des Voyageurs est fidèle , il y a beaucoup plus de Thouis dans l'Asie et l'Afrique, que dans l'Amérique. Mais comment compter sur le rapport de la plupart des hommes conduits dans les climats lointains par tout autre intérêt que par celui des connoissances de la nature.

Nous chercherons l'évidence au milieu des apperçus ; nous ne dirons rien de ce qu'a dit Pierre, et que Jacques a contrarié , et sur-tout, de ce que le hasard a démenti à nos yeux. Par exemple , nous assurerons que les Perruches de l'Amérique dorment perchées sur des branches d'arbre , comme celles de l'Asie et de l'Afrique, et qu'elles vivent également de fruits et de graines. Nous ajouterons encore , d'après nos observations, que nous croyons qu'elles ont les mêmes mœurs et les mêmes habitudes.

Les Thouis en général font leurs nids dans des trous d'arbres, dans des nids abandonnés par des Pics, où ils déposent ordinairement trois œufs, dont l'incubation est d'environ douze jours ; après ce temps, les père et mère montrent leurs affections à leur petite famille par les plus tendres soins.

On prétend qu'il y a des Thouis qui parlent et chantent ; mais ceux que j'ai vus, étoient fort silencieux, et un foible cri, prononcé sur-tout dans des temps de pluie, étoit tout leur ramage.

Les Thouis ont en partage les graces et la beauté ; mais s'il y en a qui réunissent à ces agrémens, la voix, la parole, et l'affection pour leur maître, ils sont, sans contredit, bien plus précieux. De tels oiseaux peuvent distraire les gens occupés, et leur procurer des momens de repos agréables ; ils peuvent égayer les gens oisifs, et éloigner l'ennui qui, très-souvent, fait la guerre à leur santé. Ces petits êtres sont bien désirables.

Dans le genre des Thouis, il y a plusieurs espèces constantes. Dans ces espèces, nous séparerons celles du nouveau monde, de l'ancien, pour les rapprocher des individus de leur climat, si l'on nous a accusé juste.

Nous avons dit *genre*, parce que ces diverses espèces de fructivores semblent ne pas plus appartenir à celui des Perroquets, quoique portant les mêmes caractères, que les Cailles, les Gelinottes, les Perdrix, &c., qui sont gallinacées, ne sont semblables entr'elles.

Les espèces connues dans les Perruches à courte queue, que nous avons nommées Thouis, sont :

1°. Le *Moineau* de Guinée. Il n'est pas plus gros que le Moineau nommé vulgairement *Pièrrot*. Ce Thoui se trouve, pour ainsi dire, dans tous les climats méridionaux de l'ancien continent, où il cause beaucoup de dommage aux grains de la campagne par leur grand nombre.

Cet oiseau ne parle point, et son foible cri n'a rien de flatteur.

Dans le voyage de Guinée en Europe, à peine sauve-t-on un Thoui sur huit ou dix ; cependant ils vivent neuf à dix ans dans nos climats, en les nourrissant de fruits , de graine de panis, d'alpiste , et de millet. Il faut observer de les mettre par paires dans les lieux qu'on leur a assignés, et qu'il y règne un éternel printemps.

Alors on verra ces aimables oiseaux pondre , et donner l'exemple du bonheur dont jouissent deux époux qui s'aiment ; on les verra se prévenir et se prodiguer à l'envi les plus délicieuses caresses. On remarquera le mâle se tenir à côté de sa compagne chérie, tout le temps qu'elle couve , quelquefois couver à son tour, et lui dégorger de la nourriture dans le bec pour ses

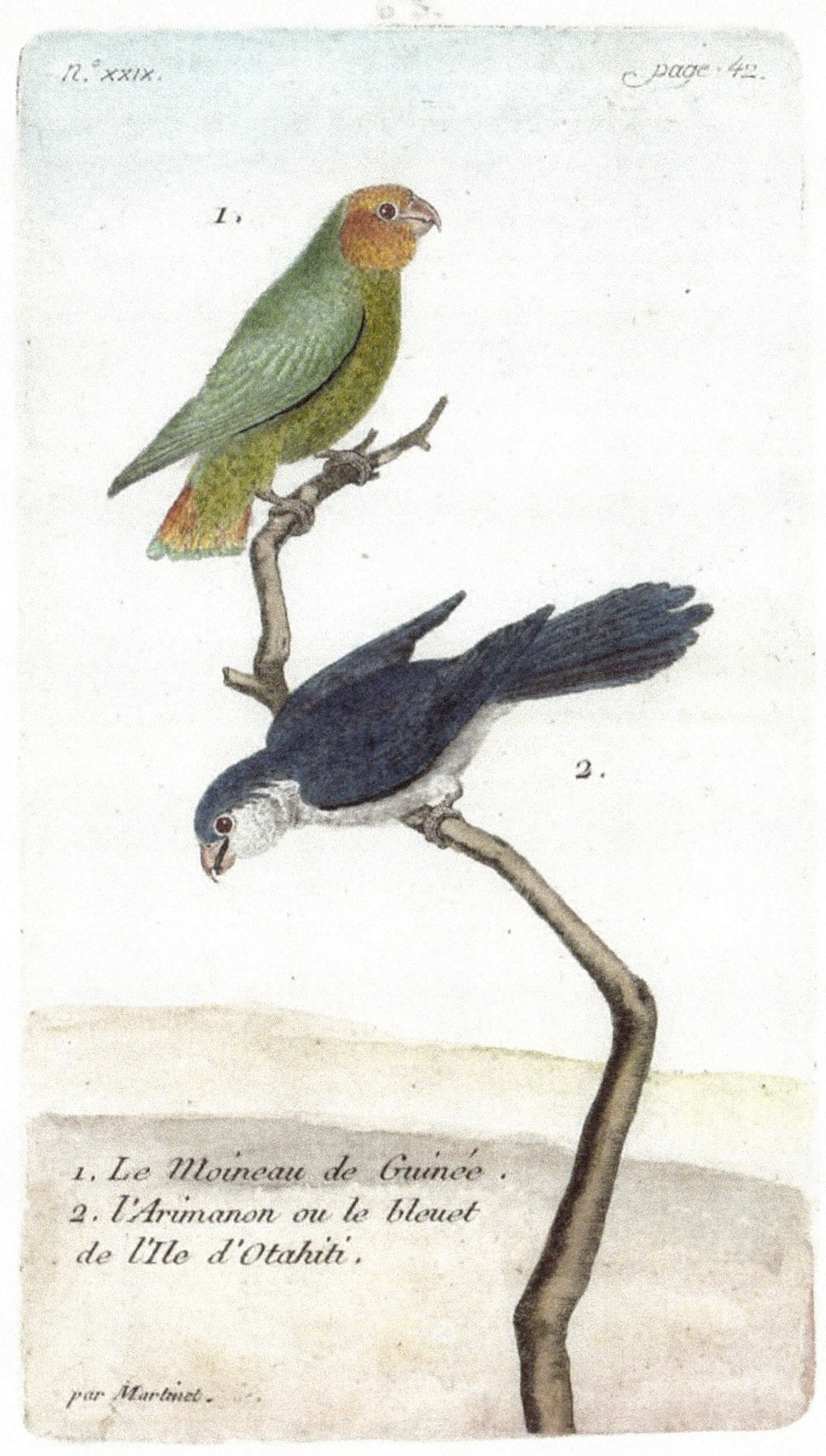

1. Le Moineau de Guinée.
2. l'Arimanon ou le bleuet
de l'Ile d'Otahiti.

par Martinet.

petits, qu'il voit d'un œil bien paternel. Enfin, ces charmans oiseaux témoignent leur inquiétude, s'ils sont un moment séparés ; c'est ainsi qu'ils charment leur captivité par l'union et l'amour. C'est par cette intimité, que, si l'un des deux vient à mourir, l'autre ne lui survivra pas long-temps.

2°. La *Calotte bleue*.

3°. Le *Coulacissi* des Philippines.

4°. *L'Aile variée* de Batavia.

5°. *L'Aile d'or* des Indes orientales.

6°. *L'Aile bleue* du Cap de Bonne-Espérance.

7°. *L'Aile noire* des Moluques.

8°. Le *Collier bleu* des Philippines.

9°. *L'Arimanon ou le Bleuet* de l'île d'Otahiti.

Et 10°. Le *Bonnet gris* de Madagascar.

PERROQUETS DU NOUVEAU CONTINENT,

LES ARAS.

LES climats propres à ces Perroquets, sont ceux du nouveau monde, situés entre les deux Tropiques.

Christophe Colomb fut le premier qui apperçut les Aras dans son second voyage, en touchant la Guadeloupe ; il leur donna le nom de *Guacumayas.*

Les Aras sont les Perroquets les plus grands, les plus forts, et sur-tout les plus lourds, puisqu'ils ne sont susceptibles d'aucune éducation, et qu'ils sont lents dans tous leurs mouvemens.

Ils ont la contenance ferme, l'œil assuré, mais très-petit, l'air dédaigneux, le bec énorme, et la démarche gravement désagréable.

Quoique ces oiseaux décorent fort bien un appartement, par la magnificence de leur parure, qui seule peut nous plaire, néanmoins on ne les place que dans les antichambres ; et, au retour de la belle saison, sur les perrons des jardins ou des cours, à cause du silence qu'ils gardent, ou parce que leur cri fréquent offense l'oreille, sur-tout dans les temps de pluie. Ce cri est très-fort, enroué, rauque, et grassayant. Ils ont encore un autre cri moins désagréable, qui semble articuler *Aras* d'un ton aussi enroué.

Les marques caractéristiques des Aras sont, la grosseur de leur corps, la longueur de leur queue, et particuliérement une large peau qui, en partant de leur gros bec, encadre leurs petits yeux, et leur donne un air peu distingué. Ils vivent de fruits, mais ils en préfèrent les amandes et les pepins, comme la plupart des autres Perroquets. Ils cassent les noyaux avec une adresse singulière, en les tenant dans une patte, et en les portant à leur bec.

Ces oiseaux habitent les bois, les terreins humides et plantés de palmier : on les y voit ordinairement par paires, et rarement en troupes, si ce n'est au lever de l'aurore qu'ils se rassemblent pour crier en chœur, et former un concert épouvantable qui retentit au loin dans les airs. Ils jettent les mêmes cris lorsqu'ils volent, ou que quelque chose les effraie.

Les Aras sont les Perroquets qui volent avec le plus de facilité, et qui offrent dans ce moment le plus bel aspect. Ils traversent en troupes les lieux découverts sans s'y arrêter, pour chercher au loin une nourriture propice, et reviennent constamment à leur domicile de choix, où ils font leurs nids dans des trous d'arbres tombés en vétusté ; ils les agrandissent, les nettoient, et garnissent l'intérieur avec des plumes. La femelle y fait deux pontes par an, quelquefois trois, chacune de deux ou trois œufs tachetés de brun sur un fond cendré verdâtre. Le mâle et la femelle couvent tour-à-tour, pendant l'incubation qui est de treize à quinze jours. Au bout de ce temps, ils donnent les soins les plus vigilans à leur famille chérie ; ils vont alternativement chercher la nourriture, et se tiennent perchés à portée du nid.

Les jeunes Aras sont très-aisés à élever, et on les apprivoise facilement ; on les prend ordinairement dans leurs nids ; par ce moyen, ils s'attachent à la main qui les nourrit, au point d'oublier leur liberté.

On regardoit autrefois ces oiseaux comme des amis de l'homme ; ils suivoient les Indiens jusques aux approches de leurs cases, et paroissoient s'affectionner aux lieux habités par des peuples innocens et paisibles.

Malgré la chasse qu'on fait aux Aras et aux Perroquets, que nous avons rélégués dans les bois par le bruit de nos armes à feu, ils conservent leur sécurité, au point de ne marquer aucune inquiétude à la vue de l'homme.

Les

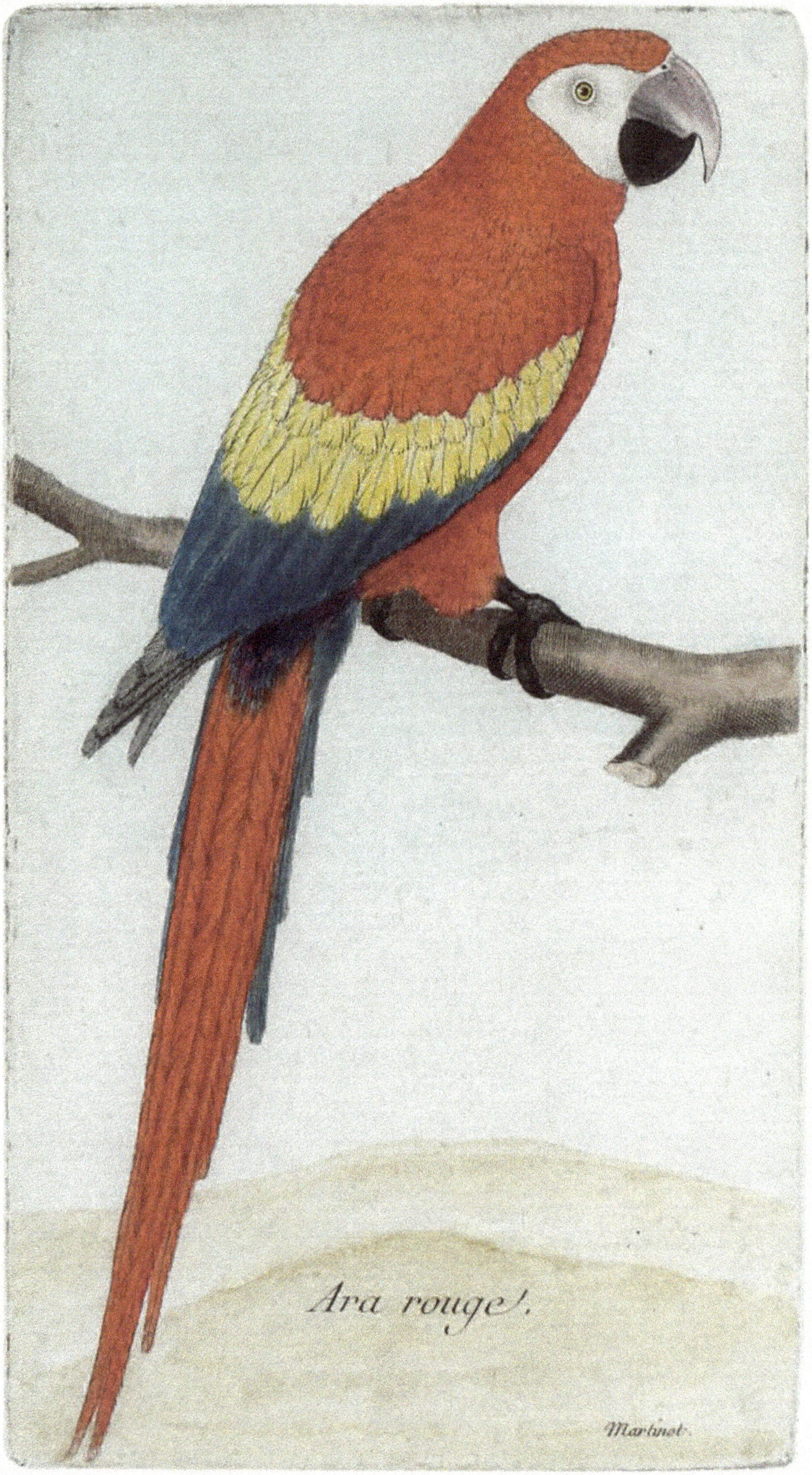

Ara rouge.

Martinet.

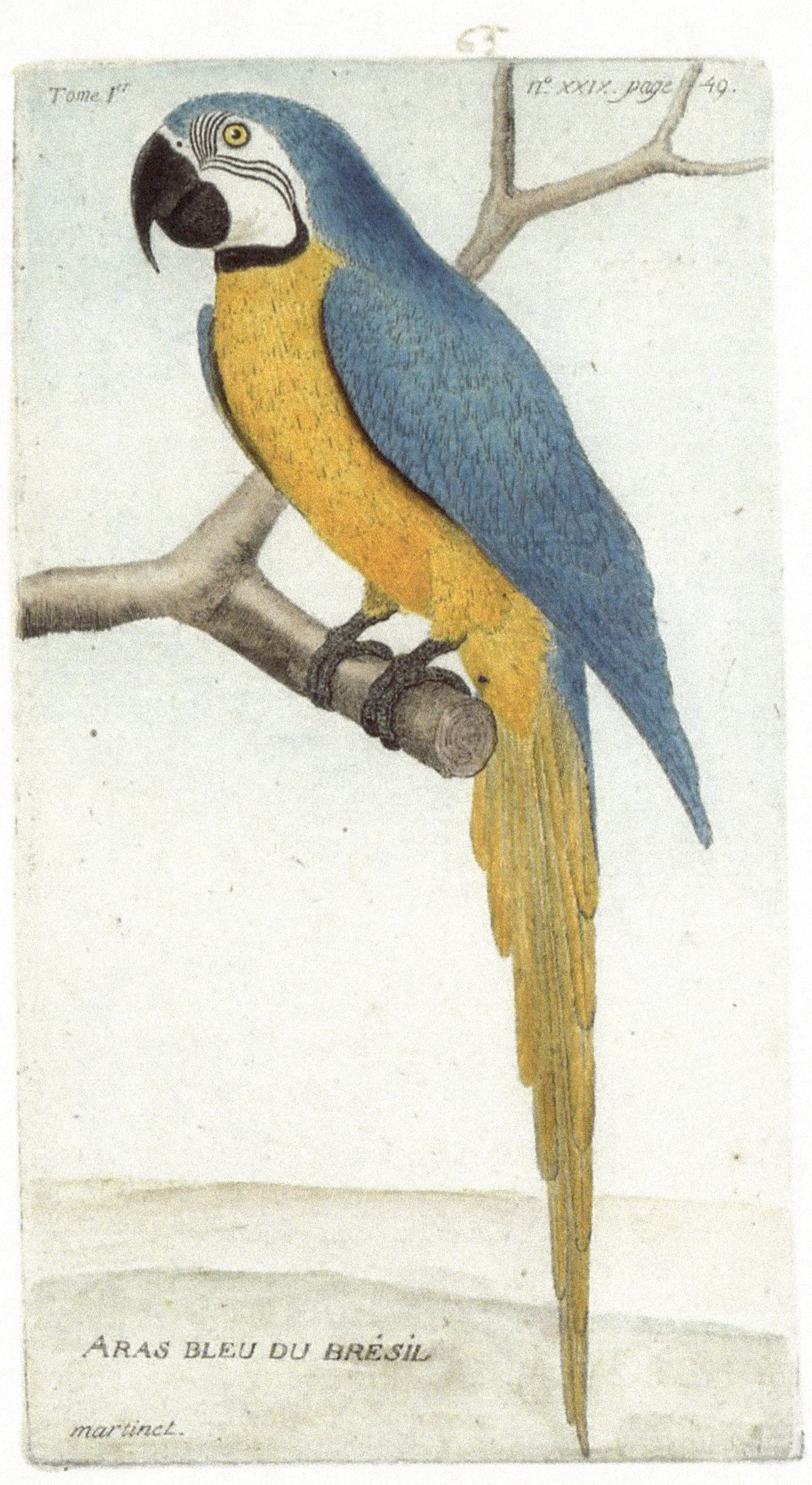

Tome I.
n.º XXIX. page 49.
ARAS BLEU DU BRÉSIL
martinet.

Les Aras sont le gibier le plus commun des terres de la Guiane et de Cayenne, qu'on mange le plus ordinairement; leur viande, quoique dure et noire, n'est point un mauvais manger; elle fait du bouillon excellent.

Les Indiens font, avec leurs plumes, diverses parures, entr'autres, des espèces de bonnets de fête qui ressemblent à des couronnes. Il y en a qui, pour relever leur bonne mine naturelle, y ajoutent de nouveaux agrémens, en se passant avec art de belles plumes à travers les joues, la cloison du nez, et la membrane des oreilles.

Les Aras sont sujets au mal caduc, qui leur survient en domesticité par la privation de leurs femelles, la surabondance et la qualité des nourritures : il ne s'agit, pour les guérir, que de leur couper l'extrémité de l'ongle pour en faire couler une goutte de sang : ce même secours réussit à plusieurs autres oiseaux. Le fer est contraire aux Perroquets, particuliérement aux Aras ; il semble les électriser, puisqu'il leur cause cet accident épileptique, cette sorte de convulsion dans les nerfs qui ressemble assez à l'effet de l'électricité.

Il y a diverses espèces d'Aras :

1°. Le grand Aras rouge a près de trente-deux pouces de longueur, mais sa queue en emporte plus de la moitié.

2°. L'Aras bleu du Brésil est environ de la grandeur du rouge. D

3°. Le Aras bleu de la Jamaïque est de même grandeur que les précédens ; mais ces deux-ci ne se mêlent point avec l'Aras rouge, quoique des mêmes contrées.

4°. L'Aras vert du Brésil a, du bout du bec à celui de la queue, seize pouces.

5°. Le petit Aras rouge à front jaune, a environ dix-huit pouces de longueur totale.

Le très-petit Aras de Cayenne tient à la grande tribu des Perruches par sa petite taille et sa voix. Il prononce d'une voix légère et perçante le mot d'*Aras* très-distinctement.

Les Voyageurs font mention d'un Aras vert à front rouge, d'un petit Aras à ailes bronzées, et d'un grand Aras noir, changeant en vert doré et en acier poli, suivant qu'il est opposé à la lumière. Nous n'avons pu nous procurer ce dernier.

Fin des Aras.

LES PERROQUETS D'AMÉRIQUE,
que nous nommerons PAPEGAIS AMAZONES, *pour les distinguer de ceux de l'Asie et de l'Afrique.*

Nous nommerons les Papegais des environs de la rivière des Amazones, du nom de ce fleuve, qui prend sa source au Pérou, dans

un lac près de Guanuco, à trente lieues de Lima;
cette rivière, après avoir traversé environ onze
cents lieues de pays, se jette dans l'Océan au Cap
de Nord, sous la ligne.

Les Papegais amazones méritent d'occuper le
premier rang parmi les Perroquets de ce continent, par la beauté des couleurs de leur plumage luisant, qui les distinguent des Perroquets
Africains, ainsi que le rouge du fouet de leurs
aîles.

Ces oiseaux Américains ont les mêmes mœurs
que les Asiatiques et les Africains, vivent également
de fruits, de graines, et font leurs nids
dans des trous d'arbres.

Les Sauvages dénichent les Papegais très-
jeunes, pour les apprivoiser plus facilement,
parce que lorsqu'ils commencent à voler, ils
sont obligés de les abattre avec des flèches
émoussées, ou par le moyen du feu. Les Américains portent, sous les arbres où les Papegais
se rassemblent pour dormir, des charbons allu-
més, sur lesquels ils jettent, avec de la gomme,
du piment vert; cela fait un nuage de fumée qui
les étourdit et les fait tomber à terre. Aussi-tôt
les Sauvages les saisissent dans cet état d'étouffe-
ment, leur lient les pattes, et font revenir ces
oiseaux à eux en leur jettant de l'eau sur la tête.
Mais alors, il est très-difficile de les priver, de

les rendre doux, et de les déshabituer de crier.
On y parvient cependant quelquefois en leur
soufflant de la fumée dans le bec lorsqu'ils veu-
lent mordre ou crier. Les Papegais pris de cette
manière n'apprennent point, ou très-difficile-
ment, à parler. Les femelles étant plus douces,
plus dociles, sont plutôt instruites et apprivoi-
sées que les mâles.

Les Amazones des deux sexes ne démentent
guères leur réputation de bien prononcer la
parole de l'homme, et d'avoir un sifflet agréable,
sur-tout si on les instruit sortant du nid.

Les Indiens font un commerce entr'eux des
plumes de ces oiseaux : ils s'emparent d'une quantité d'arbres où les Perroquets font leurs nids ; et
de cette espèce de propriété, ils tirent un revenu
qui leur procure bien des douceurs. On voit
briller l'industrie plus ou moins chez tous les
peuples : les Sauvages ont, pour donner plus de
valeur à ces oiseaux, fait des expériences, afin
de varier leur plumage ; ils se servent, dans
cette opération, du sang d'une petite grenouille,
dont l'espèce est d'un beau bleu d'azur, coupé
de bandes longitudinales d'un jaune égal à l'or
bruni. Les Indiens prennent un jeune Perroquet
au nid, lui arrachent des plumes à leur idée,
ensuite frottent avec ce sang les parties déplumées
de l'oiseau. Les plumes qui renaissent après cette

opération prennent des couleurs opposées à celles dont l'oiseau étoit décoré auparavant. Cette découverte se nomme *tapirer* un Perroquet ; elle fait beaucoup de mal à l'individu, qui souvent meurt bientôt après.

Il y a plusieurs espèces d'Amazones : 1°. La Calotte jaune, a deux branches bâtardes ou deux espèces voisines. 2°. Le Tarabé. 3°. La Blanche-tête. 4°. Le Jonquille. 5°. Le Nuancé, a diverses variétés.

Ces oiseaux sont aimables par la beauté de leur plumage, leurs mœurs sociales, et la douceur de leur naturel : ils sont bientôt familiarisés avec les personnes qu'ils voient fréquemment ; ils aiment leur accueil, leurs caresses, et semblent chercher à les leur rendre; mais ils menacent et repoussent celles des étrangers. Ils se mettent volontiers sur le doigt ou l'épaule de la personne qu'ils chérissent, si son habit est de drap, parce qu'ils peuvent s'y tenir.

Les Perroquets sont généralement jaloux ; si on tient d'autres animaux qu'eux, on les voit témoigner leur impatience par des mouvemens divers : ils se tourmentent jusqu'à ce qu'on renvoie l'objet qui leur fait peine.

La chair de ces oiseaux est un fort bon manger : on a remarqué qu'elle contracte l'odeur des fruits qu'ils mangent, et de plus, qu'ils influent

sur les couleurs de leur plumage : c'est pourquoi les différens sols donnent des variétés per-
manentes.

Fin des Perroquets Amazones.

LES PERROQUETS D'AMÉRIQUE,
que nous nommerons PAPEGAIS CRIK,
pour les distinguer de ceux de l'ancien Continent.

C ES Papegais sont appellés Crik par les co-
lons du nouveau continent, parce qu'ils semblent prononcer ce mot.

Ces oiseaux diffèrent des Amazones en ce
qu'ils n'ont point de rouge aux aîles ; mais ils
ont les mêmes allures et les mêmes mœurs. On
prétend qu'ils ont la mémoire plus heureuse et
la voix plus pure. Il faut éviter de leur donner,
ainsi qu'aux autres Perroquets , aucunes viandes,
sur-tout des amandes amères et du persil, qui
les fait mourir en moins d'une heure.

Le nombre de Perroquets à qui l'on doit donner le nom de Crik est très-grand. 1°. Le Meu-
nier. 2°. Le Rougi-bleu. 3°. La Face bleue. 4°. La
Jaune-gorge. 5°. Le Crik. 6°. Le Chef-bleu, a
trois variétés. 7°. Le Violi-chef. 8°. Le Tapiré.
Les Crik , sont en général plus petits que les
Perroquets Amazones , et ils en diffèrent encore
en ce qu'ils n'ont point de rouge aux aîles.

Fin des Perroquets Crick.

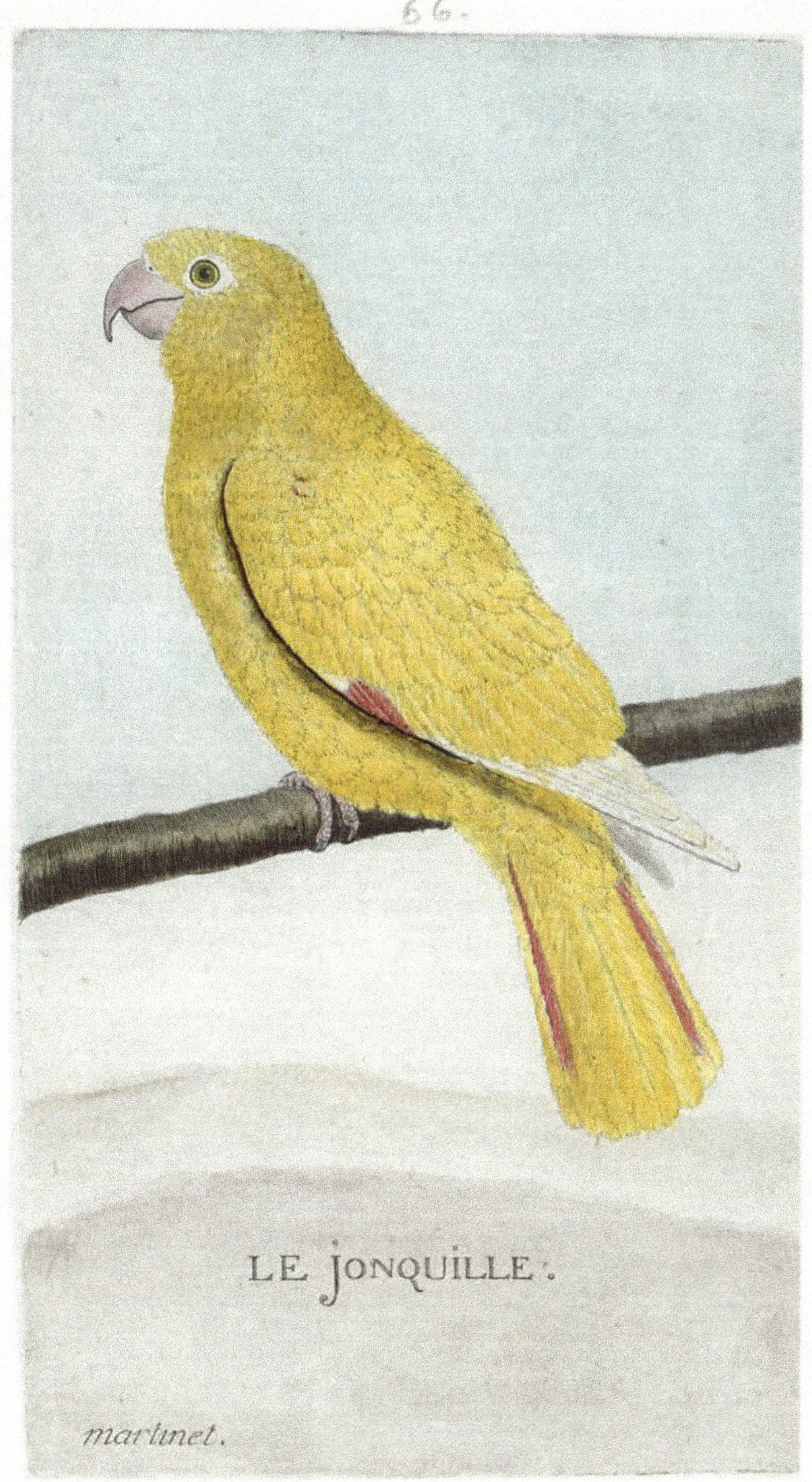

LE JONQUILLE.

martinet.

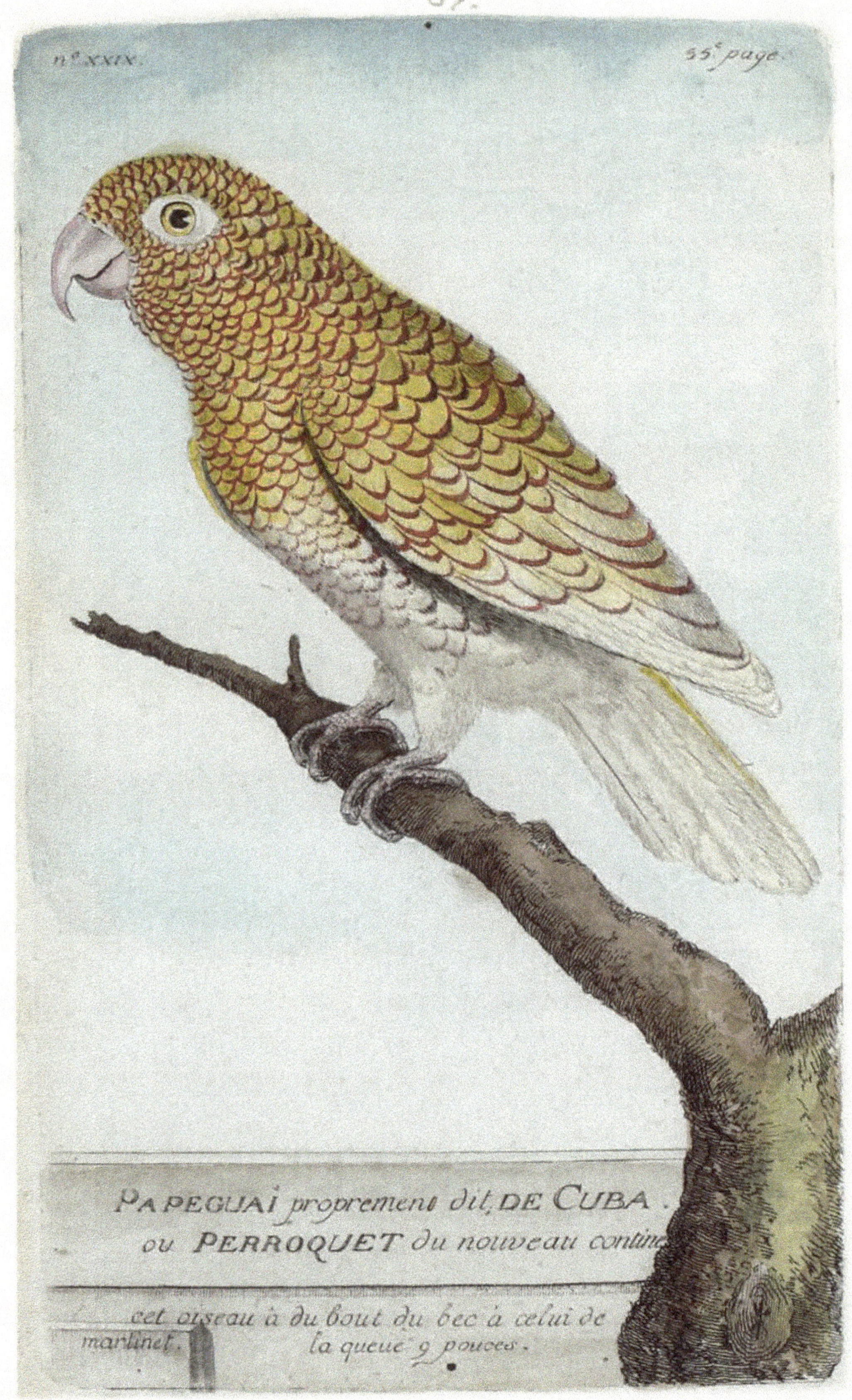

PAPEGUAI proprement dit, DE CUBA.
ou PERROQUET du nouveau contin...

cet oiseau à du bout du bec à celui de
la queue 9 pouces.

martinet.

LES PAPEGAIS, *proprement dits*, *ou* PERROQUETS *du nouveau Monde.*

CES oiseaux sont plus petits, plus agréablement peints que les Perroquets Crik, et, comme eux, ils n'ont point de rouge aux aîles.

Nous connoissons treize espèces distinctes dans ces papegais, desquels nous nous contenterons de donner une simple nomenclature et un tableau fidèle, n'ayant rien de particulier dans les facultés ni dans les mœurs. 1°. Le Papegai de Paradis, de Cuba. 2°. Le Papegai maillé de la Guiane. 3°. Le Tavoua de la Guiane; cet oiseau est très-rare, très-vif, et parle beaucoup mieux que le Perroquet gris à queue rouge de Guinée; mais il est traître et méchant, au point de mordre, faisant mine de caresser. 4°. Le Papegai à tête et gorge bleue, n'apprend point à parler; sa beauté fait son seul mérite. 5°. Le Bandeau rouge de Saint-Domingue. 6°. Le Ventri-pourpre de la Martinique. 7°. Le Sassebé de la Jamaïque. 8°. Le Chef-aurore de la Louisiane, est à-peu-près de la grosseur du Perroquet gris à queue rouge de Guinée; il apprend difficilement à parler, et s'il y parvient, il en fait peu d'usage. Cet oiseau se tient communément dans les lieux secs, où il vit de fruits comme les autres Perroquets. 9°. Le Papegai brun de la nouvelle Espagne est de la grosseur du précédent. 10°. Le Paragua du Brésil. 11°. Le Papegai violet de la Guiane, est recherché par la beauté seule de son plumage, car il apprend difficilement ou point du tout à parler. 12°. Le Caïca de Cayenne est de la grosseur commune des Papegais. Ces oiseaux vont en troupes, mais c'est sans affection les uns pour les autres, car ils se battent souvent : si on en prend quelques-uns à la chasse, ils refusent constamment la nourriture et meurent : aucun moyen ne peut adoucir ces Perroquets revêches. Le seul moyen de se procurer ces oiseaux et de les avoir dociles jusqu'à un certain point, c'est de les avoir jeunes. 13°. Le Maïpourri de Cayenne, se trouve également à la Guiane et au Mexique. Cet oiseau n'apprend point à parler, il n'a qu'un sifflet, un cri qui est assez semblable au Tapir, qu'on appelle *Maïpourri* à Cayenne.

Fin des Papegais ou Perroquets du nouveau Monde.

LES PERRUCHES D'AMÉRIQUE.

Nous nommerons ces oiseaux Papegauts, pour les distinguer des Perros-longs de l'ancien Continent.

Nous séparons les Perruches du nouveau Continent en trois Tribus : 1°. Celles qui ont les plumes de la queue d'égale longueur seront nommées *Papegauts*; 2°. celles qui les ont étagées, seront nommées *Perriches*; 3°. et ceux dont la grandeur, le port et les allures seront semblables à ceux des Moineaux de Guinées de l'ancien Continent appellés *Thouis*, seront distingués par le nom de Thouil. Cette nomenclature indiquera le climat où ils ont vu le jour.

Comme les Papegauts ont les mêmes allures, les mêmes facultés et les mêmes mœurs que les Perros-longs d'Asie et d'Afrique, nous ne ferons point d'autre histoire; nous nous contenterons de nommer les espèces diverses que nous connoissons dans cette classe.

Les Papegauts à queue longue, et également étagés sont : 1°. L'Eméraude des terres Magellaniques. 2°. L'Anaca du Brésil. 3°. Le Jendaya du Brésil. 4°. Le Papegaut aux aîles variées de Cayenne, n'a que huit pouces quatre lignes. 5°. La Pavouane de la Guiane. 6°. La Gorge brune. 7°. La Gorge variée de la Martinique.

Les Perruches à longue queue, inégalement étagée, sont : 1°. Le Cinciale ou la Perruche, proprement dite, de Saint-Domingue. 2°. La Putéjuba ou Papegaut Illinois. 3°. Le Papegaut à front rouge de l'Amérique méridionale. 4°. La

Calotte d'or de la Guiane , est extrêmement caressante et parle à merveille. 5°. Le Papegaut d'or, se trouve à Cayenne et au Brésil. 6°. Le Papegaut à tête d'or de la Caroline se trouve à la Guiane.

Les Perruches à queue courte.

Nous nommons ces oiseaux Thouils, pour les distinguer des Thouis de l'ancien Continent.

En faisant l'histoire des Perruches à courte queue nommées Thouis, nous avons fait celles des Thouils; c'est pourquoi nous nous bornerons à donner les noms des oiseaux de cette classe et leurs portraits.

Les Thouils sont : 1°. Le Moineau à gorge jaune d'Amérique. 2°. Le Sosové de Cayenne. 3°. Le Thouil à tête d'or du Brésil. 4°. Le Thouil de l'île Saint-Thomas. 5°. Le Thouil-été du Brésil.

L'intérêt que chacun prend à la conservation de son Perroquet, m'a déterminé à donner mes soins pour connoître les maladies de ces oiseaux, quelles en étoient les causes, et quels remèdes on devoit apporter pour les guérir. Alors j'ai vu que la plupart des maux dont ils sont affectés , provenoient d'une nourriture contraire ou surabondante; d'une chûte encore plus dangereuse, d'un défaut de précaution dans les caresses qu'on leur prodigue , et du fer dont on garnit les bâtons sur lesquels on les perche. 1°. Les Perroquets que l'on nourrit avec de la graine, du beurre, du lait et de la viande, deviennent taciturnes et perdent de leur vivacité; ils ont beaucoup de poux, ou de si grandes démangeaisons intérieures, qu'il y en a qui se dépouillent entiérement de leurs plumes par-tout où ils peuvent atteindre avec leur bec. Dans ce dernier cas, il faut leur introduire dans les racines des plumes, de bonne huile d'olive avec un pinceau, ou les baigner, malgré eux, dans du vin tiède, où on mêlera plus ou moins d'eau, suivant la force du vin; il faut ensuite changer peu-à-peu leur nourriture, se rapprocher de celle qu'ils ont dans l'état de liberté, et leur donner des fruits, principalement ceux de palmiers, lorsqu'on sera à portée d'en avoir, et à leur défaut, du millet, du chenevis et du pain trempé dans du vin. 2°. Il faut prendre garde, lorsqu'on coupe les plumes des aîles de ces oiseaux, de les leur couper trop courtes, parce qu'ils se blessent en tombant de leur bâton, qui doit être assez gros pour qu'ils puissent l'empoigner de manière à y être fermes. S'il arrive qu'un Perroquet tombe pesamment de dessus son bâton à terre, il faut lui couper le petit bout de l'ongle du doigt de derrière, en tirer une goute de sang, et lui faire boire un bon coup de vin; on le grise même, s'il est possible, pour prévenir le dépôt qui pourroit résulter de sa chûte. Cette chûte peut lui blesser également les pattes, et lui donner les simptômes de la goutte ; on adoucit ce dernier mal, et même on le lui guérit en lui frottant tout de suite, et durant quelque temps, le dessous des doigts, avec de l'huile assez chaude. 3°. L'amour qu'on porte à cet oiseau, lui cause souvent la mort, parce qu'en mettant son bec dans la bouche, il avale de la salive, si on n'y prend garde, et c'est pour lui un poison lent, dont l'antidote est de l'eau ferrée * qu'on lui fait boire pendant une couple de jours. 4°. On voit souvent les Perroquets tomber du mal caduc, qui se nomme *crampe* dans les Colonies ; dans le temps de cet accident épileptique, il faut leur faire couler une goutte ou deux de sang du doigt de derrière, de la manière que j'ai déja indiquée. 5°. Le fer est contraire à ces oiseaux ; il leur donne des convulsions dans les nerfs, qui tiennent d'assez près à l'action de l'électricité, c'est pourquoi il faut bien prendte garde qu'ils ne se posent que sur du bois. 6°. Lorsqu'on voudra les échauffer, on leur donnera de l'eau de safran ; les rafraîchir, du syrop de grenade ; et les purger, du cœur de laitue.

---

* De l'eau minérale de fer. Ce sont de vieux clous que l'on fait bouillir dans de l'eau.

Fin des Perroquets.

Achevé d'imprimer en Angleterre
par Lightning Source UK

www.ingramcontent.com/pod-product-compliance
Lightning Source LLC
Chambersburg PA
CBHW042046140726
48006CB00020BA/2563